5321

La Jeunesse d'Ovide

8° J
7086

H. DE LA VILLE DE MIRMONT

Professeur de Littérature latine
à la Faculté des Lettres de l'Université de Bordeaux

La Jeunesse
d'OVIDE

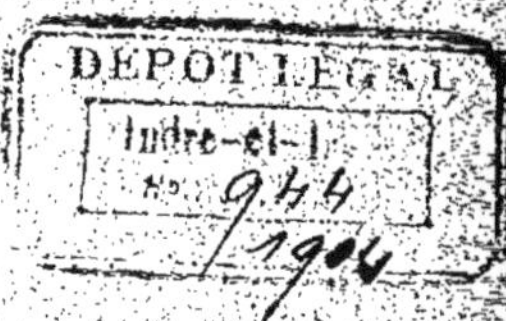

PARIS
ALBERT FONTEMOING, ÉDITEUR
4, RUE LE GOFF (V⁰)

1905

" Collection MINERVA "

PRÉFACE

Ovide, issu d'une vieille et obscure famille de petite noblesse provinciale, naquit à Sulmone, dans le pays des Péligniens, entre les monts Apennins et la mer Adriatique, le 20 mars 711 de Rome (43 av. J.-C.). De l'année 736 à l'année 762 (9 ap. J.-C.), pendant plus d'un quart de siècle, il est le grand poète de cette seconde période du principat d'Auguste, où les divers genres de poésie ne sont plus représentés par Virgile, Tibulle, Properce et Horace, que la mort a fait successivement disparaître. Pendant plus d'un quart de siècle, la cour et la ville, les lettrés et les gens du monde comblent d'égards et entourent d'admiration l'auteur mondain des *Amours* et de l'*Art d'aimer*, le savant versificateur des *Métamorphoses* et des *Fastes*, l'héritier de Properce et de Tibulle, le successeur de Virgile et d'Horace. Puis, brusquement, pour des causes qui sont restées obscures, Ovide est relégué aux confins de l'Empire, à Tomes, ville de Mésie, sur les bords du Pont-Euxin. « L'Empereur tout-puissant, qui voit d'en haut les choses, » a jugé bon, par un *ukase* sans appel, d'éloigner le poète de cette ville de Rome qu'il aimait et qui l'aimait. Le proscrit s'humilie en longues et vaines prières : Auguste, « toujours affable et clément souverain », refuse de faire grâce. Le successeur d'Auguste, Tibère, est indifférent aux supplications et aux flatteries. En 770 (17 ap. J.-C.), Ovide meurt dans cette ville de Tomes, où, depuis près de huit ans, l'ennui et l'angoisse le consumaient.

On s'étonne que la vie d'un simple poète, qui aurait dû être calme comme celle de ses prédécesseurs immédiats, Virgile et Horace, présente « un de ces exemples redoutables qui étalent aux yeux du monde sa vanité tout entière », qu'on y puisse voir « toutes les extrémités des choses humaines, la félicité sans bornes, aussi bien que les misères ».

Mais Ovide n'est pas un simple poète à la

manière de Virgile et d'Horace. Ce descendant
d'une vieille famille provinciale, de notoriété
médiocre et de richesse moyenne, est ce que le
vocabulaire moderne appelle un « arriviste » et
un « déraciné ». Pour n'emprunter de terme de
comparaison qu'à une littérature qui a aujour-
d'hui le droit d'être considérée comme classique,
le poète qui, dans les *Amours* et dans l'*Art
d'aimer*, en particulier, a écrit quelques cha-
pitres de *la Comédie Humaine* de son temps,
nous apparaît, en quelque sorte, comme un de
ces héros que Balzac se plaisait à créer et à faire
vivre d'une vie intense.

On se représente volontiers ce petit hobereau,
qui est venu du pays des Péligniens pour conquérir Rome, prenant d'assaut, à la sortie d'une
séance triomphale des *recitationes publicae*,
quelqu'une des collines qui dominent la ville, et
lançant ce mot suprême : « A nous deux, maintenant ! »

Ce n'est pas à titre d'homme politique, se
poussant dans les honneurs, que le jeune poète
veut maîtriser cette ville qui est devenue sa patrie
d'élection, qui, par son charme souverain, a déraciné en lui tous les souvenirs pieux qui le rat-

tachaient à Sulmone, son pays d'origine, à la maison de famille, berceau de sa race.

Ovide est le premier en date des « hommes de lettres ». Il ne recherche d'autres honneurs que les honneurs qui peuvent lui être conférés par le *collegium poetarum*, d'autres applaudissements que ceux qui lui seront prodigués par l'auditoire fidèle des *recitationes publicae*. Peu lui importent les suffrages du peuple réuni en ses comices, la gloire bruyante du Forum où l'on plaide, la haute et sévère distinction des membres du Sénat, les avancements successifs dans la carrière des magistratures. Avant Ovide, sous la République, Cicéron, fils comme lui d'un obscur chevalier de province, était venu d'Arpinum, en pays samnite, pour faire la conquête de Rome. Mais c'est par une active intervention dans la politique, par un *cursus honorum* admirablement accompli depuis la questure jusqu'au consulat, que cet *homo novus* avait réussi à devenir le premier citoyen de la République.

Et c'est seulement quand les affaires de la politique lui laissaient des loisirs qu'il en profitait pour écrire des poèmes, pour rédiger des traités de rhétorique, pour composer des ouvrages de

philosophie. Ses discours politiques sont la
meilleure et la plus célèbre partie de son œuvre.
Après Ovide, sous l'Empire, un autre fils de
chevalier, Tacite, ne commence à se faire historien
qu'après avoir été questeur sous Vespasien, édile
ou tribun de la plèbe sous Titus, préteur sous
Domitien. C'est seulement après avoir consacré
plus de vingt ans aux affaires de l'État que le
vir praetorius inaugure par la *Germanie* et l'*Agricola* cette série de chefs-d'œuvre historiques auxquels il doit une immortalité que le *cursus honorum* le plus brillant n'aurait pu lui conférer.
Ovide méprise cette gloire politique, effective et
souvent dangereuse sous la République, inoffensive et simplement décorative sous l'Empire.

Le descendant des chevaliers de Sulmone
ignore l'ambition des honneurs politiques qui
dirige Eugène de Rastignac; il ne connaît que
trop la convoitise de gloire littéraire qui asservit
Lucien de Rubempré. La pacification du Forum
imposée par Auguste, qui réduit au silence la
tribune aux harangues, est pour la génération
d'Ovide ce que l'auteur des *Illusions perdues*
appelle « l'ilotisme auquel la Restauration avait
condamné la jeunesse ».

Ovide sait transformer par la poésie cet ilotisme en liberté et en puissance de domination. Les cénacles littéraires, les corporations de poètes, les séances des *recitationes publicae* sont pour lui ce que sera le journal pour les littérateurs de la Restauration : le moyen de s'imposer à l'opinion, de la diriger et de devenir par l'opinion une force dans l'État. Le rêve le plus ambitieux du poète d'Angoulême était d'épouser la fille d'un pair de France, Clotilde de Grandlieu. Le poète de Sulmone réussit à épouser une femme apparentée à l'Empereur. Quand, aux jours de bonheur et de gloire, succède le moment de la disgrâce, le poète, qui ne s'est jamais occupé des affaires de l'État, est proscrit, comme l'étaient, sous la République, les grands citoyens dont le peuple redoutait l'ambition tyrannique, relégué, comme le seront, sous l'Empire, les personnages de la famille des Césars en qui le maître du monde redoute des compétiteurs.

Simple distraction d'une élite de lettrés au temps de Lucrèce et de Catulle, la poésie était devenue avec Ovide une force qui remplaçait l'ancienne éloquence du Forum, une puissance popu-

laire et dangereuse, qui excitait l'admiration de
la foule oisive et privée de toute action politique,
qui provoquait les craintes jalouses de l'Empereur.

En étudiant les années de jeunesse du poète,
on discerne avec quelle habileté et quelle persé-
vérance cet « arriviste » s'est préparé à un rôle
auquel les qualités et les défauts de son esprit
brillant et léger semblaient, d'ailleurs, le pré-
destiner.

Il quitte tout enfant, pour ne plus y revenir que
rarement en visiteur, presque en étranger, la
maison paternelle dont les traditions n'auront sur
lui aucune influence. A Rome, il est un admirable
élève des écoles de grammaire et de rhétorique.
Il se pénètre des procédés, alors dans toute leur
nouveauté, de l'art des déclamateurs : il saura
renouveler d'une manière factice la poésie de
Virgile et d'Horace, en y introduisant ces procédés dont l'habileté ingénieuse et artificielle
séduira un public de goûts mondains et d'instruction superficielle. Il complète les enseignements de l'école par des voyages où il prend
contact avec l'art et la civilisation d'Athènes, de
l'Asie Mineure et de la Sicile, où il étudie les

traditions mythologiques, où il recueille les matériaux d'une érudition amusante dont la mise
en œuvre dissimulera le manque d'idées de ses
poésies composées suivant la formule des déclamations scolaires. Pendant les années où il doit,
en sa qualité de chevalier, commencer par
l'exercice de quelques fonctions des *magistratus
minores*, le *cursus honorum* obligatoire auquel il
mettra fin avant d'être entré au Sénat, il fait son
éducation d'homme du monde et d'homme de
lettres en fréquentant le cénacle de Messalla et
les coteries de poètes professionnels. Il cherche
sa voie du côté de la tragédie et de l'épopée;
il la trouve en renouvelant l'élégie amoureuse.

C'est vers l'an 18 qu'il débute avec un succès
éclatant dans les *recitationes publicae*. Tibulle est
mort en 19; Properce mourra en 15. Dès lors,
grâce à la longue préparation de ses années d'apprentissage, Ovide va devenir et rester pendant plus d'un quart de siècle le maître incon-
testé de la poésie romaine.

H. DE LA VILLE DE MIRMONT.

Bordeaux, 15 avril 1904.

LA JEUNESSE D'OVIDE

CHAPITRE I

L'autobiographie d'Ovide. — Les premières influences. — Date de
la naissance du poète. — Une « année terrible » de l'histoire
romaine. — La fête des Quinquatries. — La patrie d'Ovide,
Sulmone. — Caractère belliqueux des Péligniens. — Antiquité de
la famille d'Ovide dans l'ordre équestre. — Indifférence du poète
pour son pays natal.

Toute la biographie d'Ovide est dans ses œuvres.
Assurément, ce n'est pas dans ses poèmes purement
mythologiques et alexandrins que l'auteur des
Héroïdes et des *Métamorphoses* peut s'abandonner
à des confidences personnelles. Mais, dans le poème
didactique des *Fastes*, où il rédige en vers élégiaques
le commentaire historique du calendrier romain,
Ovide trouve moyen de parler de lui, à propos de
telle fête à laquelle il a pris part, de telle autre qui
lui rappelle un souvenir de jeunesse. Dans ses
poésies de début, les *Amours* et l'*Art d'aimer*, aussi
indiscret que Vulteius Mena, ce personnage d'Horace
qui racontait à tort et à travers ce que l'on peut
dire et ce qu'il faut taire, Ovide donne sur ses

années de jeunesse de nombreuses indications dont l'exactitude précise et la convenance morale sont également sujettes à caution. Plus tard, quand, aux jours de faveur mondaine et de gloire littéraire, ont succédé les temps difficiles de la relégation et de l'oubli aux bords du Pont-Euxin, l'exilé de Tomes se rappelle à ses amis de Rome par d'abondantes lettres en vers où, aux plaintes ordinaires des exilés — ces plaintes qui se trouvaient déjà dans la correspondance de Cicéron chassé d'Italie par Clodius — se mêlent des renseignements biographiques qui nous font connaître l'enfance, l'éducation et la jeunesse du poète, aussi bien que le *Brutus* nous instruit des années d'études et des débuts de l'orateur. Ovide éprouve un douloureux plaisir à raconter sa vie passée, dont les *Tristes* et les *Pontiques* évoquent tout le bonheur à jamais détruit. Les détails sont quelquefois précis et copieux : la dixième *Elégie* du livre IV des *Tristes* est aussi documentaire que les diverses *Satires* où Horace se plaisait à faire l'histoire de son existence heureuse et calme.

Ovide nous fournit lui-même les moyens d'étudier quelles influences premières se sont exercées sur ses jeunes années et ont dirigé l'évolution de son développement intellectuel jusqu'au moment où il a commencé à se mêler aux batailles littéraires dont il devait être bientôt l'un des héros incontestés.

Si tu veux savoir la date de ma naissance, — écrit le poète des *Tristes*[1], — c'est l'année où les deux consuls périrent frappés par la même destinée.

---

1. *Tristes*, IV, x, v. 5.

L'année où une même mort violente enleva les deux consuls à la fois est une des années les plus troublées de cette fin de la République Romaine où les troubles civils étaient devenus si ordinaires.

En l'an 44, César avait été assassiné aux ides de mars. Effrayés de leur attentat, les conjurés restaient dans l'incertitude et dans l'inaction ; la volonté du peuple ne leur imposait pas la direction qu'ils étaient incapables de se donner à eux-mêmes. Si, le lendemain du meurtre (16 mars 44), l'un des principaux parmi les assassins, Brutus, que César considérait comme son fils, avait pu prononcer au Forum un discours modéré que l'on avait écouté et accueilli froidement, les clameurs hostiles de la foule avaient interrompu la harangue violente d'un complice de Brutus, Cinna, qui attaquait sans mesure la mémoire du dictateur.

Mettant à profit les incertitudes de l'opinion publique, les amis de César faisaient le nécessaire pour les fixer du côté de leur parti. Les lieutenants du dictateur, Antoine et Lépide, se hâtaient de ramasser de l'argent et de réunir les vétérans congédiés du vainqueur des Gaules. Antoine, qui était consul, convoquait le Sénat : sur sa proposition, l'assemblée proclamait l'amnistie générale (17 mars), ce qui lui attirait la bienveillante neutralité des conjurés. Mais il réussissait à faire annihiler les conséquences de cette amnistie par un mouvement populaire. Il procédait aux funérailles de César avec un appareil pompeux ; une mise en scène très habile entourait la lecture qu'il donnait du testament du mort, préparait l'apothéose de la victime des conjurés et déchaînait contre ceux-ci, que l'amnistie proclamée par le Sénat semblait couvrir, la tempête des fureurs de la foule qui détruisaient par la force la décision pacifique des Pères Conscrits. Les hommes des ides de mars étaient assaillis ; leurs maisons, pillées. Ils devaient s'enfuir de Rome ; Antoine, dont nul obstacle ne gênait plus la puissance, faisait confirmer par le Sénat tous les actes de César, et, appuyé par le peuple, il continuait à exercer les pouvoirs du dictateur assassiné.

Cicéron comprenait parfaitement bien cette situation qu'il n'avait pu ni prévenir, ni même prévoir : « Nous sommes, disait-il[1], délivrés du tyran, mais non de la tyrannie. » Et il redoutait la longue durée de cette tyrannie, plus impitoyable même que celle de César, puisque le peuple excité par Antoine imposait, puisque le Sénat effrayé approuvait des actes que le dictateur n'aurait jamais osé accomplir.

Ce pouvoir absolu devait prendre fin beaucoup plus tôt que ne le supposaient Antoine qui l'exerçait et Cicéron qui le déplorait. Et le destructeur de ce pouvoir était un inconnu dont Cicéron ne prévoyait pas les cajoleries inattendues et intéressées, dont Antoine ne redoutait pas l'hostilité sans appui et l'ambition soigneusement dissimulée.

A la fin d'avril 44, un jeune homme de dix-neuf ans arrivait à Rome. C'était le fils du préteur C. Octavius et d'Attia, fille elle-même d'une sœur de César — C. Julius Caesar Octavianus, dont le

____

1. Cicéron, *Epist. ad Famil.*, XI, 1, 11.

dictateur avait fait son fils adoptif, alla très courtoisement présenter ses hommages au consul qui avait assumé la succession de César : grossier et inintelligent, Antoine rebuta avec force moqueries l'empressement de cet adolescent qui lui offrait le concours inutile d'une alliance sans autorité. L'adolescent se concilia vite des amis nombreux parmi les ennemis d'Antoine. Quelques flatteries eurent facilement raison de la foi républicaine de Cicéron, que les avances de César avaient déjà fortement entamée. Le Sénat ne demandait qu'à se débarrasser de l'impérieuse tutelle d'Antoine ; le peuple, mûr pour le césarisme héréditaire, préférait au lieutenant du dictateur son fils adoptif. Grâce à l'insinuante habileté d'Octavianus, un parti puissant se forma contre Antoine : le peuple, épris des qualités aimables du jeune homme ; le Sénat, blessé de la grossièreté du tyran ; Cicéron, persuadé qu'il gouvernerait sous le nom de ce nouveau venu, qui avait modestement recours à sa vieille expérience ; Rome entière, depuis la plèbe qui adorait le nom et la mémoire de César, jusqu'aux chevaliers et aux aristocrates qui recevaient leur mot d'ordre du Sénat et de Cicéron — Rome entière était dévouée à Octavianus.

Antoine comprit trop tard l'existence du danger qu'il n'avait pas su éviter. Le 1er septembre 44, il rassembla le Sénat pour prononcer contre Cicéron, qui n'assistait pas à la séance, des invectives aussi violentes qu'inutiles. Le lendemain, dans la même assemblée, Cicéron dirigea une attaque ardente et précise contre la politique d'Antoine.

C'était le tour du consul d'être absent de la curie : il prépara longuement la réponse difficile qu'il fallait faire au très important discours du grand orateur. C'est seulement le 19 septembre qu'Antoine prit la parole : il ne portait pas à la tribune des arguments sérieux, mais de nouvelles invectives grossières qui ne devaient nuire qu'à sa propre cause. D'ailleurs, Cicéron n'était pas là pour les entendre : retiré à la campagne, il préparait, loin de l'agitation de Rome, sa deuxième *Philippique*, qui ne fut pas prononcée, mais qui, répandue sous forme de pamphlet, allait porter un coup décisif à la popularité du consul.

Pendant ce duel d'éloquence inégale, où l'un des adversaires se dérobait à chaque engagement, Octavianus faisait rapidement et sans bruit d'utile besogne. Il avait pour lui le Sénat, Cicéron et le peuple. Les légions tenaient pour le lieutenant de César : il parvint à les gagner peu à peu au parti du fils adoptif de leur ancien chef.

Déconcerté par les menées de son jeune ennemi, Antoine dut quitter Rome devant l'hostilité que le Sénat, entraîné par Cicéron, ne redoutait plus de lui manifester ouvertement. Il alla dans les Gaules préparer avec Lépide la campagne contre le Sénat, au milieu des troupes qu'Octavianus n'avait pu encore détacher de lui (novembre 44).

Cicéron, qui espérait toujours faire d'Octavianus son instrument docile, prononçait, le 19 décembre, l'éloge du fils adoptif de César, devant le Sénat et devant l'assemblée du peuple : ce furent la troisième et la quatrième *Philippiques*.

Cependant, Antoine, plus prompt à lever une armée qu'à préparer un discours consulaire, était déjà devant Modène qu'il assiégeait. C'est en vain que les consuls de l'an 43, Hirtius et Pansa, l'un et l'autre partisans de César et amis personnels d'Antoine, tentaient une démarche pacifique : Antoine les repoussa ; il voulait la guerre.

Et les deux consuls, à la tête de l'armée et accompagnés par Octavianus, durent marcher vers Modène pour dégager la ville assiégée. Le 15 avril 43, une grande bataille se livra. Grièvement blessé, Pansa, mis en déroute par Antoine, se réfugiait à Forum Gallorum. Hirtius, accouru au secours de son collègue, infligeait au vainqueur de Pansa une sérieuse défaite, pendant qu'Octavianus défendait le camp consulaire contre le frère d'Antoine. Le 27 avril, une nouvelle bataille s'engagea sous les murs de Modène : Antoine fut battu ; mais Hirtius était tué dans l'action, et, le lendemain, Pansa mourait des suites des blessures qu'il avait reçues à la première bataille de Modène.

Le poète Ovide naissait en cette année 43 où une même mort violente enlevait à la fois les deux consuls Hirtius et Pansa.

L'influence de l'année terrible où il fut conçu et mis au monde semble avoir été nulle sur le développement du génie d'Ovide. Rien de ce que dit Alfred de Musset dans la *Confession d'un enfant du siècle*, à propos des enfants conçus entre deux batailles du Premier Empire, nés au moment d'un désastre ou d'une victoire[1], ne se rapporte au poète ingénieux des *Héroïdes* et des *Métamorphoses* et à l'habile versificateur mondain des *Amours* et de l'*Art d'aimer*.

Ovide était né depuis plus d'un mois quand moururent les deux consuls. Le poète, passé maître dans l'art de dire en vers tout ce qu'il lui plaît, donne l'indication exacte de son jour de naissance dans un distique des *Tristes*, aussi précis qu'un extrait des registres de notre état civil :

Parmi les cinq jours de fêtes consacrés à la belliqueuse Minerve, le premier, qui a coutume d'être signalé par des combats sanglants, est celui où je suis né[2].

Les cinq jours de fêtes consacrés à Minerve se nommaient *Quinquatrus* : ce mot désignait, à l'origine, une fête qui ne devait durer qu'une seule journée; mais, dit Varron[3], la méprise causée par le nom de *quinquatrus*, où entre le radical *quinque* (cinq), fit prolonger la fête. Au temps d'Ovide, grâce à l'amour immodéré du peuple romain pour les jours fériés, la méprise était, depuis deux siècles, sanctionnée par le calendrier; et l'on chômait cinq journées de réjouissances religieuses devenues les *Quinquatries*. De plus, les Quinquatries se fêtaient deux fois par an.

1. « Pendant les guerres de l'Empire, tandis que les maris et les frères étaient en Allemagne, les mères inquiètes avaient mis au monde une génération ardente, pâle, nerveuse. Conçus entre deux batailles, élevés dans les collèges au roulement des tambours, des milliers d'enfants se regardaient entre eux d'un œil sombre, en essayant leurs muscles chétifs. »
2. *Tristes*, IV, x, v. 13-14.
3. Varron, *De Lingua latina*, VI, III, 14.

Aux ides de juin (le 13 juin), on célébrait les petites Quinquatries, qui étaient la fête spéciale des joueurs de flûte. L'origine des *Quinquatrus minores* est assez curieuse : nous la connaissons par un récit de Tite-Live qu'Ovide n'a pas manqué d'enjoliver dans les *Fastes*[1].

La corporation des joueurs de flûte (*collegium tibicinum*) était à Rome un syndicat professionnel très important et très exigeant. Appelés à prendre part à toutes les fêtes civiles et religieuses, à jouer dans les festins et au théâtre, aussi bien que dans les temples et aux funérailles, ces musiciens avaient pris des habitudes de paresse et d'ivrogne-rie, et l'on incriminait leurs mauvaises mœurs. Les censeurs de l'an 313 avant Jésus-Christ, Appius Claudius et C. Plautius, prétendirent mettre bon ordre à cet état de choses. Défense fut faite d'employer aux funérailles plus de dix *tibicines* à la fois ; et ceux-ci reçurent l'ordre de ne plus prendre part aux repas sacrés qui se célébraient dans le temple de Jupiter. Frappé à la fois dans ses intérêts professionnels et dans ses prérogatives d'amour-propre, le syndicat vota la grève générale — comme font aujourd'hui les syndicats en semblables circonstances. Et les joueurs de flûte, irrités contre les censeurs, se retirèrent à Tibur, comme se retiraient alors sur le Mont-Sacré les plébéiens, quand ils étaient irrités contre les patri-ciens.

La situation devenait difficile à Rome : il n'y

1. Tite-Live, IX, xxx ; — Ovide, *Fastes*, VI, v. 651-692.

avait plus personne pour jouer de la flûte pendant les
sacrifices et les festins, au théâtre et aux funérailles.
Le Sénat dut prier les Tiburtins de s'entremettre
pour faire revenir les joueurs de flûte. Le conseil
municipal de Tibur est réuni en une séance extraordinaire où l'on convoque les grévistes (*tibicines acciti
in curiam*). On leur communique la demande du
Sénat ; on les supplie de s'y conformer ; c'est en vain :
l'éloquence des magistrats de Tibur n'a aucun succès.
Alors on a recours à un stratagème : on invite les
musiciens à un repas plantureux, qui leur rappelle
les festins du temple de Jupiter ; ils s'y enivrent,
comme ils s'enivraient aux festins du temple de
Jupiter. On continue à les faire boire jusqu'au
moment où ils s'endorment ivres-morts (*vino cujus
avidum ferme genus est oneratos sopiunt*) ; on les
place alors sur des chariots recouverts de claies,
pour qu'ils ne puissent s'échapper, s'ils se réveillent.
Ils sont bercés dans leur sommeil par le mouvement des chariots, qui partent de Tibur en pleine
nuit, qui arrivent aux Esquilies vers le matin, qui
descendent par la Voie Sacrée et s'arrêtent au Forum.
C'est au milieu du Forum que le grand soleil de
juin réveille les joueurs de flûte, honteux et confus,
prisonniers sous leurs claies dont ils n'osent se
dégager. Mais le censeur Plautius est là : il leur
conseille, il leur donne les moyens de se déguiser
en femmes, pour échapper aux regards et aux
moqueries. Cette fois, ils sont dociles aux avis, ils
sont vaincus.

Le Sénat n'abusa pas de sa victoire, et les conditions de paix furent très douces pour le syndicat

rétabli dans ses anciens privilèges, qui obtint l'autorisation de célébrer par une fête nouvelle le souvenir de la *sécession* à Tibur. Depuis l'an 313, à chaque anniversaire de leur arrivée peu triomphale au Forum, les joueurs de flûte se répandaient par la ville, déguisés en femmes, comme le matin de leur rentrée à Rome, et s'enivraient, comme le soir de leur festin à Tibur. En outre, ils avaient le droit de se réunir, aussi bien que les autres artistes, dans le temple de Minerve, qui n'était pas la protectrice des *tibicines*.

On sait, en effet, que Pallas-Athéné aimait tous les instruments de musique, à l'exception de la flûte dont le jeu déforme les traits du visage : c'est pourquoi les *tibicines* n'étaient pas admis à faire leurs dévotions, pendant les grandes Quinquatries, à la Minerve romaine qui avait hérité de tous les attributs de Pallas-Athéné. Déesse de la guerre savamment conduite qui donne la victoire, et, par suite, une paix heureuse, la protectrice d'Athènes favorisait tout particulièrement les arts pacifiques. Elle présidait à toutes les manifestations de l'activité humaine, depuis les humbles métiers du charpentier qui manie l'équerre, du potier qui tourne la roue, de la femme qui tisse la toile, jusqu'aux plus hautes conceptions artistiques du poète et du musicien, du peintre et du sculpteur, de l'architecte et de l'astronome. La Minerve romaine conserve le double caractère pacifique et guerrier de la déesse grecque ; mais, à Rome, le caractère guerrier était naturellement le plus développé.

Aussi, un seul jour des grandes Quinquatries,

le premier (le 19 mars), était réservé à tous les
arts et à tous les métiers de la paix. Le quator-
zième jour avant les calendes d'avril voyait mon-
ter vers le temple de Minerve sur l'Aventin, confondus en un immense cortège, tous ceux qui
servaient la déesse à divers titres : écoliers, ouvriers et ouvrières de tout genre, médecins, artistes
et poètes. Les trois jours suivants étaient réservés
à la Minerve guerrière dont on célébrait le culte
par des combats de gladiateurs et de bêtes féroces ;
le cinquième jour (23 mars), les Quinquatries se
terminaient par la cérémonie de la purification des
trompettes et par les derniers sacrifices offerts à
Minerva Bellica.

Ovide nous a laissé un intéressant catalogue des
fidèles de cette fête à laquelle il prenait part en sa
qualité de poète dévot à Minerve :

Voici les cérémonies sacrées en l'honneur de Minerve ; leur
nom vient de la suite des cinq jours qu'elles remplissent. Le
premier, on ne répand pas le sang ; il n'est pas permis de
combattre le fer à la main : la cause en est que c'est le jour
de la naissance de Minerve. Le second jour et les trois autres
qui suivent sont célébrés par des combats sur le sable bien
balayé : et l'aspect des épées nues réjouit la belliqueuse
déesse.

Maintenant, enfants, et vous, tendres jeunes filles, adres-
sez vos prières à Pallas. Celui qui aura su apaiser Pallas,
celui-là sera savant. Ayant apaisé Pallas, que les jeunes filles
apprennent à amollir la laine et à épuiser, en filant, les que-
nouilles qui en sont chargées. Pallas enseigne aussi à faire
courir la navette au travers des fils tendus sur le métier et à
resserrer la trame lâche au moyen du peigne d'ivoire.

Honore Pallas, toi qui enlèves les taches des vêtements
salis. Honore la déesse, toi qui prépares les vases d'airain où
les toisons doivent changer de teinte. L'ouvrier ne saura,

malgré Pallas, adapter habilement une chaussure qui maintienne la plante des pieds, fût-il plus habile que Tychius[1].
Et celui qui, mis aux prises avec Epeus[2], le charpentier d'autrefois, l'emporterait sur lui par l'adresse de ses mains, celui-là, si Pallas s'irrite, ne sera plus qu'un manchot.

Vous aussi qui, grâce à l'art d'Apollon, chassez les maladies, reportez à la déesse quelque peu des présents que vous recevez. Et vous, si nombreux, qui vous voyez presque toujours frustrés des honoraires qui vous sont dus, maîtres de la jeunesse, ne négligez pas la déesse : elle vous attire de nouveaux disciples. Et toi qui manies le burin, toi qui peins à l'encaustique, toi dont la main artiste assouplit le marbre, la déesse protège vos mille travaux. Certes, elle est la divinité de la poésie : si je le mérite, qu'elle soit présente en amie à mes essais[3] !

Né le second jour des Quinquatries, le premier où l'on célèbre des combats, c'est-à-dire le 20 mars 43, le poète Ovide pouvait, à double titre, revendiquer comme sa protectrice la déesse de la poésie qui avait, à un jour près, le même anniversaire que lui. C'était un heureux présage pour l'enfant que de venir au monde pendant les fêtes de Minerve ; le talent du poète devait pleinement justifier ce présage.

Qu'on le remarque, en effet : à Rome, au temps de la naissance d'Ovide, Apollon — *vates Apollo* — est le dieu de l'inspiration poétique. Protectrice de tous les arts et de tous les métiers, patronne des teinturiers, des cordonniers, des charpentiers, aussi

1. Tychius, l'auteur du bouclier d'Ajax, est cité par l'*Iliade* (VII, v. 220) comme étant « le plus habile de ceux qui travaillent le cuir ».
2. Epeus est le constructeur légendaire du cheval de Troie. — Cf. *Odyssée*, VIII, v. 493.
3. *Fastes*, III, v. 809-834.

bien que des maîtres d'école, des médecins, des
ciseleurs, des sculpteurs, des peintres et des poètes,
la Minerve romaine semble être beaucoup moins
la déesse de l'enthousiasme prophétique du poète,
que de l'art industrieux, du métier savant de l'habile manieur de rythmes, ouvrier impeccable en
versification.

L'inspiration du dieu de Délos et de Claros a fait
de Virgile le maître du chœur des poètes religieux
qui ont chanté des vers dignes de Phébus[1]. Élève
parfait des rhéteurs latins de qui il saura apprendre
tous les procédés et toutes les recettes de déclamation, disciple attentif et ingénieux des poètes
alexandrins qui lui ouvriront les trésors de leur
érudition mythologique, Ovide ne doit-il pas à la
déesse latine de la versification cet art consommé
du mètre, cette virtuosité qui lui permet de faire
entrer dans les limites étroites du vers héroïque
et du distique élégiaque l'expression de toutes les
idées, de jongler avec les mots comme le baladin
avec les boules? Le poète Ovide peut dire de son
« métier » ce que Louis Bouilhet fait dire à son
rhéteur Paulus :

> C'est un métier charmant et bien digne d'envie,
> Par Castor et Pollux ! — quoi qu'en disent les vieux —
> Que de polir des mots le tour ingénieux
> Et de tordre la phrase avec sa fantaisie,
> Comme un serpent marbré dont un jongleur d'Asie
> Roule autour de ses flancs et déroule les nœuds [2]...

La protection de Minerve, qui a présidé à la nais-

1. *Énéide*, VI, v. 662 :... *pii vates et Phoebo digna locuti.*
2. Louis Bouilhet, *Melænis*, chant I.

sance d'Ovide comme les fées des contes de Perrault faisaient pour les princes charmants, a permis à son filleul favori de devenir le maître du chœur des artisans habiles à plier le vers latin à toutes les fantaisies érudites et bizarres. L'auteur de l'*Art d'aimer*, du *Remède d'amour*, du poème didactique sur les moyens de réparer — à force de cosmétiques — « des ans l'irréparable outrage », est le chef de file des ouvriers obscurs dont le nom est ignoré, dont l'œuvre disparue n'est rappelée que par les *Tristes*, et qui ont consumé leur temps et leur peine à célébrer laborieusement dans leurs poèmes didactiques les préceptes de la natation ou les règles du jeu de paume, des osselets et du cerceau :

D'autres ont écrit l'art de jouer aux jeux de hasard, grand sujet de blâme aux yeux de nos ancêtres ! Ils ont enseigné ce que valent les dés, la manière de les lancer pour amener le point le plus fort et éviter le chien fatal, quels sont les nombres de la tessère [1]...

En dernière analyse, quelque problématique que puisse paraître l'influence de la déesse des Quinquatries sur Ovide, cette influence est évidemment, parmi celles qui ont entouré le berceau du nouveau-né du 20 mars 43, la seule qui ait dirigé l'évolution artistique du futur poète.

À la vérité on pourrait reprocher à la bonne fée, qui s'est chargée des destinées de l'enfant, de ne pas avoir avancé d'un jour la naissance de son protégé. Né le 20 mars, — le premier jour des fêtes de la *Mi-*

1. *Tristes*, II, v. 471 et suiv.

nerva Bellica, — le futur poète était tenu d'avoir quelques-unes des dispositions guerrières de sa protectrice. La date du 19 mars — le jour où les ouvriers d'art et les artistes faisaient leur pèlerinage pacifique sur le Mont-Aventin — aurait mieux convenu à la naissance d'un versificateur qui n'eut jamais l'âme belliqueuse, qui évita même (on le verra) de faire son service militaire.

Ovide, cependant, était originaire d'un pays célèbre par ses vertus guerrières.

On peut constater que la plupart des grands écrivains latins sont nés hors des murs de l'enceinte de Rome, comme la plupart des grands écrivains français sont nés hors des murs de Paris. Sans parler des anciens poètes, tels que Livius Andronicus et Térence, qui étaient des esclaves ou des prisonniers de guerre d'origine étrangère, pendant la période classique, Cicéron est d'Arpinum, dans le pays des Samnites ; Salluste, d'Amiternum, dans le pays des Sabins ; Catulle, de Vérone, en Vénétie ; Virgile, d'Andes, près de Mantoue ; Horace, de Vénusie, sur les frontières de l'Apulie ; Properce naît en Ombrie, et Tite-Live, à Padoue.

Ovide est, lui aussi, un provincial, originaire du Samnium ; il nous dit le nom de la petite ville de campagne où il est né ; il indique le canton auquel appartenait cette bourgade peu connue. Dans un de ses poèmes de jeunesse, il félicite son obscure patrie d'avoir donné le jour à un poète qui la rendra illustre :

Je suis le nourrisson de la campagne pélignienne...

Mantoue est fière de Virgile; Vérone, de Catulle. Moi, on m'appellera la gloire de cette nation pélignienne que le souci de sa liberté excita jadis à une guerre honorable, alors que Rome anxieuse eut à redouter les Italiens alliés. Un jour, contemplant les murs de Sulmone, arrosée par des eaux vives, ces murs qui couvrent si peu d'arpents de la plaine, quelque étranger s'écriera : Ville qui as pu donner le jour à un tel poète, quelque petite que tu sois, je te proclame grande entre les villes[1]!

Quand le poète vieillit en exil, il ne pense plus à la célébrité qu'il aura pu donner à sa patrie; mais il se rappelle le charme de son pays natal et la gloire qui lui vient des ancêtres légendaires :

Sulmone est ma patrie, Sulmone fécondée par ses eaux vives, Sulmone située à quatre-vingt-dix mille pas de Rome. C'est de là que je suis originaire[2].

Cette indication géographique précise se trouve dans l'*Élégie* des *Tristes* où le poète fait sa biographie. Et, bien souvent, d'autres poésies rappellent ce canton peu étendu, mais charmant, dont la fertilité est entretenue par des eaux courantes[3] :

Solymus était un de ceux qui accompagnèrent Enée quittant le Mont-Ida de Phrygie. C'est lui qui a donné son nom à la ville de Sulmone, la fraîche Sulmone, notre patrie... Malheureux que je suis! A quelle distance notre patrie ne se trouve-t-elle pas des plaines de Scythie[4]!

Dans le recensement qu'il établit, — à la ma-

1. *Amours*, III, xv, v. 3 ; v. 7-14.
2. *Tristes*, IV, x, v. 3-5.
3. *Pont.*, I, viii, v. 42 : *Ruraque Peligno conspicienda solo.* — *Fast.*, IV, v. 685 :... *Pelignos, natalia rura... Parva sed assiduis uvida semper aquis...* — Cf. *Amours*, II, i, v. 1 :... *Pelignis... aquosis.*
4. *Fast.*, IV, v. 70-82.

nière des catalogues épiques de l'*Iliade* et de l'*Énéide*, — des alliés italiens qui rejoignent l'armée consulaire pour se faire battre par Hannibal à Cannes, Silius Italicus mentionne les Péligniens de Sulmone, dont il rappelle ailleurs le héros légendaire Solymus[1] :

Le valeureux Pélignien (*acer Pelignus*) vient faire sa jonction avec l'armée romaine ; c'est de la fraîche Sulmone qu'il entraîne rapidement ses cohortes auxiliaires[2].

Sulmone était le chef-lieu d'un des trois cantons des *Peligni*[3]. Le pays des Péligniens, situé entre l'Apennin et la mer, était la *gens* d'Ovide ; Sulmone, l'une des villes principales avec Corfinium, sa *regio domestica*[4]. L'*acer Pelignus*[5] prit part, comme allié ou comme ennemi de Rome, à presque toutes les guerres italiennes. En 340, il combat avec Rome contre les Latins. S'il reste neutre pendant la première guerre du Samnium (326), il se tourne contre Rome dès que l'indépendance de l'Italie est menacée : battu en 305, il est définitivement soumis par Curius Dentatus, en 290. Mais deux siècles plus tard, au moment où les alliés se révoltent contre la tyrannie romaine, « le souci de sa liberté l'excite à une guerre hono-

1. Silius Italicus, *Puniques*, IX, v. 66 et suiv.
2. Silius Italicus, *Puniques*, VIII, v. 509-510.
3. *Amours*, II, XVI, v. 1 : *Pars... Sulmo... Peligni tertia ruris* — Cf. Pline l'Ancien, *N. H.*, III, XII : *Pelignorum Corfinienses, Superaequani, Sulmonenses.*
4. *Pont.*, IV, XIV, v. 49 : *Gens mea Peligni, regioque domestica Sulmo.*
5. Cf. Cicéron, *In Vatinium*, XV, 36 : *... fortissimorum virorum Marsorum et Pelignorum.*

rable », et, en 90, pendant la Guerre Sociale, les alliés destinent Corfinium à remplacer Rome et à devenir la capitale de l'Italie sous le nom d'Italica.

Descendant dégénéré de quelque compagnon du héros Solymus, Ovide n'a rien gardé du caractère belliqueux de ses ancêtres. L'hérédité de la race samnite n'a exercé sur lui aucune influence; et, cependant, il se vante d'appartenir à une des plus anciennes et des plus nobles familles du pays pélignien. Il ne laisse jamais échapper une occasion de célébrer l'antiquité de sa race, qui était de bonne et vieille noblesse équestre.

Le poète des *Amours* veut que sa noblesse fasse oublier sa médiocre fortune à l'amie qu'il courtise :

Le premier de mes ancêtres était un chevalier ; mes champs ne sont pas retournés par d'innombrables charrues ; mon père et ma mère, également économes, doivent restreindre leurs dépenses[1].

Cette médiocrité de fortune est naturelle à une vieille famille que la faveur des puissants et les spéculations financières n'ont pas enrichie : il s'en glorifie dans la dernière pièce des *Amours* où il recommande son œuvre à la postérité :

Si cet honneur a quelque prix, je suis de vieille noblesse équestre, héritier d'un rang qui me vient de mes ancêtres: ce n'est pas le tumulte des armes qui m'a fait chevalier[2].

Et, quand son infidèle amie lui a préféré un

1. *Amours*, I, III, v. 8-10.
2. *Amours*, III, xv, v. 5-6.

parvenu, un homme qui a gagné sa promotion à l'ordre équestre sur les champs de bataille et sa richesse dans les pillages qui suivent les combats, il s'écrie dédaigneusement :

Voici un nouveau riche qui a gagné son cens équestre par ses blessures ; on nous le préfère, ce chevalier repu de sang[1].

Ovide tient à faire savoir que, s'il est chevalier, c'est qu'il appartient à cette noblesse équestre de province, où, depuis des générations, le titre de chevalier romain était héréditaire. Cette noblesse ne voulait pas être confondue avec la foule envahissante des parvenus, plébéiens à qui la somme de 400.000 sesterces, bien ou mal acquise, avait conféré le *cens* et ouvert l'ordre équestre ; soldats de César ou d'Octave, enrichis dans les dernières guerres, créés chevaliers au titre militaire ; manieurs d'argent, rarement honnêtes, *publicani* qui, devenus chevaliers en raison de leurs fonctions de fournisseurs, de fermiers-généraux ou d'adjudicataires, formaient une aristocratie bourgeoise et financière : tous, qu'ils dussent leur nouveau rang à leur fortune, à leurs services militaires ou civils, également méprisés de ceux qui, depuis des siècles, se transmettaient jalousement de père en fils l'anneau d'or héréditaire.

Cette orgueilleuse modestie, qui s'étalait naïvement dans les œuvres de jeunesse, s'affirme avec une certaine aigreur dans les poèmes de l'exil :

Si cela a quelque valeur, je suis de vieille noblesse équestre,

---

1. *Amours*, III, VIII, v. 9-10.

héritier d'un rang qui me vient de mes ancêtres : ce n'est
pas le tumulte des armes qui m'a fait chevalier[1]... Modeste,
il est vrai, ma maison est du moins sans tache. Bien que
modeste, on peut la dire illustre, dès le temps de mes ancêtres : elle ne le cède à aucune autre en noblesse. Ce n'est
ni la richesse, ni la pauvreté qui la rend remarquable : le
chevalier romain ne doit attirer l'attention sur lui, ni par sa
richesse, ni par sa pauvreté. Que notre maison soit petite
par la fortune ou par l'origine, certes mon génie la sauve de
l'obscurité[2]... Si l'on fouille l'histoire de ma famille, on trouvera, dès la première origine, des chevaliers qui forment une
innombrable série d'aïeux[3].

Ce que dit Ovide de sa famille dont la noblesse
provinciale, aussi obscure qu'ancienne, ne pouvait
être arrachée à l'oubli que par le génie du poète,
héritier de cette race de chevaliers, nous fait penser aux beaux vers d'Alfred de Vigny :

Si l'orgueil prend ton cœur quand le peuple me nomme,
Que de mes livres seuls te vienne ta fierté.
J'ai fait illustre un nom qu'on m'a transmis sans gloire.
Qu'il soit ancien, qu'importe ? Il n'aura de mémoire
Que du jour seulement où mon front l'a porté...
C'est en vain que d'eux tous le sang m'a fait descendre,
Si j'écris leur histoire, ils descendront de moi...
Mais les champs de la Beauce avaient leurs cœurs, leurs âmes,
Leurs soins. Ils les peuplaient d'innombrables garçons,
De filles qu'ils donnaient aux chevaliers pour femmes,
Dignes de suivre en tout l'exemple et les leçons...
Tous sont morts en laissant leur nom sans auréole.

Les ancêtres d'Ovide ont-ils voué leurs cœurs,
leurs âmes, leurs soins aux champs fertiles et bien

1. *Tristes*, IV, x, v. 7-8.
2. *Tristes*, II, v. 110-116.
3. *Pontiques*, IV, VIII, v. 17-18.

arrosés du pays pélignien? Ont-ils peuplé d'innombrables garçons leur domaine héréditaire du canton de Sulmone et donné pour femmes aux chevaliers du canton voisin de Corfinium leurs filles, dignes de suivre en tout l'exemple et les leçons des matrones légendaires, les Lucrèce et les Cornélie? Ont-ils pris part aux guerres contre les Latins et contre Carthage, au soulèvement honorable que le souci de la liberté excita le Samnium à tenter contre Rome? Nous n'en savons rien. L'histoire ne nous renseigne pas; et Ovide n'a pas jugé à propos de se faire le chroniqueur de sa famille, dont il vante et dont il prétend illustrer l'antiquité. La vie inconnue des ancêtres du poète, chevaliers campagnards du pays pélignien, a dû être cette vie champêtre, obscure et heureuse du vieux Latin, que les *Géorgiques* rappellent avec émotion :

Rien ne l'émeut, ni les faisceaux que donne le peuple, ni la pourpre des rois, ni la discorde qui excite des frères perfides, ni le Dace descendant des rives de l'Hister où se sont réunies les nations conjurées, ni les affaires de Rome, ni les royaumes destinés à périr. Il n'a pas de miséreux à plaindre, de riches à envier. Les fruits de la terre, ou des arbres que les branches et les champs produisent de leur plein gré et sans contrainte, il les cueille ; et il ne s'inquiète ni de la rigueur du droit, ni de l'insanité du Forum, ni des baux et des marchés publics conservés dans les archives de l'Etat... Telle est la vie que menèrent jadis les vieux Sabins, la vie de Rémus et de son frère ; c'est ainsi que grandit la vaillante Etrurie[1].

Telle est apparemment la vie que menèrent dans

---

1. *Géorgiques*, II, v. 494-501 ; v. 531-532.

la fraîche campagne de Sulmone les ancêtres d'Ovide, qui moururent tous « laissant leur nom sans auréole ».

Ce nom est absolument inconnu avant Ovide; nous ignorons même le *praenomen* habituel à la famille et spécial au poète; il se désigne lui-même par son *cognomen* de *Naso;* les auteurs qui parlent de lui, Velleius Paterculus, Sénèque, Stace, Martial, l'appellent *Ovidius* ou *Ovidius Naso*. Les manuscrits seuls donnent son nom complet : *Publius Ovidius Naso*. Comme presque tous les surnoms, le *cognomen* de la famille d'Ovide est emprunté à une particularité physique. *Flaccus* est l'homme aux oreilles flasques; *Cicero* a sur le visage une excroissance en forme de pois chiche; *Paetus* est louche; *Labeo* a de grosses lèvres; *Varus* est cagneux; *Vatinius*, bancal; *Plancus* a les pieds plats; *Pansa*, les pieds larges, et *Scaurus* est pied bot. *Nasica* a le nez pointu et *Naso* le nez long. Peut-être ce *cognomen* de *Naso*, qui se trouve dans les familles Octavia, Otacilia et Voconia[1], était-il chez le premier des Ovides à qui il fut attribué l'indice d'un esprit fin et caustique[2]. En ce cas, la lointaine hérédité de l'ancêtre surnommé Naso n'aurait pas été sans influence sur le caractère du poète Ovide, qui n'a rien

1. Cicéron parle d'un L. Octavius Naso dont L. Flavius, préteur désigné pour 59, était l'héritier (*Epist. ad Quintum Fr.*, 1, II, 10); il recommande chaudement au proconsul de Sicile, M'. Acilius Glabrio, un certain Cn. Otacilius Naso (*Epist. ad Famil.*, XIII, XXXIII). Un des juges de Cluentius s'appelait Q. Voconius Naso (*Pro Cluentio*, LIII, 147). Enfin, les *Philippiques* parlent avec éloges d'un préteur de 44, P. Naso, dont Cicéron ne donne pas le gentilicium (*Philipp.*, III, x, 25).
2. On sait que, pour les Romains, le nez est l'organe destiné à exprimer la moquerie.

hérité des goûts de ses aïeux pour la vie obscure et champêtre et de leur amour pour la terre natale.

On l'a vu, Ovide parle volontiers de Sulmone, arrosée par des eaux vives, et des riantes campagnes du pays pélignien. Mais c'est l'artiste qui aime, c'est le poète qui décrit une région qui n'a pour lui d'autre charme que le pittoresque. D'ailleurs, le pays était digne d'attirer et de retenir un homme de goût épris des beautés de la nature.

En 1575, un érudit, né à Sulmone, Hercule Ciofano, publiait à Venise, chez des Aldes, des *Observationes* sur Ovide, où se trouve une curieuse description de la commune patrie du poète latin et de l'érudit italien, cette petite ville, qui avait eu, en outre, la gloire de voir naître un pape du commencement du xvᵉ siècle, Innocent VII. Ciofano insiste avec complaisance, dans cette *descriptio Sulmonis*[1], sur la gloire et la prospérité de la ville, fière de ses couvents, où le commerce se développe, où le courrier passe deux fois par semaine[2]. Le tableau que fait Ciofano du pays de Sulmone à la fin du xviᵉ siècle permet de s'imaginer ce qu'il était au temps d'Ovide, bien des années avant la construction des couvents, le développement du commerce et le passage régulier du courrier.

En 1706, un tremblement de terre détruisit la ville et bouleversa la campagne. Sulmone *(Solmona)*,

---

1. *Descriptio Sulmonis. Ovide*, édition Lemaire, vol. VIII, p. 247-254. — Voir dans les *Mélanges Boissier* (Paris, A. Fontemoing, 1903, p. 57-63) un intéressant mémoire de M. Besnier sur *Sulmo, patrie d'Ovide.*
2. *Tabellarius publicus bis hebdomade Sulmone transit.*

reconstruite, appartient aujourd'hui à la province
d'Aquila; elle a environ 20.000 habitants; les fruits
du fertile pays pélignien servent à faire des confi-
tures renommées, et les eaux vives qui courent dans
la plaine donnent la force motrice nécessaire à des
teintureries et à des fabriques d'objets en écaille.

Ovide a dessiné en vers faciles et élégants un
bien joli paysage de la campagne de Sulmone :

Sulmone me retient ; c'est l'un des trois cantons du pays
pélignien, un petit endroit : mais les eaux qui l'arrosent le
rendent salubre. Alors même que les rayons plus rapprochés
du soleil fendent la terre et que l'astre funeste du chien
d'Icarios (*la canicule*) est dans tout son éclat, alors même les
campagnes pélignieunes sont toujours parcourues par des
eaux limpides, et, sur un sol délicat, l'herbe vigoureuse est
verdoyante. La terre est fertile en blés, plus fertile encore
en raisins; quelques champs donnent aussi l'olive chère à
Pallas. Les eaux courantes font grandir les herbes de nouveau, après la fenaison, et le gazon épais recouvre la terre
humide [1].

Mais c'est uniquement pour engager Corinne, son
amie, à venir l'y rejoindre qu'il décrit les charmes
de sa campagne : « L'objet de mes feux n'est pas
là [2]! » Et si l'objet de ses feux ne vient pas embellir
de sa présence les vignes et les prairies du pays pélignien, ce pays aimable sera un désert pour le poète
éloigné de son aimée :

Je suis ici sans toi! Que m'importe alors d'être dans ces
champs travaillés pour les vignes, dans ces campagnes qui
semblent nager au milieu des rivières! Que m'importe que le
cultivateur appelle l'eau courante dans ses canaux d'irriga-

1. *Amours*, II, xvi, v. 1-10.
2. *Amours*, II, xvi, v. 11 : *At meus ignis abest.*

tion! Que m'importe que la brise fraîche caresse la chevelure des arbres! Je ne crois point habiter le pays salubre des Péligniens; ce n'est plus le lieu de ma naissance, ce ne sont plus les campagnes paternelles: je me crois plutôt en Scythie, ou chez les féroces Ciliciens, ou chez les Bretons qui se peignent le visage en vert, ou auprès des rochers rougis du sang de Prométhée [1].

Sans Corinne, le charme de la campagne n'est rien, alors même que c'est la campagne natale. Avec Corinne, les glaces des Alpes et les déserts brûlants de la Libye seraient un pays plus agréable que le riant séjour héréditaire où les ancêtres ont vécu, où le poète a passé les années de son enfance. L'auteur des *Deux Pigeons* dira :

> J'ai quelquefois aimé; je n'aurais pas alors
> Contre le Louvre et ses trésors,
> Contre le firmament et sa voûte céleste,
> Changé les bois, changé les lieux
> Honorés par les pas, éclairés par les yeux
> De l'aimable et jeune bergère
> Pour qui, sous le fils de Cythère,
> Je servis, engagé par mes premiers serments [2].

Comme La Fontaine, Ovide n'aime que les pays, quels qu'ils soient, qui sont honorés par les pas, éclairés par les yeux de celle qu'il chante sous le nom de Corinne. Si Corinne refuse de le suivre à Sulmone, Sulmone devient pour lui un désert fécond en ennui, comme le sera l'Orient pour l'Antiochus de Racine, séparé de sa Bérénice.

1. *Amours*, II, xvi, v. 33-40.
2. La Fontaine, *Fables*, IX ii.

Et cette indifférence méprisante pour la campagne paternelle n'est pas une simple boutade d'amoureux. L'élégie à Corinne faisait une sorte d'allusion prophétique à la Scythie et au Caucase : bien des années après la composition des *Amours*, relégué à Tomes, au bord de ce Pont-Euxin qui baigne les côtes de la Scythie et la plaine du Caucase, Ovide parlera avec la même sécheresse du pays pélignien d'où sa race est originaire, et de Sulmone, berceau de sa famille.

Voici déjà le quatrième automne qu'il se consume dans le véritable enfer où il est jeté[1]. Il confie à son ami Cornelius Severus, le poète épique, les regrets qui l'angoissent. Ce qui lui manque le plus — il comprend que l'aveu étonnera son ami, mais sa franchise est complète — ce sont les agréments de la vie à Rome :

Tu ne croirais pas que ton Ovide regrette les avantages de la société mondaine : c'est cependant ce qu'il regrette[2].

Son âme s'envole vers les endroits familiers de Rome : il a devant les yeux les palais, les théâtres, le Forum, les portiques, toutes les promenades fréquentées par les littérateurs en vogue et par les gens du monde. Il revoit les gazons du Champ de Mars, les étangs de l'Euripe et la fontaine de la Vierge[3], comme Mme de Staël exilée revoyait son

---

1. *Pont.*, I, viii, v. 27 :

> ...*Stygias detrusus in oras,*
> *Quatuor autumnos Pleias orta facit*

2. *Pont.*, I, viii, v. 29-30.

3. *Pont.*, I, viii, v. 38 : *Stagnaque et Euripi, Virgineusque li-*

ruisseau de la rue du Bac. Par contre, il le confesse naïvement, il n'a aucun regret pour les champs paternels dont il est privé, pour les belles campagnes du pays pélignien[1].

Un tel aveu nous étonne et choque nos habitudes littéraires. Les poètes de notre temps nous ont accoutumés aux souvenirs émus de la maison de famille et du pays de la première enfance.

On connaît *les Feuillantines*, de Victor Hugo, *Milly, la Terre natale*, de Lamartine. Brizeux a chanté *la Maison du Moustoir*, et Hégésippe Moreau,

> ...La Voulzie et ses bois noirs de mûres,
> Et dans son lit de fleurs, ses bonds et ses murmures.

Bien avant les Romantiques, nos poètes se sont plu à célébrer « la douce France », et, dans la douce France, la petite patrie de la famille, la chère maison des ancêtres. L'un des plus anciens Gallo-Romains que l'histoire littéraire de la France puisse revendiquer, le Bordelais Ausone, commence un poème consacré à sa ville par ces mots : « Bordeaux est mon sol natal *(Burdigala est natale solum)* », et le termine par cette conclusion que tout le développement fait prévoir et amène :

quor — L'Euripe est le détroit qui sépare la Béotie de l'Eubée ; par métaphore, *euripus* signifie en latin toute espèce de fossé et, en particulier, le fossé creusé autour du Cirque pendant la dictature de César (Suétone, *Jules César*, XXXIX). Le *Virgineus liquor* (ou *aqua Virgo, Trist.*, III, XII, v. 22, aujourd'hui fontaine de Trevi) est une source de la campagne romaine, découverte par une jeune fille, et amenée à Rome par un aqueduc dont la construction était due à M. Agrippa, édile l'an 33 avant Jésus-Christ.

1. *Pont.*, I, VIII, v. 41 :

> *Non meus amissos animus desiderat agros.*
> *Ruraque Peligno conspicienda solo.*

« J'aime Bordeaux (*diligo Burdigalam*). » En Allemagne, à Trèves, où il a suivi l'empereur Valentinien et son fils Gratien, dont il est le précepteur,
la Moselle, qui coule devant lui, rappelle toujours
à son souvenir ému la Garonne, *son fleuve*. Il
attend avec impatience le jour de la retraite qui lui
permettra de passer ses dernières années, de mourir à Bordeaux, sa patrie, le nid de sa vieillesse[1].

Au xvie siècle, le poète Joachim Du Bellay, qui
a suivi à Rome, en qualité de secrétaire, son cousin le cardinal, se croit en exil tant qu'il reste
éloigné de son « petit Lyré[2] » et de « la douceur
angevine ». Comme l'Ulysse homérique, désireux,
après tant de voyages, de voir s'élever au loin la
fumée de son île d'Ithaque[3], Du Bellay aspire au
moment où il reverra « de *son* petit village fumer
la cheminée », où il reverra « le clos de sa pauvre
maison », ce « séjour qu'ont bâti ses aïeux ».

Ovide ignore ce culte pour le séjour qu'ont bâti
les aïeux; libéré de son exil, ce n'est pas dans la
campagne natale qu'il abriterait le nid de sa vieillesse. C'est à Rome, la patrie d'élection de son
talent et de son esprit, qu'il viendrait mourir au
milieu d'un cercle littéraire et mondain.

Ovide est ce qu'on appelle aujourd'hui un « déraciné ». Cette absence d'amour pour la maison, ce
manque de patriotisme, est un des caractères les
plus frappants de l'alexandrinisme. Il est impor

----

1. Ausone, *Moselle*, v. 449 : *Burdigalam in patriam... nidumque
senectae.*
2. Aujourd'hui, Liré, commune de Maine-et-Loire.
3. *Odyssée*, 1, v. 58.

tant de le noter chez le plus alexandrin des poètes romains, comme on l'a noté chez ses modèles de la dernière renaissance hellénique : « Les poètes de l'école d'Alexandrie abandonnent de bonne heure et sans esprit de retour le lieu où ils sont nés, pour se rendre dans une grande ville, le plus possible dans la capitale d'une monarchie : celle-ci n'est pour eux qu'une patrie littéraire où presque tout leur est indifférent et étranger, excepté leur art[1]. »

Cet abandon définitif du pays natal, cet oubli de la demeure des ancêtres est tout à fait opposé aux tendances de l'esprit romain, positif, au fond, et très attaché à la propriété de famille que les ancêtres ont péniblement conquise. L'influence alexandrine n'a pu abolir ce sentiment tenace chez les poètes romains eux-mêmes qui ont été les disciples les plus dévoués du Musée. Le génie tendre et délicat de Virgile domine l'art alexandrin dont il s'inspire : le poète d'Andès n'oublie jamais la modeste propriété paternelle de la campagne de Mantoue. Comme Ovide, dans les *Amours*, décrira avec art les prairies et les ruisseaux du pays pélignien, Virgile, dans sa première *Églogue*, évoque à nos yeux, en une image vivante, avec tout le talent d'un poète pittoresque, avec tout l'amour passionné d'un propriétaire, jaloux de l'héritage dont il a été dépossédé, ce champ couvert de pierres ou de joncs, ce cours d'eau familier et cette source sacrée, cette haie fleurie où les abeilles vont puiser le suc qui

---

1. A. Couat, *La Poésie alexandrine sous les trois premiers Ptolémées*, Paris, 1882, p. 515.

produira un miel digne du miel du Mont-Hybla,
ces nids de colombes cachés dans les roseaux, ces
couples de tourterelles qui roucoulent dans les
hautes branches des ormeaux. L'auteur des *Bucoliques* ne fait qu'imiter, que traduire par endroits
les *Idylles* de Théocrite : cependant, ses descriptions de la campagne romaine sont bien personnelles, et ses tableaux dont l'original est alexandrin
nous permettent de reconstituer la patrie champêtre, la propriété bien-aimée du poète, digne fils
du cultivateur ou de l'humble artisan du village
d'Andes.

L'ami de Virgile, Horace, *libertino patre natus*,
descendant d'affranchis, n'a pas cette propriété de
famille où ses ancêtres, vils esclaves, aient pu
mettre leurs cœurs, leurs âmes, leurs soins. Il ne
s'inquiète pas de rechercher à quel pays appartient
exactement la petite ville de Vénusie où il est né :
« Suis-je Lucanien ou Apulien ? » Question douteuse, car le paysan de Vénusie laboure des deux
côtés de la frontière[1]. On ne trouve dans les
Satires et dans les *Épîtres* aucun souvenir ému de
ces champs labourés par les compatriotes d'Horace ;
à peine une mention dédaigneuse du champ cultivé par son père ; c'était un coin de terre petit et
maigre : car le cultivateur, humble fils d'affranchi,
était fort pauvre[2].

Mais Horace est devenu un poète célèbre, admis
dans la familiarité de l'entourage impérial. Mécène,
son protecteur fidèle, lui donne dans la Sabine une

1. Horace, *Satires*, II, I, v. 34.
2. *Satires*, I, VI, v. 71 .... *pater... qui macro pauper agello*

villa, un champ, un jardin, un petit bois : aussitôt s'éveille dans l'âme du descendant d'affranchis, nourri des doctrines épicuriennes et du scepticisme de son époque, le vieux sentiment latin, l'amour national de la propriété : « Voici ce qui était dans mes vœux : un champ d'une médiocre étendue, un jardin avec une source d'eau vive, voisine de la maison, et, par surcroît, un peu de forêt[1]. » Il est au comble du bonheur : son enfance n'a pas connu le berceau de la famille, sa vieillesse aura un *nid* en toute propriété.

Cet amour du « chez soi » se retrouve aussi vif, s'exprime avec plus de lyrisme que dans les *Bucoliques*, avec plus d'ampleur que dans les *Satires*, dans un poème de Catulle, qui, lui, cependant, est le plus alexandrin des poètes romains avant Ovide, le lettré ingénieux et érudit, dont l'*Épithalame de Thétis et de Pélée* semble le premier modèle latin des *Métamorphoses*.

Catulle revient d'un long voyage officiel. — Aux derniers jours de l'Empire Romain, le Bordelais Ausone accompagnera l'Empereur à Trèves, sur les bords de la Moselle ; au temps de la Renaissance, l'Angevin Joachim Du Bellay fera le voyage de Rome en qualité de secrétaire attaché à l'ambassadeur du roi très chrétien ; en l'an 57 avant Jésus-Christ, Catulle revient en Italie, après avoir fait partie de la cohorte qui escortait en Bithynie le propréteur C. Memmius Gemellus, ce grand seigneur lettré à qui Lucrèce devait dédier son poème *De Natura Rerum*.

1. *Satires*, II, vi, v. 1-3.

Le poète de Vérone revoit son lac Benacus — le lac de Garde traversé par le Mincio — qu'il appelle lac lydien, parce qu'il sait que les Étrusques, dont le territoire est voisin du lac, sont originaires de Lydie. Il revoit sa presqu'île, son village de Sirmio qu'il regrettait quand il voyageait au loin, qu'il aime chèrement, parce que toute son érudition alexandrine n'a pu abolir ses sentiments de patriotisme local innés à tout Italien de bonne race. Et il s'écrie en des vers où l'art du Musée a singulièrement affiné la vieille forme latine :

O Sirmio[1], perle des îles et des presqu'îles que Neptune, dieu des eaux salées et des eaux douces, a placées à la surface de la vaste mer et des lacs transparents, quelle joie, quel bonheur de te revoir! Je peux à peine me persuader que j'ai quitté les champs de Bithynie, que je te revois en toute sûreté. O bonheur sans égal! Plus de soucis : mon âme dépose son fardeau. Lassé des longs labeurs, je viens, auprès de mon dieu Lare, me reposer sur mon lit ardemment désiré. Voilà ce qui me récompense de tant de travaux! Charmante Sirmio, salut! Réjouis-toi de retrouver ton maître! Réjouissez-vous, vous aussi, ondes lydiennes de mon lac! Rires, éveillez-vous; tous, tant que vous êtes, éclatez dans ma maison[2]!

L'alexandrin de Vérone reste un Italien de vieille souche. « Pour Catulle, comme pour Horace, il y a un coin du monde qui l'emporte sur tous les autres, c'est la presqu'île de Sirmio où il avait une maison... Avec quel délicieux accent de bonheur Catulle en reprend possession après son stérile voyage en Bithynie! Comme il sent le charme du *chez-soi*, du repos

____

1. Le latin dit : *Sirmio... ocelle;* « Sirmio, petit-œil ».
2. Catulle, *Carmen XXXI.*

d'esprit, comme sa campagne lui plaît, comme ces lieux dont il se croit, dont il se dit le maître, lui paraissent beaux [1]... »

Tel est, latent au fond des âmes obscures, plus ou moins brillamment exprimé par les esprits diversement cultivés, le sentiment immanent chez tous les Romains de toute l'Italie, restés prosaïques, alors même qu'ils font profession de poésie, restés amoureux de la propriété personnelle, alors même que les doctrines philosophiques leur ont enseigné le détachement des richesses.

Au milieu de ces Latins épris de leur *chez-soi* héréditaire ou acquis, Ovide est une exception. Concitoyen et frère des poètes du Musée, la terre nourricière de l'Italie est pour lui une marâtre. C'est un pur alexandrin. Il existait une sorte d'harmonie préétablie entre le caractère d'Ovide et l'alexandrinisme. Mais c'est seulement à la suite de longues études dans les écoles de Rome, de longues accoutumances dans les cénacles littéraires, de longues veillées studieuses occupées à approfondir les œuvres des derniers héritiers de la poésie classique d'Athènes, que la marque du Musée devait s'imprimer définitive et indélébile dans l'esprit cultivé et érudit du jeune homme qui était né à Sulmone, arrosée par des eaux vives, entourée des riantes plaines de la campagne pélignienne, le 20 mars de l'an 43 avant Jésus-Christ.

---

1. Patin, cité dans le *Catulle* de Rostand, Benoist et Thomas, t. II, p. 453 (Paris, Hachette, 1890).

CHAPITRE II

Ovide ne nous donne aucun renseignement sur ses années d'enfance. Il en est de même de Cicéron et d'Horace, qui se font aussi complaisamment que le poète de Sulmone leurs propres biographes.

C'est que, dans le monde antique, « Messieurs les enfants » n'étaient pas les principaux personnages des drames qui ont pour scène le foyer domestique ; les historiettes de la « nursery » n'étaient pas l'essentiel des annales de la famille. Pas plus que ne l'avaient fait avant lui Cicéron et Horace, Ovide n'a pensé à rédiger le « roman d'un enfant », à nous faire confidents des sensations puériles ou des rêves d'avenir très vagues qui pouvaient hanter l'âme du futur lettré occupé, en sa cinquième année, à chevaucher sur un long roseau, ou à s'abandonner, en compagnie de son frère aîné, aux violentes émotions du jeu de pair et impair[1]. Ovide ne nous dit rien de ses succès à la toupie (*turbo*) ou au cerceau (*trochus*).

Pour l'enfant romain, la vie, digne de souvenir, ne commence que du jour où, sorti des mains des femmes, il reçoit l'éducation et l'instruction des garçons. Pour Ovide, elle commence au moment où il prend le premier contact avec cet enseignement de la grammaire, d'abord, puis de la rhétorique, qui devait faire de lui le poète érudit dont le talent ingénieux s'imposera aux cercles littéraires de Rome.

Je n'étais pas l'aîné de la famille. Je vins au monde après un frère né depuis douze mois. C'est la même étoile du matin qui présida à nos deux naissances, et le même anniversaire était célébré par l'offrande faite aux dieux d'un double gâteau... Notre éducation est commencée de bonne heure, et, par les soins de notre père, nous allons à Rome recevoir les leçons des maîtres les plus célèbres dans leur art[2].

Les deux frères ne partirent pour les écoles de Rome qu'après avoir reçu à la maison les premiers éléments de la lecture et de l'écriture. Bien des années plus tard, aigri par les misères de l'exil, Ovide déplore que ses parents lui aient appris à lire et lui aient ainsi donné l'éducation qui devait l'amener à cette funeste littérature qu'il fait responsable de sa disgrâce :

Maudits soient mes études, l'enseignement que mes pa-

1. Horace, *Sat.*, II, III, v. 248 : *Ludere par impar, equitare in arundine longa.*
2. *Tristes*, IV, X, v. 9-12 ; 15-16.

rents m'ont donné, la première leçon où mes yeux se sont attardés sur une lettre [1]!

Cette première leçon fut probablement donnée à la maison par la mère elle-même; dans la vieille demeure des chevaliers de Sulmone se perpétuaient les traditions anciennes que les familles romaines, au temps de Tacite, avaient laissé tomber en désuétude :

Jadis, l'enfant né d'une chaste mère n'était pas relégué dans le réduit d'une esclave achetée ; il était élevé sur les genoux, dans le giron de la mère qui faisait sa principale gloire de bien régler sa maison et de se dévouer à ses enfants... C'est ainsi, nous le savons, que Cornélie, mère des Gracques, Aurélia, mère de César, Attia, mère d'Auguste, présidèrent à l'éducation de leurs enfants et firent d'eux les premiers de leur génération [2].

Sous l'Empire, les familles des chevaliers de province n'avaient pas renoncé à cette éducation maternelle dont Tacite regrette l'abandon à Rome. Le même Tacite nous dit de son beau-père, Cn. Julius Agricola, né en l'an 40 après Jésus-Christ, d'une vieille famille équestre de Fréjus, en Provence : « Sa mère était Julia Procilla, femme d'une rare chasteté ; elle l'éleva dans son giron avec une indulgence toute maternelle [3]. » A plus forte raison, peut-on conjecturer avec toute vraisemblance que, quatre-vingts ans avant Agricola, le fils des chevaliers de Sulmone fut élevé comme devait l'être

1. *Tristes*, II, v. 343-344.
2. *Dialogue des Orateurs*, XXVIII.
3. *Agricola*, IV : *... in hujus sinu indulgentiaque educatus.*

le fils des chevaliers de Fréjus. C'est sur les genoux
d'une mère indulgente et patiente qu'Ovide, tout
enfant, reçut cette première leçon où ses yeux dis-
traits étaient doucement contraints de s'attarder
sur les caractères de l'alphabet.

Le poète ne dit rien de cette première leçon maternelle. Il parle d'ailleurs très peu de sa mère. On
a vu que, devenu un jeune homme à la mode, associé aux plaisirs d'une société riche et dépensière,
il s'excusait auprès de Corinne de la pauvreté de
son père et de sa mère qui les contraignait à
une sévère économie[1]. A la fin de sa carrière, exilé
à Tomes, il se félicite que la mort de ses vieux
parents leur ait épargné la douleur d'être témoins
de la disgrâce de leur fils :

Déjà mon père avait accompli sa destinée ; à neuf lustres
il en avait ajouté neuf autres[2]. Je l'ai pleuré comme il m'aurait pleuré, si je lui avais été enlevé. Je rendis peu après les
derniers devoirs à ma mère. Heureux tous les deux, et tous
les deux ensevelis à propos, eux qui ont péri avant le jour
de ma calamité ! Heureux moi-même de ne pas être tombé
dans la peine de leur vivant et de n'avoir pas été pour eux un
sujet de douleur[3] !

Ovide ne dit rien de plus de sa mère. Ce silence
est assez ordinaire chez les auteurs latins qui parlent
le plus volontiers d'eux-mêmes et de leur famille.

1. *Amours*, I, iii, v. 10. — Voir p. 27.
2. On sait que tous les cinq ans, à la date du recensement, les
censeurs ordonnaient une cérémonie lustrale expiatoire. D'où le
nom de *lustre* donné à cette période de cinq ans. Le père d'Ovide
mourut après avoir ajouté à neuf lustres, neuf autres lustres : il
avait donc quatre-vingt-dix ans au moment de sa mort.
3. *Tristes*, IV, x, v. 77-84.

Cicéron n'a pas un mot pour sa mère : nous apprenons simplement par une lettre de l'orateur que c'était une bonne ménagère, habile à diriger sa maison et à empêcher ses esclaves de lui voler son vin[1]. On sait avec quelle reconnaissante affection Horace parle de son père, qui a entouré son enfance et sa jeunesse de soins si intelligents, qui a fait donner à son fils chéri une instruction au-dessus de sa condition, et qui, même par ses enseignements pratiques, a décidé la vocation du futur poète des *Satires*. La piété filiale d'Horace n'a aucun souvenir ému pour une mère qu'il a sans doute perdue de bonne heure ; la psychologie du poète ignore l'amour maternel : il est question dans une *Épître* de l'impatience des enfants mineurs que la rigoureuse tutelle de la mère tient en esclavage[2].

Properce est, à notre connaissance, le seul auteur romain de l'époque classique qui nous dise l'affection qu'il a eue pour sa mère. Des nombreuses allusions qui se laissent délicatement entrevoir dans les *Élégies* du poète de l'Ombrie, F. Plessis conclut que la mère de Properce accompagna son jeune fils à Rome ; que, pour ne pas le laisser dans l'isolement, elle s'établit avec lui dans la grande ville où la vie coûtait cher ; que, malgré la mince fortune à laquelle elle était réduite, elle ne négligea rien pour lui faire donner la brillante éducation dont la preuve se trouve dans le caractère savant de la poésie de ce fin lettré ; que, en dernière ana-

---

1. Cicéron, *Epist. ad Famil.*, XVI, XXVI.
2. Horace, *Épîtres*, I, I, v. 21 : *... ut piger annus Pupillis quos dura premit custodia matrum.*

lyse, « Properce est un homme élevé par une femme[1] ».

Faut-il, par contre, conclure du silence d'Ovide qu'il n'aimait pas sa mère dont il parle si peu? Cette conclusion ne serait pas juste. Sans doute, à Rome, dans la société mondaine du siècle d'Auguste, les femmes, émancipées en fait sinon en droit, jouent un rôle important; elles sortent de la maison, elles agissent. Les poèmes érotiques d'Ovide nous apprennent qu'elles font parler d'elles, surtout au mauvais sens du mot. Mais il en était tout autrement en province, à la fin de la République. Les matrones des petites villes et des campagnes méritaient encore l'éloge auguste en sa simplicité qu'un vieux poète inconnu faisait de cette Claudia aussi inconnue que son naïf panégyriste :

Etranger, ce que j'ai à te dire est bref; arrête-toi et lis jusqu'au bout. Ici est la sépulture sans beauté d'une femme qui était belle ; le nom dont ses parents la nommèrent était Claudia. Elle chérit son mari de tout son cœur. Elle mit au monde deux fils; l'un, elle le laisse sur la terre ; l'autre a été placé dessous. Son langage était agréable et sa démarche élégante. Elle garda la maison et fit de la laine. J'ai dit : retire-toi[2].

Les traits caractéristiques de la matrone étaient l'élégance de sa démarche, semblable à celle des déesses[3], et l'agrément de son langage, qui influait

1. Plessis, *Etudes sur Properce*, Paris, Hachette, 1884, pp. 239-240, 288-289.
2. Bücheler et Riese, *Anthologia Latina*, Leipzig, Teubner, 1870, p. 52.
3. Virgile, *Enéide*, I, v. 405 : *Et vera incessu patuit dea.*

sur la correcte pureté d'élocution particulière aux
Romains de bonne famille élevés par leurs mères[1].
La vie simple et utile, honorable et cachée, de
Claudia a été celle de la plupart des femmes romaines de la bonne époque ; et, quand les mœurs
se corrompirent, elle resta la vie de la plupart des
provinciales, éloignées de la corruption romaine.

> Elles vivaient ainsi, les mères d'Etrurie,
> Celles du Latium et du pays sabin,
> Gardant comme un trésor, loin du tumulte humain,
> Le travail, la pudeur, les dieux et la patrie[2].

La grandeur et la servitude féminines de la *mater
familias* se conservaient intactes dans les contrées
qui demeuraient fidèles aux antiques traditions de
l'Étrurie, du Latium et du pays sabin. Gardienne des
clefs, maîtresse absolue de la maison, la mère de
famille siège dans l'atrium, au milieu des serviteurs
et des servantes qu'elle dirige[3]. Les hommes se
vantent de commander à tous les peuples, mais
ils doivent confesser qu'à la maison ils obéissent à
leurs femmes[4]. Pour les matrones, tout pouvoir
expire au seuil de cette maison où leur vie doit
s'écouler, honorée de la famille, mais ignorée au
dehors. Que personne ne parle d'elle, que le fils
même s'abstienne de la célébrer dans ses poèmes :
tel est, conformément aux idées romaines, le lot de

1. Cicéron, *Brutus*, LVIII, 211.
2. Louis Bouilhet, *Melænis*, chant V.
3. Cornelius Nepos, *Préface : Mater familias primum locum
tenet aedium.*
4. Plutarque, *Vie de Caton l'Ancien*, VIII.

l'honnête femme qui ne doit pas exister hors de chez elle.

La veuve seule peut et doit sortir de cette réserve. On connaît la grande influence sur Tiberius et Caius Gracchus, le vrai rôle politique de Cornélie, la mère des Gracques : la veuve de Tiberius Sempronius Gracchus devait suppléer, et elle suppléa virilement, le *pater familias* mort jeune. Elle aussi, veuve de bonne heure, la mère de Properce a dû veiller sur l'éducation de son fils, et elle a réussi à exercer une action notable sur son développement intellectuel et moral. Les poèmes d'Ovide ne témoignent d'aucune inspiration maternelle. L'auteur des *Amours* et de l'*Art d'aimer* n'est pas un homme élevé par une honnête femme.

D'ailleurs, quand le futur poète était enfant, les difficiles devoirs de la première éducation pouvaient être remplis par le père dont ils sont le partage. Le père d'Ovide, qui mourut âgé de quatre-vingt-dix ans, peu avant l'année 762 de Rome, où son fils âgé de cinquante et un ans[1] partait pour l'exil, était dans toute la force de l'âge en 711 (43 av. J.-C.).

Jusqu'à la septième année, le gouvernement de l'enfant appartient à la mère ; le petit garçon de sept ans passe sous la direction immédiate du père. Si l'on prend à la lettre l'hémistiche des *Tristes*, « mes parents m'ont enseigné[2] », il faut admettre que le père et la mère unirent leurs leçons

---

1. *Tristes*, IV, VIII, v. 33-34.
2. *Tristes*, II, v. 343 : ... *me docuere parentes*.

pour donner à Ovide, et probablement à son frère
aîné, les premiers éléments d'instruction, la *prima
litteratura* [1], c'est-à-dire la lecture, l'écriture et le
calcul. On enseignait l'écriture à l'enfant en lui
tenant la main pour lui faire tracer ses lettres [2].
Quant à l'arithmétique, une scène vivement tracée
par Horace nous montre comment se donnait la
leçon :

Les enfants romains apprennent à diviser, à la suite de longs
calculs, 1 as [qui vaut 12 onces] en 100 parties. Que le fils
d'Albinus réponde : Si de 5 onces vous en ôtez 1, que reste-
t-il?... Vous auriez déjà pu le dire! — Un tiers d'as [ou 4 onces].
— Bien! Tu pourras sauvegarder tes intérêts... A 5 onces j'en
ajoute 1 : que dois-je avoir ? — Une demi-livre [ou 6 onces] [3].

C'est vers douze ans que commence l'instruction
sérieuse. Muni des connaissances élémentaires,
l'enfant est envoyé à l'école du *grammaticus*.
Horace avait douze ans quand son père le conduisit
au grammairien Orbilius. C'est à douze ans que
Perse, qui devait se faire connaître par ses *Satires*,
quitta sa ville natale, Volaterres, pour aller fréquenter à Rome l'école du grammairien Remmius
Palaemo. Néron avait onze ans quand il fut confié
à Sénèque [4]. Par un anachronisme curieux, qui a
peut-être pour origine la réminiscence incons-
ciente d'une date notable de sa vie d'écolier, Ovide
montre la mère d'un des héros mythologiques des
Métamorphoses se conformant à l'usage établi à la

---

1. Sénèque, *Lettres à Lucilius*, LXXXVIII, 20 : *Prima illa, ut an-
tiqui vocabant, litteratura per quam pueris elementa traduntur.*
2. Sénèque, *Lettres*, XCIV, 51.
3. Horace, *Art poétique*, v. 325-330.
4. Suétone, *Néron*, VII.

fin de la République et au commencement de l'Empire :

> La sœur de Dédale lui avait confié l'éducation de son fils; le douzième anniversaire de l'enfant était révolu et son esprit était capable de recevoir des leçons[1].

Nous ignorons si, vers l'an 31 avant Jésus-Christ, il y avait à Sulmone une école de grammaire. Soixante ans auparavant, il n'y en avait pas à Arpinum, puisque Cicéron et son frère furent envoyés à Rome. Mais, en l'an 58, Crémone possédait une école que Virgile fréquenta; et, en l'an 53, un certain Flavius était établi grammairien à Vénusie. Les enfants se rendaient à son école, portant suspendus au bras gauche les tablettes à écrire et le coffret qui contenait leurs ustensiles scolaires. Tous les mois, le jour des ides, Flavius recevait de chacun de ses écoliers une rétribution de huit as d'airain. Vénusie était une colonie militaire où des lots de terrain avaient été assignés à de nombreux vétérans : les fils illustres des illustres centurions retraités, qui composaient l'aristocratie locale, ne dédaignaient pas de suivre la classe du grammairien. Cependant le père d'Horace ne la trouva pas assez bonne pour son fils, et il le conduisit à Rome[2].

A la fin de la République, les jeunes provinciaux allaient faire à Rome leurs études de grammaire ou, tout au moins, de rhétorique. Nous ne connaissons guère que Virgile qui ait étudié la rhéto-

1. *Mét.*, VIII, v. 241-243.
2. Horace, *Sat.*, I, VI, v. 73 et suiv.

rique en province : il suivit les leçons des rhéteurs de Milan[1]. Sous l'Empire, certaines grandes villes d'Italie et de Gaule devinrent des centres universitaires dont les écoles faisaient concurrence à celles de Rome. Vers le milieu du 1er siècle, Agricola peut faire toutes ses études à Marseille[2].

Et bientôt les petites villes éprouvèrent d'elles-mêmes, ou se laissèrent inspirer par des amis influents, le désir ambitieux de posséder leur école de rhétorique. Pline le Jeune, qui ne déteste pas de se mettre en scène, nous raconte une visite qu'il fit à Côme, sa ville d'origine, sous le principat de Trajan. Le jeune fils d'un de ses compatriotes vient le saluer. « Tu fais tes études ? — Oui. — Où donc ? — A Milan. — Pourquoi ne les fais-tu pas ici ? » Le père de l'étudiant intervient. « C'est, dit-il, parce qu'ici nous n'avons pas de maîtres. — Vous devriez en avoir », s'écrie Pline, qui saisit avec empressement l'occasion de faire aux pères de famille de Côme, réunis autour de lui, une conférence sur la nécessité d'établir une école de rhétorique dans le municipe. — On croirait entendre un candidat à la députation qui « développe son programme » et qui place au nombre des « revendications de l'arrondissement » la création d'un lycée. — Mais Pline est assez riche et assez désintéressé pour promettre autre chose

---

1. Virgile ne devait pas non plus aller chercher à Athènes, comme le firent Horace et Ovide, le complément de ses études classiques ; il se contenta d'étudier à Naples, qui était la ville la plus littéraire de la Grande-Grèce.

2. Tacite, *Agricola*, IV : *... sedem ac magistram studiorum Massiliam.*

que le concours de l'État. « Dans cette école, je sauvegarde toutes les libertés des pères de famille ; à eux de juger, de choisir les maîtres : je ne me réserve que le soin de faire tous les frais[1]. » Le zèle de l'ami de Trajan est aussi louable qu'inconsidéré. L'établissement d'une école de rhétorique à Côme, séparée des grandes écoles de Milan pas une faible distance de 40 kilomètres, était aussi inutile que peut l'être aujourd'hui l'existence de collèges communaux de plein exercice, proches voisins des grands lycées des villes de Facultés.

En l'an 32 ou 31 avant Jésus-Christ, aucun citoyen important de Sulmone ne songeait à doter sa ville natale d'une école de rhétorique ; si le municipe possédait une école de grammaire, le père d'Ovide ne voulut pas plus y envoyer ses enfants que le père d'Horace n'avait consenti à faire de son fils l'élève de Flavius, le grammairien de Vénusie.

Ovide et son frère aîné partent donc pour Rome, comme avaient fait avant eux Horace, conduit par son père, et Properce, accompagné de sa mère. Cicéron et son frère Quintus avaient été envoyés à Rome, confiés aux soins d'un oncle maternel qui y résidait ; et le père, M. Tullius Cicero, était resté dans cette campagne d'Arpinum que les ancêtres, depuis les origines de la *gens Tullia*, n'avaient jamais quittée. Les aïeux d'Ovide menaient à Sulmone, depuis des générations, la même vie rurale

1. Pline le Jeune, *Lettres*, IV, XIII.

que ceux de Cicéron à Arpinum. Il est probable
que le père d'Ovide ne rompit pas avec ces traditions héréditaires. Cicéron nous apprend que son
père fut retenu toute sa vie par sa mauvaise santé
dans sa maison de campagne, où il s'abandonnait à
des délassements littéraires [1]. Malgré l'exemple de
Fontenelle, que sa santé déplorable n'empêcha
pas de vivre près d'un siècle, et celui de Voltaire,
que ses diverses maladies ne firent mourir qu'aux
environs de la quatre-vingtième année, il est peu
admissible que ce soit une incurable faiblesse de
constitution qui ait retenu le père d'Ovide dans la
riante campagne de Sulmone où il devait s'éteindre
âgé de plus de quatre-vingt-dix ans. Mais nous
savons par son fils que la famille devait vivre au
pays pélignien dans la plus stricte économie [2].
Une installation à Rome eût été fort coûteuse. Elle
était certainement dangereuse en 31, à ce moment
de troubles civils où les propriétaires ruraux devaient rester chez eux, occupés à surveiller de
près leurs intérêts.

En effet, depuis la naissance d'Ovide, l'année de
la bataille de Modène, les événements politiques
s'étaient précipités, et les discordes intérieures
n'avaient cessé de déchirer la République. En
octobre 43, à la suite des conférences de Bologne,
un rapprochement s'était fait entre Octave, Antoine
et Lépide. Investis par eux-mêmes du pouvoir con-

1. Cicéron, *De Legibus*, II, 1, 3.
2. Ovide, *Amours*, I, iii, v. 9-10.

sulaire pour cinq ans, les *triumviri rei publicae con-stituendae* avaient affiché la première liste de proscription dans la nuit du 27 au 28 novembre; le 7 décembre, Cicéron était égorgé dans cette patrie qu'il avait si souvent sauvée. Pendant que la terreur régnait à Rome, Antoine et Octave battaient à Philippes, en Macédoine, l'armée républicaine dont les deux chefs Cassius et Brutus mouraient. Après la victoire, Antoine allait perdre son temps en Égypte où, séduit par Cléopâtre, il compromettait son autorité au milieu des délices de la vie inimitable qu'il menait avec la reine courtisane (42-41).

La femme et le frère du triumvir, Fulvie et Lucius Antonius, essayaient d'exciter des mouvements populaires et une révolte des vétérans contre Octave. Mais la position critique de L. Antonius, bloqué et affamé par Octave dans Pérouse (41-40), forçait l'amant de Cléopâtre de s'arracher aux voluptés de l'Égypte et de venir préparer en Italie les traités de Brindes et de Misène, qui rétablissaient une alliance provisoire entre les triumvirs et sanctionnaient une paix très précaire entre le triumvirat et le parti pompéien, dont le chef était Sextus Pompée, un des fils du vaincu de Pharsale (39).

Bientôt la paix était rompue : c'est d'abord la guerre entre Octave et Sextus Pompée (38). — Une bataille navale se livre aux environs de Myles, sur la côte orientale de Sicile, où Sextus, vaincu par Octave et Agrippa, est mis en fuite (3 septembre 36). Il doit se réfugier en Asie où il est tué (35).

Puis, c'est la brouille entre les triumvirs. En l'an 36, Lépide, déposé par ses collègues qui le re-

gardent comme un incapable, est relégué à Circéies.
La République n'a plus que deux maîtres; mais le
duumvirat d'Octave et d'Antoine est profondément
troublé dès ses origines. La rupture est habilement
préparée par la modération affectée, l'administration aussi sage que forte d'Octave, qui sait se
rendre populaire en Italie, pendant qu'Antoine, de
retour en Égypte, occupé à suivre Cléopâtre,
déguisé en Osiris ou en Bacchus, se ridiculise, se
déshonore et se perd (35-33).

La rupture est définitive en 32. Octave, dont les
préparatifs sont faits, provoque le décret du Sénat
qui enlève le consulat de l'an 31 à Antoine et
déclare la guerre à Cléopâtre. Le 1er janvier 31,
Octave prend possession du consulat avec Valerius
Messalla pour collègue. Il mène rapidement la campagne contre son ancien allié. Après plusieurs
engagements, la bataille définitive d'Actium (2 septembre 31) a pour conséquences la fuite en Égypte,
puis le suicide d'Antoine et de Cléopâtre (août 30).
Après avoir employé l'hiver (30-29) et le printemps
de l'an 29 à régler les affaires de l'Asie Mineure,
Octave rentre à Rome pour obtenir les honneurs
du triomphe (août 29) et recevoir le titre d'*impe-
rator*. L'Empire avait remplacé la République.

Arrivé à Rome vers le temps de la bataille
d'Actium, Ovide assista, sans doute, aux pompes
du triomphe de 29, dont on peut noter un souvenir dans ces vers de la conclusion des *Métamorphoses*, où Jupiter prédit à Vénus la gloire du premier empereur romain :

Une Égyptienne, épouse d'un chef romain, pleine d'une

vaine confiance dans son mariage, succombera; c'est sans succès qu'elle aura menacé d'asservir notre Capitole à sa ville de Canope[1].

Nous ignorons quels sont « les maîtres les plus célèbres dans leur art[2] » dont Ovide et son frère, à leur arrivée à Rome, entre 32 et 30, allèrent fréquenter l'école de grammaire. On a prétendu qu'Ovide avait été l'élève du grammairien Hygin, l'auteur connu de compilations mythologiques. Ce n'est qu'une hypothèse : Suétone[3] dit simplement que le poète fut l'ami du mythographe. Comme Hygin, qui mourut l'an 16 de l'ère chrétienne, était né en 64 avant Jésus-Christ, comme il avait trente-cinq ans environ au moment de l'arrivée à Rome de l'écolier de Sulmone, il se peut qu'il l'ait reçu parmi ses disciples, mais rien ne le prouve.

D'autre part, tout s'accorde pour démontrer qu'Ovide n'a pas été à l'école de Plotius Grippus, quoiqu'on l'ait prétendu sur la foi d'un érudit calabrais du xvᵉ siècle, San Severino, connu en philologie sous le nom de Pomponius Laetus[4]. Suétone cite un Plotius Gallus qui, le premier à Rome, enseigna en latin, non la grammaire, mais la rhétorique[5] : Cicéron nous dit qu'il était lui-même

1. *Mét.*, XV, v. 826-828. — Au lieu d'un souvenir personnel, ces vers ne sont peut-être qu'une simple imitation de lettré. Ils rappellent, en effet, le passage fameux d'Horace (*Odes*, I, xxxvii, v. 6-8) : ... *Capitolio Regina dementes ruinas Funus et imperio parabat.*
2. *Tristes*, IV, x, v. 16 : *Imus ad insignes Urbis ab arte viros.*
3. Suétone, *De illustr. Grammat.*, xx : *C. Julius Hyginus, Augusti libertus... fuit familiarissimus Ovidio poetae.*
4. *Ovide*, édit. Lemaire, vol. VIII, p. 75. « P. Ovidii Nasonis vita ex vetusto codice Pomponii Laeti cujus apographum exstat in Vaticana Bibliotheca » : *Sub Plotio Grippo, litteris eruditus...*
5. Suétone, *De claris Rhetoribus*, II.

tout jeune quand Plotius Gallus tenait école[1]. Ce
rhéteur, qui enseignait avant l'an 90, n'a pu être le
maître d'Ovide après l'an 30. Stace parle avec
éloges d'un rhéteur nommé Plotius Grypus, qui
fut son protecteur[2]. Ovide, né l'an 43 avant Jésus-
Christ, ne peut évidemment avoir eu pour maître
de grammaire le rhéteur Plotius Grypus, qui pro-
tégea l'auteur des *Silves*, né en l'an 45 de l'ère
chrétienne, près d'un siècle après l'auteur des
Amours.

Il faut donc nous résigner à ignorer quel fut le
maître de grammaire d'Ovide; le poète ne nomme
pas, comme fait Horace, celui qui lui a donné la
férule; il ne dit pas ce qui lui fut enseigné : mais
de nombreuses allusions prouvent que ses souvenirs d'école les plus précis se rapportent aux coups
qu'il a reçus.

Dès l'aube du jour, tenant à la main la petite
lampe indispensable dans la classe obscure, les
matins d'hiver, portant en bandoulière la *capsa*, —
la boîte qui contenait les *volumina*, les rouleaux
d'extraits de Livius Andronicus et d'Ennius, les
tabulae ceratae et le *stylus*, nécessaires pour écrire
sous la dictée, — Ovide et son frère, revêtus par-
dessus la tunique de la *toga praetexta* bordée par
en bas d'une large bande de pourpre, ayant tous les
deux suspendue au cou la *bulla* en or, comme il
convenait aux fils d'un chevalier, s'acheminaient
vers la maison d'école, qui était d'ordinaire une

<hr>

1. Cicéron, cité par Suétone, *De claris Rhetoribus*, II.
2. Stace, *Silves*, IV, IX.

sorte d'appentis, de hangar en bois (*pergula*) adossé à quelque bâtiment plus considérable. Le mobilier était modeste : une chaire pour le maître et des bancs sans dossiers pour les élèves ; peut-être, entre la chaire et les bancs, ces *tronçons d'osier sanglant*, dont parle Montaigne.

La discipline des écoles romaines était celle qui fut en honneur dans les collèges français jusqu'à la Révolution. Le *bon* Rollin lui-même disait : « Je n'ai garde de condamner le châtiment de verges, après tout ce qui est dit dans plusieurs endroits de l'Écriture. » Nous nous représentons facilement le *plagosus* Orbilius d'Horace, « la trogne effroyable, les mains armées de fouets », expliquant les vers obscurs de Livius Andronicus au milieu des « cris d'enfants suppliciez ».

Ovide n'a pas fait passer à la postérité le nom du collègue d'Orbilius par qui il fut battu ; il ne parle que de la férule qui lui meurtrissait les mains. Le jeune poète qui compose les *Amours* se souvient des tortures qui accueillaient dès le matin l'écolier doucement élevé dans la maison familiale de Sulmone ; et il s'écrie, maudissant l'Aurore :

C'est toi qui voles aux enfants leur sommeil ; c'est toi qui les livres à leurs maîtres, pour que leurs mains délicates subissent les coups cruels de la férule[1].

Le poète, qui ne dit rien de son maître ni de ses études, n'a garde d'oublier la férule qui jouait un

______

[1]. *Amours*, I, XIII, v. 13-14 (17-18, Merkel).

si grand rôle dans les classes. L'usage que l'on faisait de cette longue verge pliante a même accrédité l'étymologie fantaisiste qui veut que le mot *ferula* soit un dérivé du verbe *ferire, frapper* [1]. La férule a toujours désigné tous les instruments en général qui servent à frapper les écoliers, puisque la *Conduite des écoles chrétiennes* en donne, en effet, cette description : « Un instrument formé de deux morceaux de cuir cousus ensemble, long de 10 à 12 pouces, compris le manche pour le tenir. »

L'auteur de l'*Art d'aimer* ennoblit la férule en en faisant remonter l'usage jusqu'aux temps mythologiques ; il veut peut-être se consoler de l'avoir lui-même reçue trop souvent, en prétendant qu'Achille, lui aussi, a subi les coups de la verge pliante rigoureusement maniée par son précepteur, le centaure Chiron :

Ces mains dont Hector devait sentir le poids, Achille enfant, sur l'ordre de son maître, les tendit au châtiment [2].

Peut-être Chiron, par un raffinement de cruauté familier aux grammairiens romains, frappait-il sur les mains ouvertes de son élève ; peut-être Achille était-il aussi adroit que Juvénal et ses camarades pour retirer au moment précis les mains ouvertes qu'allait atteindre la férule [3].

Pendant les trois ou quatre années passées à

---

1. Isidore de Séville, *Origines*, XVII, 9 : *A feriendo, ferulam dicunt ; hac enim pueri vapulare solent.*
2. *Art d'aimer*, I, v. 15-16.
3. Juvénal, *Satires*, I, v. 15 : *Et nos ergo manum ferulae subduximus.*

l'école, le maître, à grand renfort de coups de férule, enseignait à ses disciples l'orthographe et la grammaire ; il leur dictait de longs extraits des vieux poètes qu'il leur faisait apprendre par cœur. L'étude de la langue grecque tenait dans cette sorte d'enseignement secondaire la place très importante que le programme des collèges de notre ancienne Université attribuait au latin.

Tite-Live constate qu'à son époque l'enseignement du grec était général[1]. Les écoliers de la génération de Cicéron apprenaient même plus de grec que de latin. Cicéron, à qui il n'était pas permis d'écouter les rhéteurs latins, suivait les leçons des rhéteurs grecs. Il étudiait même la poésie grecque avec Archias et il traduisait en vers latins les poèmes didactiques de l'alexandrin Aratos ; il composait — très probablement en grec — un petit poème original, mentionné par Plutarque qui l'avait lu[2], *Pontios Glaucos*, où était racontée l'histoire merveilleuse de ce héros d'une tragédie perdue d'Eschyle, Glaucos, le pêcheur d'Anthédon, transformé en dieu marin.

Ovide a-t-il, comme Cicéron, composé des poèmes grecs sur les bancs de l'école ? Nous l'ignorons. Pour conjecturer qu'il avait écrit des vers grecs, on s'est fondé sur une pièce des *Tristes*, adressée à une certaine Perilla, d'ailleurs inconnue[3].

---

1. Tite-Live, IX, xxxvi : *Habeo auctores vulgo tum* [en l'an 444 de Rome, 310 avant Jésus-Christ] *romanos pueros sicut nunc graecis, ita etruscis litteris erudiri solitos.*
2. Plutarque, *Vie de Cicéron*, ii.
3. D'après une vieille tradition qui ne repose sur aucun fondement et qui s'est perpétuée jusqu'à l'édition Lemaire, où l'Elégie vii du livre III des *Tristes* est encore intitulée *Ad filiam Perillam,*

Cette élégie prouve tout au moins que l'exilé corrigeait autrefois à Rome les vers grecs de la jeune Perilla, et permet de supposer que, ne se bornant pas à la simple critique, il en composait lui-même le corrigé :

Toi aussi, dis-le-moi, restes-tu fidèle à nos études communes? Ecris-tu toujours de doctes poèmes dans cette langue qui n'est pas notre langue maternelle [1]? Car, en même temps qu'elle t'a fait naître, la nature t'a donné des mœurs chastes, des qualités rares et le génie. Ce génie, c'est moi qui, le premier, l'ai conduit à la source sacrée, qui a jailli sous le pied de Pégase. Comme un père l'eût été pour sa fille, j'ai été pour toi un guide et un compagnon. Si donc ton cœur conserve intact le feu de la poésie, seule la poétesse de Lesbos pourra surpasser ton œuvre. Mais je crains que ma disgrâce n'arrête ton essor et que, depuis nos désastres, ton génie ne demeure inactif. Tant que cela nous fut permis, souvent je t'ai lu mes vers, souvent tu m'as lu les tiens. Souvent j'ai été ton juge, souvent ton précepteur. Tantôt je prêtais l'oreille à tes poésies nouvelles, tantôt, si tu avais commis une faute, je t'en faisais rougir [2].

Ovide conseille aux jeunes gens de savoir le

Gaudenzio Merula, philologue italien du xvie siècle, a soutenu que Perilla était la fille d'Ovide. Le vers 18 de cette élégie (*Utque pater natae...*) suffit à réfuter cette opinion. Perilla doit être un pseudonyme : nous savons par Apulée (*De Magia*, x) que le poète Ticidas célébra sous le nom de Perilla sa maîtresse, qui était une femme de la *gens Metella*. Les rapports de Perilla et d'Ovide semblent être ceux d'une fille et d'un père, d'une élève et d'un maître qui s'écrivent « pour l'amour du grec ». Ce commerce d'esprit, cette amitié, exempte de tout mélange de sensualité, entre un littérateur et une femme éprise de lettres, n'était pas sans exemple dans la société romaine. Déjà Cicéron avait entretenu une longue correspondance avec Caerellia, femme instruite, qui s'occupait de philosophie. — Voir F. Antoine, *Cicéron et Caerellia* (*Revue des Universités du Midi*, 1895, p. 75-88).

1. *Non patrio carmina more*. En admettant au lieu de la vulgate (*nunc* ou *non*), la leçon *num patrio*, qui se trouve dans quelques manuscrits, Riese modifie complètement le sens de la phrase.

2. *Trist.*, III, vii, v. 11-26.

grec comme le latin ; ils se rendront ainsi plus aimables auprès des femmes :

Ne considérez pas comme un soin futile de cultiver votre esprit par les arts libéraux et d'apprendre les deux langues[1].

Une des lettres de l'exil prouve qu'il parlait lui-même les deux langues avec la même facilité :

Rarement le matelot traverse la mer immense qui me sépare de l'Italie ; rarement le matelot aborde sur ces rivages privés de port : mais, qu'il sache parler grec ou latin, les relations avec lui me seront certainement plus agréables[2].

L'œuvre entière d'Ovide prouve qu'il connaissait admirablement tous les poèmes grecs, depuis les épopées homériques et les tragédies attiques, jusqu'aux élégies et aux idylles épiques de la période alexandrine. C'est à l'école de grammaire qu'il avait appris les éléments qui devaient plus tard lui permettre de parler la langue grecque comme sa langue maternelle et d'étudier à fond la littérature d'Athènes et d'Alexandrie.

Ovide dut sortir de l'école de grammaire entre l'an 28 et l'an 26. Les écoliers quittaient le *grammaticus* au moment où ils prenaient la toge virile, d'ordinaire le 17 mars, à cette fête des *Liberalia*, célébrée en l'honneur de *Bacchus Liber*, dont les *Fastes* discutent les origines :

Pourquoi, ô Bacchus, éclatant de beauté, est-ce le jour de ta fête que l'on choisit pour donner aux enfants la toge de

1. *Art d'aimer*, II, v. 121-122.
2. *Trist.*, III, xii, v. 37-40.

l'homme libre? Est-ce parce que tu sembles à la fois un enfant et un jeune homme et que ton âge est toujours intermédiaire entre l'enfance et la jeunesse? Est-ce à cause de ton titre de père que les pères recommandent leurs fils bien-aimés à ta sollicitude, à ta protection divine? Est-ce parce tu es nommé *Liber* que l'on prend par ton intermédiaire la toge, symbole de la liberté, et que l'on entre dans le chemin de la vie libre? Est-ce enfin parce qu'au temps où les anciens cultivaient leurs champs avec plus de soin que nous n'en avons aujourd'hui, au temps où le sénateur travaillait lui-même la terre des ancêtres, où le consul quittait la charrue recourbée pour recevoir les faisceaux, où ce n'était pas un sujet de blâme d'avoir les mains calleuses, le peuple des champs se rendait à la ville pour les jeux?... Ce jour de fête, il parut donc convenable de le choisir pour donner la toge virile : le jeune homme qui la recevait pouvait ainsi être entouré par une nombreuse assistance[1].

Octave et Virgile revêtirent la toge virile à quinze ans; Cicéron, à dix-sept ans; son fils et Perse, à seize ans[2]. Ovide mentionne cette cérémonie, sans préciser à quel âge elle eut lieu pour lui :

Cependant, les années au cours silencieux s'écoulaient. La toge de l'homme libre nous fut donnée, à mon frère et à moi, et la pourpre du laticlave recouvrit nos épaules. Nos études restaient ce qu'lles étaient auparavant[3].

En effet, libéré de la férule du grammairien, après la fête des *Liberalia*, le jeune Romain, revêtu de la robe virile, continue à recevoir du *rhe-*

1. *Fastes*, III, v. 771-783 ; 787-788.
2. E. Jullien, *Les Professeurs de littérature dans l'ancienne Rome*, Paris, 1886, p. 135-136.
3. *Trist.*, IV, x, v. 27-30.

tor à peu près le même enseignement qu'il recevait du *grammaticus*, alors qu'il portait la robe prétexte. Mais il n'est plus battu : au maître qui le menacerait de la férule ou de ce terrible *flagellum* aux lanières de cuir, munies de nœuds et terminées par des pointes de fer, il répondrait avec plus de succès que ne le faisait le Gavius des *Verrines* au mauvais propréteur de Sicile : *Civis Romanus sum*[1].

Il est d'ailleurs peu probable que le rhéteur ait l'idée de battre son élève ; car cet élève n'est plus un écolier : c'est un étudiant, citoyen libre, qui a choisi son maître[2]. On comprend que le rhéteur brutal aurait risqué de n'avoir aucun disciple.

Si nous ignorons le nom du grammairien qui fut imposé à Ovide, nous savons parfaitement de quels maîtres de rhétorique il fit choix : on trouve des renseignements presque exacts dans le manuscrit de Pomponius Laetus, qui indique Marcellus Fuscus et Porcius Latro[3]. Il s'agit de M. Arellius Fuscus et de Porcius Latro que les *Controverses* de Sénèque le Rhéteur nous font très bien connaître.

1. Cicéron, *De Suppliciis*, LXII, 162.
2. Aulu-Gelle, *Noct. Attic.*, XVIII, IV, 1 : *Cum jam adulescentuli Romae praetextam et puerilem togam mutassemus, magistrosque tunc nobismet ipsi exploratiores quaereremus.*
3. *Deinde apud Marcellum Fuscum rhetorem, cujus auditor fuit, optime declamavit. Admirator plurimum Porcii Latronis fuit, quem adeo studiose audivit ut multas ejus sententias in versus suos transtulerit* (P. Ovidii Nasonis vita ex vetusto codice Pomponii Laeti, Ovide, édit. Lemaire, vol. VIII, p. 75).

CHAPITRE III

Les écoles de déclamation à Rome. — Leur origine. — L'école de
Cicéron. — Les écoles des rhéteurs. — Les sujets de devoirs à
l'école de déclamation et dans nos classes de rhétorique. — Les
suasoriae et les *controversiae*. — Utilité et danger de ces exercices.
— Influence des *suasoriae* sur les œuvres des poètes du siècle
d'Auguste. — Jugements sévères sur les écoles de déclamation
portés par les auteurs du *Satiricon* et du *Dialogue des Orateurs*.

Quand Ovide commença à fréquenter les rhéteurs,
vers l'an 27, l'exercice principal des écoles de rhétorique, la *déclamation*, qui allait être un siècle
plus tard la préparation unique et indispensable
des plaidoyers et de l'éloquence judiciaire[1], était,
depuis plus de cinquante ans, l'exercice ordinaire
qui servait à achever l'éducation littéraire des jeunes
Romains.

Cet exercice scolaire ne devait pas former Ovide
aux luttes du barreau, mais il devait dominer toute
son évolution intellectuelle. Avant que la lecture
familière des poètes et que le milieu lettré où Ovide
sera accueilli au sortir de l'école ne développent en
lui les tendances à l'alexandrinisme qu'il semble avoir

1. Quintilien, *Institut. Orat.*, IV, II, 29 : *Declamatio forensium
actionum meditatio.*

eues de naissance, la déclamation scolaire va exercer sur l'élève d'Arellius Fuscus et de Porcius Latro
une influence qui dirigera toute son œuvre. Des
Amours aux *Tristes* et aux *Fastes*, le talent du poète
procède, pour le fond, de la culture alexandrine, qui
fournit à son érudition des matériaux immenses, et,
pour la forme, des exercices de déclamation qui lui
donnent la manière convenable au génie romain contemporain de mettre en valeur tous ces trésors de
science poétique, toutes ces ressources de savoir
encyclopédique.

La déclamation existait déjà, au temps de la jeunesse de Cicéron qui se plaint qu'on lui interdise de
suivre les leçons de Plotius Gallus, le plus ancien
« rhetor latinus[1] ». Pour le plus grand bien de
l'éloquence romaine, Cicéron, au lieu d'être l'auditeur de Plotius Gallus, doit, dès l'âge de seize ans,
en 90, recevoir l'éducation oratoire traditionnelle
des jeunes Romains : il fait son apprentissage au
Forum qu'il fréquente assidûment, écoutant les orateurs célèbres, résumant et analysant leurs discours, s'attachant en particulier au tribun Sulpicius
dont il suit toutes les harangues prononcées dans
l'exercice de sa charge[2].

Il n'avait pas été permis à Cicéron, étudiant, de
fréquenter les écoles de déclamation dirigées par
les rhéteurs latins : dès l'an 92, le censeur Crassus
décida son collègue Domitius Ahenobarbus à sup-
primer ces écoles qu'il jugeait dangereuses pour

---

1. Suétone, *De clar. Rhet.*, ii.
2. Cicéron, *Brutus*, lxxxviii et suiv.

l'instruction de la jeunesse. Aulu-Gelle nous donne
le texte de l'édit porté par les censeurs de l'an 92 :

Il nous a été rapporté que certains hommes ont institué
un nouveau genre de discipline et que la jeunesse se rend
dans leurs écoles; ces maîtres se sont donné le nom de
rhéteurs latins. Les tout jeunes gens passent auprès d'eux des
journées entières dans l'oisiveté. Nos ancêtres ont établi ce
qu'ils voulaient voir enseigner à leurs enfants, quelles écoles
ils voulaient leur faire fréquenter. Ces innovations qui vont
contre les mœurs et les coutumes des anciens nous déplaisent
et nous paraissent mauvaises. C'est pourquoi il nous a paru
bon de faire connaître notre sentence à ceux qui tiennent
ces écoles et à ceux qui ont accoutumé d'y fréquenter : cette
nouveauté ne nous plaît pas [1].

Dans le *De Oratore*, Cicéron fait expliquer par
Crassus lui-même les causes de son édit :

Ces rhéteurs latins, je les avais supprimés par mon édit,
quand j'étais censeur, non que je voulusse, comme je ne sais
quels accusateurs disaient que je l'avais prétendu, empêcher
les jeunes gens d'aiguiser leur esprit. Au contraire, je voulais empêcher l'esprit de s'alourdir et l'impudence de se for-
tifier. Car, chez les Grecs, quels qu'ils fussent, je remarquais,
outre cet exercice qui rend la parole facile, un certain ensemble de doctrines et une science digne de la culture d'un
honnête homme. Quant à ces nouveaux maîtres, je me rendais compte qu'ils ne pouvaient rien enseigner que l'audace :
l'audace se joint utilement à de bonnes qualités ; mais, iso-
lée, elle doit être grandement évitée. Comme c'était la seule
chose qu'ils enseignassent, comme leur école était une école
d'impudence, j'ai pensé qu'il appartenait au censeur de
pourvoir à ce que ce fléau ne fît pas de progrès [2].

1. Aulu-Gelle, *Noct. Attic.*, XV, xi, 2.
2. Cicéron, *De Oratore*, III, xxiv, 93-94. — Voir, sur cette question, l'article de R. Pichon, *L'Affaire des Rhetores Latini* (*Revue des
Etudes anciennes*, janvier-mars 1904, p. 37-41).

L'édit des censeurs de 92 ne devait pas arrêter longtemps les progrès de l'enseignement nouveau fondé par les rhéteurs latins. Nous possédons, en effet, sous le nom de *Rhétorique à Herennius*, un vrai manuel de rhétorique latine ; ce traité a été longtemps attribué à Cicéron : mais des détails précis sur l'auteur et des allusions à des faits historiques récents permettent d'établir que ce manuel, œuvre d'un rhéteur de profession déjà avancé en âge, a été composé vers 82. Dix ans après l'édit de Crassus, la rhétorique latine était donc une science constituée. Cicéron, qui n'avait pas eu l'autorisation de suivre, étant étudiant, les leçons des rhéteurs latins, mais qui avait déclamé en grec jusqu'au temps de sa préture, c'est-à-dire jusqu'à l'âge de quarante et un ans [1], devait, à la fin de sa carrière, devenir l'émule du maître inconnu dont il avait pratiqué, dont il avait même imité de près, dans son traité *Sur l'Invention*, la *Rhétorique à Herennius*.

Cicéron est le premier Romain, professeur de déclamation en latin, dont l'école nous soit connue.

En 45, la victoire définitive de César avais mis fin brusquement au rôle politique du consul de 63. En face du pouvoir absolu du dictateur, consul sans collègue, l'opposition de l'orateur qui défendait depuis trente ans le parti de la classe libérale, aristocratique ou bourgeoise, mais hostile à la tyrannie, était réduite au silence. César lui faisait des loisirs : le vieux consulaire en profita pour donner une autre direction à son activité.

1. Suétone, *De clar. Rhet.*, I.

Cicéron était né professeur. Si l'orateur des *Verrines* et des *Catilinaires* se juge l'émule de Démosthène, l'auteur du *De Oratore* est jaloux d'Isocrate dont l'école lui semble comparable à ce cheval de Troie d'où sortirent tous les héros de la Grèce homérique[1]. Dès que l'action politique lui est interdite, son zèle de propagande et de prosélytisme l'accapare tout entier. Sans se demander si l'éloquence pourra retrouver sa place légitime dans le nouvel ordre de choses qui prépare fatalement la restauration d'un pouvoir monarchique, il ne s'occupe plus que de faire adopter par la jeune génération le système oratoire dont il a donné la théorie dans ses livres et le modèle dans ses discours ; il veut avoir une école, former des disciples. Les ouvrages de doctrine, composés depuis qu'il a dû quitter la politique militante, reviennent sur l'éloge d'Isocrate : son école n'est plus comparée au cheval de Troie, mais à un *laboratoire d'éloquence*[2]. Le rôle de l'école de déclamation est compris d'une manière plus pratique. En même temps, un éloge est accordé à Isocrate, qui devient la justification du rôle nouveau que Cicéron prétend jouer : Isocrate est à la fois un grand orateur et un maître accompli ; Démosthène, lui, n'était qu'un grand orateur.

Magnus orator : les succès de Cicéron au Forum lui prouvent qu'il l'a été, autant que Démosthène,

---

1. Cicéron, *De Oratore*, II, xxii, 94 : *Isocrates cujus e ludo tanquam ex equo Trojano meri principes exierunt.*
2. Cicéron, *Brutus*, viii, 32 : *Isocrates cujus domus cunctae Graeciae quasi ludus quidam patuit atque officina dicendi, magnus orator et perfectus magister.* — *Orator*, xiii, 40 : *Domus ejus [Isocratis] officina habita eloquentiae est.*

bien plus qu'Isocrate. — *Perfectus magister :* Cicéron a confiance qu'il le sera plus encore qu'Isocrate, lui à qui n'a pas manqué cette *lux forensis* inconnue au rhéteur attique, lui l'orateur émérite, nourri des doctrines de Platon et habitué à la pratique des affaires, lui le maître capable d'exercer ses élèves autrement que par une escrime stérile.

Nous sommes renseignés sur quelques-uns des élèves de cette école de déclamation que Cicéron fonda à la fin de sa vie. Les disciples étaient peu nombreux et la discipline semble avoir été très douce. Cicéron parle de son gendre Dolabella et d'Hirtius, le futur consul, qui devait être tué en 43, l'année de la naissance d'Ovide ; il les habituait à la déclamation, et, par un échange de bons procédés, les élèves habituaient leur vieux maître aux soupers fins[1]. Cicéron, qui paraît un peu honteux de l'éducation très mondaine qui lui est donnée par ses « grands écoliers[2] », s'autorise de l'exemple de Denys le Tyran, qui, chassé de Syracuse, se fit maître d'école à Corinthe[3]. Il assure que l'ensei-

---

1. Cicéron, *Epist. ad Famil.*, IX, xvi, 7 : *Hirtium ego et Dolabellam dicendi discipulos habeo, cenandi magistros. Puto enim te audisse, si forte omnia ad vos perferuntur, illos apud me declamitare, me apud illos cenitare.*

2. Sénèque le Rhéteur, *Controvers.*, I, *Prooem.*, xi : *In illo atriolo,* [Cicero] *duos grandes praetextatos ait secum declamasse in quo.* — Suétone, *De clar. Rhet.*, i : *Cicero ad praeturam usque etiam graece declamitavit. Latine vero senior quoque et quidem cum consulibus Hirtio et Pansa quo discipulos et grandes praetextatos vocabat.* — Quintilien, *Institut. Orat.*, XII, xi, 6 : *Pansam, Hirtium, Dolabellam in morem praeceptoris* [Cicero] *exercuit, quoetidie dicens, audiensque.*

3. Cicéron, *Epist. ad Famil.*, IX, xviii, 1 : *Intellexi probari tibi meum consilium, quod ut Dionysius tyrannus, cum Syracusis pulsus esset, Corinthi dicitur ludum aperuisse, sic ego sublatis judiciis, amisso regno forensi, ludum quasi habere coeperim... Ipse melior*

gnement de la déclamation l'empêche de se rouil-
ler; les exercices de rhétorique rétablissent sa santé,
sérieusement compromise, depuis que le Forum
lui est interdit. Il est douteux que les soupers fins
aient été très hygiéniques pour un vieillard; mais
il est certain que la mise à la retraite, surtout la
révocation brutale, rend malades les vieux fonctionnaires, quand elle ne les tue pas. D'ailleurs, tous
les élèves de Cicéron n'étaient pas, apparemment,
aussi amis des soupers fins qu'Hirtius et Dolabella :
peut-être Pansa avait-il les mêmes goûts qu'Hirtius,
dont il devait être le collègue au consulat et partager
le sort déplorable en 43. Mais on sait que le
disciple de prédilection, Brutus, l'orateur stoïcien,
était un buveur d'eau [1].

Brutus est le seul élève de l'école de déclamation
fondée par Cicéron dont nous connaissions un
exercice scolaire. Cicéron ne nous dit ni les menus
des soupers que Dolabella et Hirtius lui offraient,
ni les thèmes des exercices oratoires auxquels il les
conviait lui-même à prendre part. Quintilien nous
apprend que Brutus, par manière de travail de
classe, dut composer une déclamation en faveur de
Milon [2]. Le texte de la déclamation ne nous a point
été conservé : mais on sait que Brutus prétendait
défendre le client de Cicéron en se proposant un
plan tout différent de celui que le célèbre avocat
avait suivi.

fio, primum valetudine quam, intermissis exercitationibus amiseram;
deinde, ipsa illa, si qua fuit, in me facultas orationis, nisi me ad
has exercitationes retulissem, exaruisset.
1. Plutarque, *Vie de Brutus*, ix.
2. Quintilien, *Institut. Orat.*, X, 1, 23 : *Pro Milone orationem
Brutus exercitationis gratia scripsit.*

L'*exercitatio* de Brutus était une vraie *declamatio*, puisque c'était un discours sans objet. On peut se demander si la *Milonienne* elle-même de Cicéron n'est pas une simple déclamation, puisque c'est un dicours écrit après coup. Intimidé par la foule hostile massée au Forum, l'avocat n'osa prononcer le plaidoyer qu'il avait préparé. Rentré chez lui — tels ces faiseurs de mots qui n'ont que l'*esprit de l'escalier*, — il rédigea à loisir cette parfaite harangue qui faisait dire à Milon exilé, à qui il en avait envoyé une copie : « Si tu avais prononcé ce discours, ô Cicéron, je ne mangerais pas de si bon poisson à Marseille ! »

Mais il s'agissait de gagner devant l'opinion publique la cause de Milon perdue devant les juges. C'est ainsi que les *Verrines* et la deuxième *Philippique* n'ont pas été prononcées : Verrès s'était dérobé par la fuite à une condamnation imminente ; Antoine voulait, en se tenant à l'écart, échapper à l'éloquence vengeresse du défenseur de la République. Les *Verrines*, la deuxième *Philippique* sont des pamphlets destinés à déconsidérer avec de nombreuses preuves à l'appui, les unes, le propréteur de Sicile et ses patrons, les *optimates*, qui veulent assurer la tyrannie de l'aristocratie, l'autre, l'héritier de César et ses complices qui méditent la ruine de la liberté. Ces mémoires, éloquents et passionnés, rédigés sous la forme de discours, ne méritent pas plus le nom de déclamations que ne le mériteraient aujourd'hui les études de revues et les brochures dont le but pratique et immédiat est de provoquer et de guider un mouvement d'opinion.

La déclamation, telle que Cicéron et ses élèves l'entendent, est une composition sous la forme du discours, qui n'a d'autre valeur et d'autre mérite que d'être un exercice préparatoire. L'usage scolaire de cet exercice est légitime, pourvu qu'il ne dégénère pas en abus, pourvu qu'il ne devienne pas, comme cela se produira au temps de Quintilien, la préparation unique aux plaidoyers et à l'éloquence judiciaire, pourvu surtout qu'au lieu de n'être qu'un moyen il ne devienne pas une fin, la fin et le but suprême de vétérans de rhétorique attardés — *grandes praetextati* — occupés à déclamer pour déclamer, sans aucun souci des luttes du barreau qu'ils ne songent pas à aborder.

C'est ce que la déclamation était, dans la plupart des cas, devenue à l'époque d'Ovide, alors que l'apprenti déclamateur ne pouvait s'exercer à l'éloquence politique qui n'existait plus ; c'est ce qu'elle fut pour le futur poète qui ne se destinait pas, comme les élèves de Quintilien, aux plaidoyers du barreau.

En l'an 27, au moment où Ovide, sorti de l'école des grammairiens, entra à l'école des rhéteurs, l'enseignement de la rhétorique était constitué d'une manière définitive. Les exercices scolaires, les *declamationes*, se divisaient en deux classes : les *suasoriae* et les *controversiae*.

On entendait par *suasoriae* des discours délibératifs dont le sujet était emprunté à l'histoire. Les *suasoriae* ressemblaient beaucoup à nos anciens discours de rhétorique. Le temps n'est pas loin où les élèves de notre enseignement classique développaient en français les thèmes suivants : *Mathieu Molé, à la tête du Parlement de Paris, demande à la Régente la liberté de Broussel et de Blancmesnil. — L'abbé de Polignac au Congrès d'Utrecht. — Washington à son armée en la licenciant. — Vergniaud à ses amis après la proclamation de la République*[1].

L'utilité, trop méconnue aujourd'hui, de ce genre de discours, est incontestable. Pour y réussir, l'élève doit connaître l'histoire ; quand il y réussit, quand il sait analyser l'acte ou la pensée d'un personnage historique, il comprend mieux l'histoire. Elle devient plus vivante, puisque l'élève qui en fait parler les personnages ne peut plus se contenter de n'y voir que des dates et des noms.

Donner d'une manière intelligente la vie à l'histoire, tel est le mérite de ce genre de composition. Par exemple, dans les dernières leçons consacrées au règne de Louis XIV, l'élève de rhétorique a appris ce qu'était la cour de France, alors que la vieillesse du roi et l'hypocrite dévotion de Mme de Maintenon mettaient dans Versailles un ennui profond. Que l'on propose à cet élève de faire raconter ses impressions par la fille du duc de Savoie, récemment arrivée à la cour de Versailles pour épouser le duc de Bourgogne, il est certain qu'une lettre de la duchesse Adélaïde à sa mère sera bien plus vivante que ne le serait une rédaction, tout en

1. Tous ces sujets sont empruntés au célèbre « *Choix de compositions françaises et latines*, recueil publié par J. Pierrot-Deseilligny, ancien proviseur du Collège Louis-le-Grand » (quatrième édition revue et augmentée par M. Julien Girard, professeur de rhétorique au lycée Bonaparte, Paris, Hachette, 1866).

s'appuyant aussi solidement sur les faits exposés dans le cours [1].

Nous connaissons un grand nombre de sujets de *suasoriae* indiqués par Quintilien, dans son *Institution oratoire*. Certains d'entre eux ressemblent fort aux textes de discours latin que l'on dictait, il y a quelques années encore, dans les classes de rhétorique.

Ce sont des discours de personnages historiques ou mythologiques :

Discours de Priam suppliant Achille de lui rendre le cadavre d'Hector.

Discours de Sylla abdiquant la dictature devant l'assemblée du peuple [2].

Des délibérations :

Numa délibère s'il acceptera la royauté qui lui a été offerte par les Romains [3].

Des conseils donnés à des personnages historiques (c'est de cette catégorie spéciale de déclamations que vient le nom *suasoriae* attribué au genre tout entier) :

On conseille (*suadetur*) à César de se faire roi [4].

1. Voir, dans le recueil de Pierrot-Deseilligny, une très spirituelle lettre de « la duchesse de Bourgogne à la duchesse de Savoie, sa mère, quelque temps après son arrivée à la cour de France », dont l'auteur (M. G..., Collège royal de Charlemagne, 1848) est Maxime Gaucher (1829-1888), le professeur de rhétorique bien connu du lycée Bonaparte-Fontanes-Condorcet (1864-1888), le critique autorisé de la *Revue politique et littéraire* (1872-1888).
2. *Institut. Orat.*, III, VIII, 53.
3. *Institut. Orat.*, VII, I, 24.
4. *Institut. Orat.*, III, VIII, 47.

On conseille d'armer les esclaves pendant la guerre Punique[1].

On conseille à Cicéron de brûler ses *Philippiques*, si, à cette condition, Antoine lui garantit la vie sauve[2].

D'autres déclamations ont un thème plus bizarre. Voici des problèmes de casuistique :

Est-ce avec justice qu'Oreste, meurtrier de sa mère pour venger son père, a été absous[3] ?

Caton a-t-il eu raison de céder à Hortensius sa femme Marcia[4] ?

Caton a-t-il eu raison de reprendre Marcia après la mort d'Hortensius[5] ?

Horace a-t-il commis un crime en tuant sa sœur[6] ?

Certains sujets demandaient des connaissances sur l'histoire fabuleuse de la Grèce :

Pourquoi cinquante rois ont-ils navigué vers Troie[7] ?

Quelques thèmes de déclamations exigeaient à la fois une connaissance précise de l'archéologie et un raffinement de psychologie, dont les jeunes élèves des rhéteurs ne pouvaient guère faire preuve. Telles sont ces matières que Quintilien eut à traiter pendant ses années d'école, et qui, dit-il, appartenaient à un genre d'exercice à la fois utile et agréable :

1. *Institut. Orat.*, III, VIII, 30.
2. *Institut. Orat.*, III, VIII, 46.
3 et 4. *Institut. Orat.*, III, V, 11.
5. *Institut. Orat.*, III, V, 13.
6. *Institut. Orat.*, III, VI, 76.
7. *Institut. Orat.*, VII, II, 3.

Pourquoi Vénus était-elle représentée en armes chez les Lacédémoniens [1] ?

Pourquoi admet-on que l'enfant Cupidon possède des ailes et est muni d'un flambeau et armé de flèches [2] ?

Ce genre d'exercices ne plaisait pas seulement aux élèves ; nous voyons les thèmes indiqués par Quintilien développés en vers par des poètes qui se souviennent de leurs devoirs d'écoliers. « Ces sujets étaient, avant tout, littéraires : aussi les poètes ne les dédaignaient pas. Properce a traité le dernier dans ses *Élégies* (III, III, édit. Mueller). Ovide, dans ses *Fastes*, nous a donné une longue suite de problèmes ainsi présentés et résolus [3]. » Il faut noter cette influence mutuelle de la déclamation sur la poésie et de la poésie sur la déclamation, au premier siècle de l'Empire. Properce, Ovide, d'autres poètes, sans doute, se plaisent à mettre en vers des sujets qu'ils ont traités en prose, alors qu'ils étaient à l'école ; les rhéteurs continuent à proposer à leurs élèves ces mêmes sujets dont ils peuvent lire le *corrigé* en vers dans les œuvres de Properce, d'Ovide et d'autres poètes.

Certains thèmes de *suasoriae* présentaient le grave défaut d'exiger, pour être bien traités, une érudition encyclopédique, une connaissance approfondie de la géographie, de l'astronomie, de la musique elle-même. Or, comme le jeune Romain n'a pu, avant de fréquenter l'école des rhéteurs, recevoir qu'une vague teinture de ces diverses sciences

1. et 2. *Institut. Orat.*, II, IV, 26 : *Neque inutili et nobis etiam jucundo exercitationis genere.*

3. E. Jullien, *Les Professeurs de littérature dans l'ancienne Rome*, p. 316.

qui ne lui seront absolument pas enseignées pendant ses années de rhétorique, il ne fournira, en fait de dissertations sur de pareils sujets, que de vaines et ridicules déclamations. Quintilien reconnaît bien qu'il faut savoir la musique pour se tirer du sujet suivant de déclamation, qu'il trouve assez ingénieux[1], et qui nous semble au moins bizarre. Pendant un sacrifice, le joueur de flûte a fait entendre le mode phrygien, ce qui a rendu fou le prêtre qui officiait; le malheureux s'est jeté dans un précipice et s'est tué. Le joueur de flûte est accusé comme responsable de cette mort, et l'élève doit composer sa défense. On ne peut, conclut l'auteur de l'*Institution Oratoire*, plaider cette cause si l'on ne connaît pas la musique. Mais il ne réclame aucun enseignement particulier pour mettre l'élève en état de traiter les questions suivantes, qui sont présentées comme des thèmes ordinaires de composition oratoire :

Est-il possible de percer l'isthme de Corinthe? — de dessécher les Marais Pontins? — de creuser un port à Ostie[2]?

Alexandre aurait-il trouvé des terres au delà de l'Océan[3]?

Le soleil est-il plus grand que la terre? — La lune est-elle sphérique, plane ou conique? — N'y a-t-il qu'un monde ou y en a-t-il plusieurs[4]?

Tels étaient quelques-uns des sujets de *suasoriae* que le rhéteur proposait à sa classe. Les élèves les préparaient, les rédigeaient, les apprenaient par

---

1. *Institut. Orat.*, I, x, 33 : *Non inerudite ad declamandum ficta materia.*
2 et 3. *Institut. Orat.*, III, viii, 16.
4. *Institut. Orat.*, VII, ii, 6.

cœur, les récitaient enfin en déclamant. Les condisciples écoutaient, blâmaient ou applaudissaient ; le maître faisait la critique de la composition qui venait d'être récitée, puis il en déclamait un corrigé. Des parents, des amis, des curieux désœuvrés, assistaient à ces exercices oratoires et se retiraient en distribuant le blâme ou l'éloge, qui amenait le discrédit ou consacrait le succès de l'enseignement donné dans l'école de rhétorique.

Il est facile de tourner en ridicule les exercices des rhéteurs romains ; mais, avant de se moquer de leurs *suasoriae*, il est prudent de se rappeler les *amplifications* françaises du commencement de notre XIXe siècle. Que l'on compare aux sujets indiqués par Quintilien les textes suivants de composition française :—

Dispute entre cinq provinces de France jugées par un Parisien. (Le Gascon : style tempéré, vif, rempli de saillies agréables ; le Breton : style noble et persuasif ; le Normand : style tempéré, orné, doux et insinuant ; le Picard : style simple et légèrement orné ; le Parisien : *dans le plaidoyer*, discours du genre démonstratif, plein de chaleur et d'enthousiasme ; *dans le jugement*, style simple et fleuri.)

Dispute sur la prééminence des sciences (grammaire, rhétorique, astrologie, géométrie, arithmétique et musique).

Méditation sur le Paradis pour le jour de la Toussaint (style sublime et plein d'affectation).

Déclamation sur la majesté de la croix (le style sera sublime et animé d'un souffle divin).

Sermon sur le danger des livres érotiques (style grave, tempéré et orné).

Discours d'une mère qui, pressée par la faim, dévore son fils [1].

1. *Nouveau cours de Rhétorique, comprenant des amplifications latines et françaises.* Paris, Delalain, 1817.

Cinquante ans après que ces sujets d'*amplifications*
étaient proposés aux élèves des collèges dans les
classes de rhétorique et d'humanités, nous retrou-
vons, avec le Thomas Graindorge de Taine, les
mêmes habitudes de déclamation qui se perpé-
tuent dans un cours à la mode fréquenté par deux
petites Parisiennes. Ces jeunes filles font des « compositions » et elles expliquent à M. Graindorge ce
que sont ces compositions :

Nous avons eu la mort de Jeanne d'Arc ; — conversation de
deux anges émus par les misères de la terre ; — une mère à
genoux devant un lion qui veut dévorer son enfant ; — Jo-
seph vendu par ses frères ; — hymne au soleil... Par exemple,
il faut se donner de la peine ! Vous comprenez, un hymne
au soleil[1] !...

En même temps que les *suasoriae*, dont nous re-
trouvons l'influence persistante encore dans les
classes des collèges et dans les cours de jeunes
filles, les écoles de rhétorique usaient d'un autre
genre de compositions, spécialement destiné aux
élèves plus avancés qui redoublaient plusieurs années, à titre de vétérans, souvent « hors d'âge »,
une véritable classe de « rhétorique supérieure ».
Ces compositions portaient le nom de *controversiae*; elles étaient, par excellence, l'exercice de
l'école de déclamation : les jeunes déclamateurs
débattaient contradictoirement une cause du genre
judiciaire, empruntée à la réalité ou tirée de la fiction. On imaginait un procès fictif, ou bien on repre-
nait une cause célèbre : c'est à peu près ce qui se

---

1. Taine, *Vie et Opinions de M. Frédéric-Thomas Graindorge*,
Paris, Hachette, 1867, p. 86.

fait encore dans nos conférences d'étudiants en droit et de jeunes avocats.

Après la *suasoria*, exercice de rhétorique, et avant la *controversia*, thème de discussions qui auraient dû être purement juridiques, se placent certains sujets d'amplifications, qui font la transition entre les deux ordres de déclamations en faveur à l'école. L'*Institution Oratoire* nous donne le texte d'une de ces matières à discussion, intermédiaires entre la *suasoria* et la *controversia*. C'est le cas du prêtre adultère, qui, ayant le privilège de sauver une seule personne, veut en user pour se sauver lui-même : un homme exerce un sacerdoce qui lui octroie le privilège de faire échapper au supplice un condamné à mort. Ce prêtre commet lui-même un adultère ; convaincu de son crime, il devient passible de la peine de mort. A-t-il le droit d'user de son privilège pour se sauver lui-même [1] ?

C'est par Sénèque le Rhéteur que nous connaissons les sujets de *controversiae* qui se donnaient dans les écoles. Né vers l'an 700 de Rome et mort vers l'an 792 (54 av. J.-C. — 38 après J.-C.), le célèbre rhéteur, qui avait une mémoire étonnante, recueillit pendant les dernières années de sa longue vieillesse les sujets et les développements des principales *controversiae* qu'il avait entendu débattre dans les écoles de Rome.

En voici quelques-unes, choisies parmi les moins invraisemblables :

Un père a deux fils. Il renie l'un d'eux. Celui-ci est re-

1. *Institut. Orat.*, V, x, 104.

cueilli par une courtisane dont il a un fils. Plus tard, devenu
malade, il envoie ce fils à son père, le lui recommande et
meurt. Le vieillard adopte son petit-fils ; mais l'autre fils du
vieillard accuse son père de démence. — Est-ce à tort ou à
raison[1] ?

Un homme est entré dans une conspiration contre un
tyran. Mise à la torture par ce tyran, la femme de cet homme
se refuse à toute révélation. Plus tard, le mari, qui a tué le
tyran, veut, conformément au texte de la loi, répudier sa
femme pour cause de stérilité. La femme qui, par sa fermeté
au milieu des tortures, a sauvé son mari de la mort, l'accuse
d'ingratitude et demande que le divorce ne soit point prononcé contre elle. — Il s'agit de plaider pour et contre la
femme[2].

Une Vestale, condamnée pour avoir violé ses vœux de chasteté, va être précipitée du haut de la Roche Tarpéienne. Elle
adresse une prière à Vesta. On la précipite ; elle n'éprouve
aucun mal : on demande qu'elle soit de nouveau soumise au
même supplice. — Doit-elle l'être ou ne pas l'être[3] ?

Il est permis de tuer l'adultère pris en flagrant délit. —
Un homme courageux a perdu les deux mains à la guerre ;
de retour chez lui, il trouve sa femme en flagrant délit d'adultère. Il ne peut la tuer, puisqu'il n'a pas de mains : il ordonne
au fils qu'il a eu de la femme coupable de tuer sa propre
mère. Le jeune homme refuse. Le père renie son fils. — A-
t-il tort ou raison[4] ?

Une vierge, prise par les pirates, a été mise en vente et
achetée par un *leno* qui la prostitue. Elle demande une pièce
de monnaie à ceux qu'elle reçoit, sans qu'ils la forcent à la
gagner. Un jour, un soldat refuse de payer et veut la posséder de force ; elle le tue. Traduite en justice, elle est acquit-
tée et renvoyée à ses parents. Elle demande à entrer dans
un collège de prêtresses. Le peut-elle, étant donné que la loi

1. *Controvers.*, II, XII. — H. Bornecque a publié, en 1902, une utile
et intéressante traduction des *Controverses et Suasoires* de Sénèque
le Rhéteur (Paris, Garnier). Cette traduction est accompagnée d'un
texte critique, qui améliore ceux de Bursian (Leipzig, 1857) et de
H. S. Mueller (Prague, 1887).
2. *Controvers.*, II, XIII.
3. *Controvers.*, I, III.
4. *Controvers.*, I, IV.

veut que la prêtresse soit une femme pure entre les pures?
— Il faut plaider le pour et le contre[1].

Ces sujets sont bien romanesques. L'avant-dernier est l'adaptation à un thème bizarre, sorte d'antithèse prétentieuse, de la légende d'Oreste qui tuait sa mère Clytemnestre et Égisthe, pour venger son père Agamemnon. Le dernier semble tiré d'une de ces intrigues si compliquées des *Comédies* de Plaute, qui se retrouvent dans le roman latin de Pétrone et d'Apulée, dans les *Contes* de Boccace et enfin dans les interminables romans d'aventures du XVIIe siècle.

Les causes célèbres donnaient quelquefois matière à des *controversiae* à peu près aussi étranges. Le petit-fils de Sénèque le Rhéteur, le poète Lucain, traita, nous dit sa biographie, alors qu'il était un brillant élève de l'école de déclamation, le procès d'Octavius Sagitta, composant à la fois le réquisitoire et le plaidoyer, *prosa oratione in Octavium Sagittam et pro eo.*

L'aventure de Sagitta avait fait grand bruit. Tacite la raconte dans les *Annales* et la rappelle dans les *Histoires*[2].

En l'an 58, sous le troisième consulat de Néron, le tribun de la plèbe Octavius Sagitta s'était épris d'une femme mariée, Pontia. A force de cadeaux, il l'avait entraînée à l'adultère. Puis, il avait obtenu que Pontia réclamât le divorce et s'engageât à l'épouser ensuite. Débarrassée de son mari par le

1. *Controvers.*, I, II.
2. *Annales*, XIII, XLIV; *Histoires*, IV, XLIV.

divorce, la complice du tribun avait trouvé l'occasion d'un mariage avantageux et ne voulait plus entendre parler de la promesse, faite à Octavius Sagitta. Désolé, celui-ci sollicite une dernière nuit de rendez-vous, après laquelle il promet de se retirer définitivement, sans se plaindre. L'entrevue lui est accordée ; la porte est ouverte par une femme de chambre confidente. Un affranchi accompagne Octavius, qui est armé d'un poignard caché sous ses vêtements. A peine les deux amants se trouvent-ils en présence, ce sont des querelles, des reproches, des plaintes ; puis vient ce que Tacite appelle la *satisfactio*. Mais la fin de l'entrevue est aussi orageuse que l'avaient été les préliminaires : Octavius tue Pontia d'un coup de poignard, blesse la suivante, qui accourait au secours de sa maîtresse, et s'enfuit. Le lendemain, le crime est découvert ; l'affranchi se prétend coupable : il a vengé l'outrage fait à son patron. Mais la suivante, guérie de ses blessures, rétablit l'exactitude des faits. Le père de Pontia dépose une plainte auprès des consuls, présidents naturels du Sénat dont Octavius Sagitta fait partie en sa qualité de tribun de la plèbe. Au sortir de sa charge, le tribun est condamné à l'exil, en vertu d'une vieille loi de Sylla qui punit les assassins par le poignard, la *lex Cornelia de sicariis*.

Lucain composa avec succès le réquisitoire du sénateur qui soutenait l'accusation contre Octavius et le plaidoyer de l'avocat chargé de défendre l'accusé. Ce genre d'exercice ressemble, au fond, à celui que Cicéron proposait à Brutus, quand il lui

faisait rédiger une défense de Milon, disposée
d'après un autre plan et fondée sur d'autres preuves
que la *Milonienne*. Il y a évidemment quelque
chose de factice à défendre et à attaquer tour à
tour le même personnage, au sujet de la même
cause ; et le moraliste, après avoir entendu Lucain
plaider successivement pour et contre Octavius
Sagitta, aurait eu le droit de s'écrier comme le
Satyre de La Fontaine :

> Arrière ceux dont la bouche
> Souffle le chaud et le froid[1] !

Mais il est du métier de l'avocat de souffler le
chaud et le froid, de plaider le pour et le contre ; et
les maîtres de Lucain pouvaient dire qu'ils ne faisaient que préparer leur élève aux obligations de
son futur ministère. Les rhéteurs, apparemment,
n'étaient pas embarrassés, non plus, pour justifier le
choix des *controversiae* bizarres et romanesques
qu'ils faisaient traiter dans leurs classes. Ils compre-
naient bien que leurs disciples n'auraient jamais à
plaider les causes invraisemblables qui servaient de
thèmes aux discussions scolaires : mais ils les leur
imposaient dans le but pratique de les rompre à toutes
les difficultés de la profession d'avocat. Qui peut le
plus, peut le moins : un élève habitué à se tirer des
procès fictifs les plus extraordinaires, quand il sera
avocat, se trouvera à l'aise en face des causes ordinaires du Forum. Quelque faible, quelque ingrate
que soit la matière de la plaidoirie demandée, elle

1. La Fontaine, *Fables*, V, vii, *Le Satyre et le Passant.*

sera toujours supérieure à ces thèmes baroques d'école, dont il fallait se tirer à force d'arguments subtils, de pensées raffinées, de mots à effet. Les exercices de la classe de déclamation ne devaient être, dans la pensée des rhéteurs, qu'une gymnastique préparatoire : malheureusement, cette gymnastique dégénérait en acrobatie inutile et périlleuse. Le trapèze volant estropie quelquefois les gymnastes ; l'abus des *controversiae* fictives peut irrémédiablement fausser l'esprit des jeunes déclamateurs.

A la fin du premier siècle de l'ère chrétienne, cette instruction oratoire, qui abuse des *controversiae*, est violemment attaquée par les partisans des anciennes théories, par les disciples attardés de l'école de Cicéron. Le chef de la réaction virgilienne et cicéronienne contre les tendances nouvelles de l'école de déclamation, qui avait produit Lucain, auteur des deux discours pour et contre Octavius Sagitta et surtout poète du *De Bello Civili*, le spirituel et dur Pétrone fait, dans son *Satiricon*, le procès de l'enseignement des rhéteurs. Il faut le noter : l'habile ironiste se garde bien de soutenir une thèse en son propre nom. Quand il fait réciter la parodie du commencement du *De Bello Civili* de Lucain, l'auteur de cette parodie est Eumolpe, un vieux maniaque, raté prétentieux et haineux, bohème misérable et mendiant. C'est Encolpe, un affranchi d'un esprit très aiguisé, mais de mœurs très mauvaises, qui prononce cette véhémente tirade contre la déclamation et les déclamateurs :

N'est-ce pas une vraie furie qui enlève tout repos aux déclamateurs, quand ils s'écrient : « Ces blessures, je les ai reçues pour la liberté publique! Cet œil, c'est pour vous que je l'ai perdu! Donnez-moi un guide qui me conduise vers mes fils, car mes jarrets tranchés ne supportent pas le poids de mon corps! » A la rigueur, ces déclamations seraient tolérables, si elles préparaient la voie à des jeunes gens se destinant à l'éloquence. Mais, à cette enflure du sujet, à ce vain cliquetis de mots, tout ce qu'ils gagnent, c'est qu'une fois arrivés au Forum, ils se croient transportés dans un autre monde. Et si les jeunes gens s'abêtissent à l'école, c'est, je pense, parce qu'ils n'y voient, parce qu'ils n'y entendent rien qui se rapporte à la vie réelle. Ce ne sont que pirates, qui se tiennent sur le rivage avec des chaînes à la main ; que tyrans, rédigeant des édits par lesquels il est ordonné aux fils de trancher la tête à leurs pères; que réponses d'oracles, en vertu desquels il faut, pour chasser la peste, immoler trois vierges ou davantage. Ce ne sont que boulettes de paroles emmiellées : les mots, les faits, tout y est comme saupoudré de pavot et de sésame. Nourris dans un tel milieu, les jeunes déclamateurs ne peuvent pas plus avoir de goût qu'il n'est possible à ceux qui habitent dans les cuisines d'exhaler une bonne odeur. Permettez-moi de vous le dire : C'est vous, Rhéteurs, qui, les premiers, avez perdu l'éloquence! Vos légers et vains cliquetis de mots, les effets artificiels que vous provoquez, n'ont eu d'autre résultat que d'énerver le corps du discours, que de l'abattre [1].

L'auteur du *Dialogue des Orateurs*, dont l'action est censée se passer vers 75 ou 76, fait porter les mêmes accusations par un personnage qui a une toute autre autorité que l'affranchi Encolpe. C'est Vipstanus Messalla, l'orateur connu, l'historien de la guerre entre Vitellius et Vespasien où il avait servi comme tribun militaire, qui attaque en ces termes la rhétorique et l'école :

Maintenant, nos petits jeunes gens sont conduits aux écoles

----

1. *Satiricon*, I, II.

de ces hommes que l'on appelle des rhéteurs. Là, je ne saurais dire ce qui gâte le plus leur esprit, l'école elle-même, les condisciples ou le genre d'études. L'école n'inspire aucun respect ; il n'y entre que des gens également ignorants. Les condisciples ne sont d'aucun profit : enfants mêlés à des enfants, petits jeunes gens parmi des petits jeunes gens, ils parlent, ils sont écoutés avec la même absence de critique. Quant aux exercices eux-mêmes, ils vont en grande partie contre le but que l'on se propose. En effet, deux sortes de matières sont traitées chez les rhéteurs, les *suasoriae* et les *controversiae*. Les *suasoriae*, considérées comme plus faciles et comme demandant moins de maturité, sont abandonnées aux enfants ; les *controversiae* sont réservées à des élèves plus forts. Mais, quels sujets, grands dieux ! Comme ils sont composés d'une manière incroyable ! Le thème à développer étant parfaitement opposé à la réalité, il ne peut en résulter que simple déclamation. C'est ainsi que récompenses attribuées aux tyrannicides, alternative entre la mort et le mariage offerte aux filles violées, remèdes contre la peste, incestes des mères avec leurs fils, et toutes les autres questions du même genre agitées chaque jour à l'école n'ont jamais, ou n'ont que bien rarement, l'occasion d'être débattues au Forum en langage emphatique[1].

En somme, ce que les critiques du *Satiricon* et du *Dialogue des Orateurs* reprochent avec autant de violence que de raison à l'enseignement de l'école, c'est de ne pas être une utile préparation à l'éloquence du barreau. Quintilien ramènera cet enseignement à son but nécessaire. L'*Institution Oratoire* le dit en termes précis : « La déclamation doit préparer aux luttes du Forum[2]. » Il est permis de contester l'utilité de certains exercices de cette gymnastique préparatoire ; mais, toutes réserves faites, on ne peut refuser quelque mérite à la déclamation,

1. *Dialogue. des Orateurs*, xxxv.
2. *Institut. Orat.*, IV, ii, 29.

si elle n'est qu'un moyen d'éducation pour l'esprit de l'élève dont il s'agit de faire un avocat.

Par contre, si la déclamation est considérée comme une fin à elle-même, si le déclamateur se complaît dans le stérile plaisir de déclamer, s'il se borne à une vaine ostentation d'un talent sans emploi, à la recherche puérile d'éloges qui récompensent son ingéniosité factice, l'école de rhétorique devient funeste pour les maîtres et pour les élèves qui s'y confinent.

L'Empire avait pacifié l'éloquence politique et renversé la tribune aux harangues. Mais l'éloquence judiciaire restait : le vrai déclamateur croirait prostituer sa science, s'il la subordonnait à la pratique des discours du barreau. Sénèque le Rhéteur félicite son fils Mela de n'avoir jamais songé à choisir une carrière civile et à aborder le barreau, et, éloigné de tout désir ambitieux, de s'être consacré à la seule éloquence, c'est-à-dire à la déclamation sans but utile[1]. Cette déclamation désintéressée, si différente de ce qu'a été la déclamation enseignée par Cicéron, et même de ce que sera la déclamation professée par Quintilien, Sénèque se vante d'avoir assisté à sa naissance et d'avoir suivi ses progrès depuis le berceau[2].

---

1. *Controvers.*, II, *Prooemium*, III : *Mela, fili carissime... video animum tuum a civilibus officiis abhorrentem et ab omni ambitu aversum, hoc unum concupiscere. Tu eloquentiae tamen studeas : facilius ab hac in omnes artes discursus est.*

2. *Controvers.*, I, *Prooemium*, XII : *Nam et studium ipsum nuper celebrari coepit. Ideo facile est mihi ab incunabulis nosse rem post me natam.*

CHAPITRE IV

Quand Ovide quitta, vers l'an 27, l'école de grammaire, cette déclamation, dont Sénèque se vante
d'avoir vu la naissance, était déjà sortie du berceau,
et l'élève des grammairiens allait suivre l'enseignement de deux des maîtres qui consacraient leur vie
entière à ce que le vieux rhéteur appelle la seule
éloquence sans but ambitieux, mais qui est aussi
sans utilité pratique.

Ovide eut pour professeurs de déclamation Arellius Fuscus et Porcius Latro, qui formaient avec
Gaius Albucius Silus et L. Junius Gallio un *tetradeum* ou *quatuorvirat* de rhéteurs pour lesquels
l'auteur des *Controverses* ne ménage pas ses
éloges[1].

---

1. Sénèque le Rhéteur, *Controvers.*, X, *Prooem.*, XIII : *Primum
tetradeum quod faciam, quaeritis ? Latronis, Fusci, Albuci, Gallio
nis.* — Voir, sur ces rhéteurs, les dissertations de F.-G. Lindner:

Nous ne savons rien des rapports d'Ovide avec
Gaius Albucius Silus; il fut le condisciple et resta
l'ami de L. Junius Gallio. Cette amitié est attestée
par Sénèque le Rhéteur[1], grand ami lui-même de
Gallio, à qui il devait donner en adoption son fils
aîné, M. Annaeus Novatus, qui prit dès lors le nom
de L. Junius Gallio. À la fin de sa vie, des bords
du Pont où il est relégué, Ovide écrira à Gallio,
qui vient de perdre sa femme, une lettre de condo-
léances :

O Gallio, je puis à peine m'excuser de ne pas avoir cité
ton nom dans mes vers; car, je ne l'ai point oublié, quand
je fus frappé d'un trait lancé par la main d'un dieu, tes
larmes furent un soulagement à ma blessure[2].

Il est probable que, parmi les nombreux amis
dont Ovide exilé rappelle les noms[3], quelques-uns
tout au moins étaient d'anciens camarades de l'école
de déclamation. Mais on ne peut guère l'affirmer

De M. Porcio Latrone commentatio, Breslau, 1855; — *De Arellio
Fusco commentatio*, Breslau, 1862; — *De Gaio Albucio Silo com-
mentatio*, Breslau, 1861; — *De Junio Gallione commentatio*, Hirs-
chberg, 1868. — Victor Cucheval, *Histoire de l'éloquence romaine,
depuis la mort de Cicéron jusqu'à l'avènement de l'empereur
Hadrien*, Paris, Hachette, 1893, t. I, chap. x. — Berthet, *Rhétorique
latine et Rhéteurs latins* (*Revue Universitaire*, 15 avril 1894). —
Henri Bornecque, *Les Déclamations et les Déclamateurs, d'après
Sénèque le Père*, Lille, 1902 (très importante *Bibliographie*, p. 3-6).
— G. Boissier, *Les Écoles de déclamation à Rome* (*Revue des Deux-
Mondes*, 1er octobre 1902; article réimprimé dans le volume sur
Tacite (Paris, Hachette, 1903, p. 197-235).
    1. Sénèque le Rhéteur, *Suasor.*, III, vii : *Hoc autem dicebat
GallioNasonisuo valde placuisse.*
    2. *Pont.*, IV, vii, v. 1-4.
    3. Cf. M. Koch, *Prosopographiae Ovidianae elementa*, Breslau,
1865. — B. Lorentz, *De Amicorum in Ovidii Tristibus personis*,
Leipzig, 1881. — O. Hennig, *De P. Ovidii Nasonis poetae sodalibus*,
Beslau, 1883.

avec une certaine vraisemblance que du rhéteur
Julius Bassus, dont les *Controverses* de Sénèque
citent plusieurs échantillons de discours d'école et
dont Ovide, dans les *Tristes*, rappelle à la fois le
talent de poète et le dévouement d'ami :

Bassus, que ses vers iambiques ont rendu célèbre, était
un des membres les plus aimables de ma société[1].

Le poète des *Pontiques* et des *Tristes* ne dit rien
de ses maîtres Porcius Latro et Arellius Fuscus;
c'est par Sénèque le Rhéteur surtout que nous les
connaissons.

Le compatriote, le condisciple et l'ami de
Sénèque, M. Porcius Latro, était né en Espagne,
peut-être à Cordoue, entre l'an 60 et l'an 50 avant
Jésus-Christ. Au dire de saint Jérôme, il se tua,
l'an 3 avant Jésus-Christ, parce qu'il ne pouvait
se guérir d'une fièvre quarte opiniâtre, qui le consu-
mait. Élève brillant, mais indiscipliné du rhéteur
Marullus, *homo satis aridus*, dit Sénèque, il se mo-
quait tout haut de la sécheresse de son maître, et,
profitant du relâchement de la discipline à l'école
de rhétorique, où la férule n'avait pas droit de cité
comme à l'école de grammaire, quand il estimait
que Marullus déclamait un corrigé mal venu, il
lui coupait la parole et imposait à son maître et à
ses camarades le corrigé qu'il improvisait lui-
même.

Cet élève autoritaire devint bientôt un maître
célèbre, mais bizarre. Véritable paysan espagnol,

1. *Trist.*, IV, x, v. 47-48.

doué de toute l'éloquence brutale du fameux *Paysan du Danube*, sa mémoire était admirable et sa finesse d'esprit, très vive. Il avait une constitution vigoureuse ; sa poitrine était excellente : mais il en abusa et sa voix puissante se brisa « dans les cris de l'école ». Son ardeur au travail était extraordinaire ; il ne savait pas se ménager ; il se surmenait par des mois d'étude et de déclamation. Puis, sans transition, c'étaient de longues périodes de vacances où le repos intellectuel absolu s'aggravait de prodigieuses fatigues physiques. Il allait à la chasse : rien de la méthode toute littéraire de chasser dont se vante Pline le Jeune, qui, assis auprès de ses filets, le stylet et les tablettes de cire à la main, attend en méditant et en écrivant que les sangliers veuillent bien venir se prendre au piège. Tout au contraire : Porcius Latro s'enfonce dans les forêts ; il marche nuit et jour, sans se reposer, sans se nourrir, sans dormir ; son endurance de montagnard des *sierras* espagnoles harasse tous les paysans italiens qui l'accompagnent. Puis, quand la chasse l'ennuie, il rentre à Rome, et le travail ininterrompu du rhéteur le ressaisit. Il écrit aussitôt après les repas, ce qui lui abîme l'estomac ; il passe la nuit à préparer ses sujets, ce qui lui fait perdre à peu près la vue ; il déclame à jeun dès le matin, il hurle ses déclamations, ce qui lui brise la voix. Sa vigoureuse constitution se ruine ; il devient blême et fiévreux.

Cette pâleur du maître était, dit Pline l'Ancien, un objet d'émulation de la part de ses élèves qui absorbaient des infusions de cumin pour devenir pâles comme lui [1]. Les disciples ont, en effet, pour Porcius Latro une adoration qui va jusqu'à la puérilité ; ils essaient de l'imiter en tout, et il leur est plus facile de devenir blêmes comme lui que de ravir le secret de son art. Pourtant, ce maître si aimé ne fait rien pour ses élèves. Il le dit lui-même, « il préfère vendre son éloquence que sa patience ». Il n'a pas la patience d'écouter les déclamations d'élèves, mais il ne marchande pas son éloquence : il parle tout seul, tout le temps ; du commencement de la classe jusqu'à la fin, il déclame sans interruption. Les élèves des autres rhéteurs donnent à ceux de Porcius Latro le nom d'*auditores* : ce ne sont pas des *discipuli*.

Ces auditeurs passifs admirent tout ce que le maître dit : ils applaudissent de confiance toutes les tirades de la déclamation. Mais le maître tend des pièges : il provoque des applaudissements qui portent à faux ; alors il s'arrête brusquement et gourmande son auditoire.

Cette vie factice, toute d'agitation stérile, se termine avant la soixantième année. La maladie incurable, suite fatale de ses excès de fatigue intellectuelle et physique, empêche le rhéteur de déclamer ; ne pouvant plus déclamer, il se débarrasse de la vie qui est désormais pour lui sans but et sans intérêt. La déclamation était le tout des hommes de la trempe de Porcius Latro.

Car, il faut le remarquer, hors de l'école, ces hommes perdent leurs moyens. Leur éloquence les

1. Pline l'Ancien, *N. H.*, XX, LVII, 160.

abandonne, quand ils ne sont plus en face d'un
auditoire d'élèves disposés à tout applaudir. Chargé,
en Espagne, de plaider pour un de ses parents, Porcius Latro est ébloui par la *lux forensis*; il débute
en faisant un solécisme, il se trouble, il est incapable de continuer sa plaidoirie. Ces déclamateurs
ne sont pas des avocats : Porcius Latro fait penser
à un excellent maître d'escrime qui tomberait en
pâmoison, s'il devait quitter le fleuret moucheté
pour l'épée de combat.

Sénèque le Rhéteur est beaucoup plus sobre de
renseignements sur Fuscus Arellius, qui n'est ni
son compatriote, ni son contemporain, ni son condisciple. Un peu plus âgé que Sénèque, Fuscus,
originaire d'Asie[1], semble avoir conservé les caractères de l'ancienne éloquence asiatique. Il déclamait
plus volontiers en grec qu'en latin ; il se plaisait à
développer des causes appartenant au genre déli-
bératif. Notons qu'il citait constamment Virgile et
que, dans les déclamations d'élèves, il approuvait
toutes les expressions, pourvu qu'elles fussent de
nature à produire de l'effet. L'imitation de Virgile,
l'usage et l'abus des phrases à effet : voilà deux
caractères de l'art d'Ovide qui sont dus aux leçons
du maître de rhétorique.

Au contraire de Porcius Latro dont il devait utilement compléter l'enseignement par ses qualités
tout opposées, Arellius Fuscus écoutait les décla-

---

1. Sénèque le Rhéteur, *Controv.*, IX, vi, 16 : *Fuscus Arellius cum
esset ex Asia...* H. Bornecque lit avec Schulting, *ex Asianis* (du
nombre des orateurs de l'école asiatique), et admet qu'Arellius
Fuscus naquit en pays grec. — Voir *Les Déclamations et les Déclamateurs*, p. 150.

mations de ses disciples, qui n'étaient pas réduits
au simple rôle d'auditeurs, et Sénèque nous a conservé l'essentiel d'une controverse soutenue avec
grand succès par Ovide dans la classe de ce maître [1].

Le titre de la controverse était *le Serment du
mari et de la femme*. En voici le thème : —

Un mari et sa femme ont promis par serment que,
s'il arrive malheur à l'un d'eux, l'autre ne lui survivra pas. Le
mari part en voyage ; pour éprouver sa femme, il lui envoie
un messager chargé d'annoncer la fausse nouvelle de sa
mort. La femme veut se tuer : elle se précipite d'un lieu
élevé ; mais elle guérit de ses blessures. Le mari revient. Le
père de la jeune femme ordonne à sa fille de divorcer ; elle
refuse, car elle aime toujours celui qui l'a abusée. Alors le
père la renie.

Ovide plaidait contre le père en faveur du mari
et de la femme, dont il ne séparait point la cause.

Je me souviens — dit Sénèque — d'avoir entendu Ovide
déclamer cette controverse devant le rhéteur Arellius Fuscus
dont il était l'élève. Quand il était étudiant, on le regardait
comme un bon déclamateur. De tous ceux qui ont déclamé ce
sujet devant Arellius Fuscus, il m'a semblé de beaucoup le
plus ingénieux. Il n'y avait qu'un reproche à lui faire : son
discours allait sans ordre certain à travers tous les développements.
Voici ce que je me rappelle avoir recueilli pendant qu'il
parlait :
Tout mon labeur dans la cause que je plaide consiste à
obtenir de toi que tu permettes à cette femme d'aimer son
mari, à ce mari d'aimer sa femme. Il faut ensuite, si tu leur
as permis une mutuelle affection, que tu leur permettes de
s'engager par serment. Et quelle a été, penses-tu, la forme
de notre serment ? C'est ton nom invoqué par nous, qui

1. Sénèque le Rhéteur, *Controvers.*, II, II, 8 et suiv.

nous a unis dans un engagement religieux. Si nous nous parjurons, c'est la colère d'un père et d'un beau-père que nous avons l'un et l'autre appelée sur nos têtes. Père, pitié ! Beau-père, pitié ! Nous ne nous sommes pas parjurés.

Mais voyez la férocité de notre accusateur : il se laisse emporter par une fougueuse tendresse. Quoique tu sois sa fille, ne lui adresse pas de prière. Les prières, sa tendresse les détournerait de lui. Dieux bons ! Comment donc a-t-il aimé sa femme, lui qui dit qu'il aime sa fille et qui la renie ! Il s'afflige du péril où elle s'est trouvée, et il veut l'entraîner loin de celui sans qui elle dit ne pouvoir supporter la vie. Il déplore le danger de cette fille qu'il a manqué perdre, lui qui recommande à sa fille d'être prudente dans son amour. On ne peut obtenir de mesure dans l'amour : on obtient plus facilement que l'amour finisse. Et tu imposes des limites à leur passion : qu'ils n'agissent en rien qu'après mûre considération ; qu'ils ne fassent aucune promesse qui ne soit exigible en justice ; que la raison, que l'exacte bonne foi, pondère toutes leurs paroles... Mais il n'y a que les vieillards qui soient capables d'aimer de la sorte !

Père, tu ne connais qu'une petite partie des griefs que tu peux invoquer contre nous. Nous nous sommes querellés parfois et réconciliés. Et, peut-être, chose que tu ne soupçonnes pas, nous nous sommes parjurés. En quoi les pères ont-ils à se mêler des serments des amoureux ? Si tu veux m'en croire, les dieux eux-mêmes n'ont pas à s'en mêler !

Quant à toi, ma femme, tu n'as pas à te complaire dans l'idée que tu es la première à avoir donné l'exemple du crime dont on t'accuse. Il en est d'autres qui sont mortes avec leurs maris, d'autres qui sont mortes pour leurs maris. Toutes ces femmes, la postérité les honorera à jamais ; il n'est pas de talent littéraire qui ne tienne à les célébrer. O mon beau-père, aie la force de supporter ton bonheur ! Combien il t'en coûtera peu pour donner un grand exemple ! Quant au reste, nous voici devenus plus prudents : nous confessons notre erreur.

Alors que nous nous engagions par serment, nous avions tous les deux oublié une troisième personne dont l'amour était plus grand que le nôtre. Fassent les dieux que cette personne persévère à jamais dans les mêmes sentiments ! Beau-père, continue, retire chez toi ta fille ! C'est moi qui ai péché, c'est moi qui suis coupable. Pourquoi serais-je la cause que ma femme perdît sa bonne renommée, que mon beau-père fût privé de sa fille! Je quitterai ma patrie, je m'enfuirai, j'irai en exil. Autant que je le pourrai, j'appliquerai à supporter mes regrets ce misérable, ce cruel remède : la patience. Je mourrais, si je devais être seul à mourir...

Tel est le fragment de déclamation conservé par Sénèque, qui admirait l'ingéniosité de ce développement de rhétorique. Comme le mauvais goût est souvent le même dans des milieux littéraires bien différents, on peut se représenter Ovide déclamant sur *le Serment du mari et de la femme* dans la chambre bleue de la belle Arthénice, avec le même succès qui devait y accueillir le jeune Bossuet improvisant son premier sermon.

Les *chères*, assises dans la ruelle, les galants *alcôvistes*, rangés derrière les précieuses, sont unanimes à trouver dans la subtile défense du mari le *fin des choses*, le *grand fin*, le *fin du fin*. Ces gentillesses, évidemment, dépassent la portée de quelques provinciales, telles que Madelon et Cathos : Mascarille, ce marquis d'occasion, Jodelet, ce vicomte d'aventure, seraient incapables de leur détailler des beautés trop raffinées pour elles et pour eux. Trissotin et Vadius ont assez de lettres pour expliquer l'*ithos* et le *pathos* de la déclamation, pour en mettre en valeur tous les *concetti*, devant l'attention émue de Philaminthe, de Bélise et d'Armande. Celle-ci demanderait qu'on lui répétât toute la déclamation :

Donnez-nous, s'il vous plaît, le loisir d'admirer !...

Et, à la seconde audition, les souvenirs de
Mlle de Scudéry et du pays du Tendre feraient dire
d'enthousiasme aux trois femmes, éprises de la
controversia :

> Partout on s'y promène avec ravissement.
> On n'y saurait marcher que sur de belles choses :
> Ce sont petits chemins tout parsemés de roses.

Philinte lui-même, ce galant homme qui a une
autre éducation que des bourgeois entêtés de fausse
science et de mauvais goût, et que des pédants
rimeurs de balle, cuistres, grimauds et barbouilleurs
de papier — Philinte s'écrierait à la grande indignation d'Alceste :

> Ah ! qu'en termes galants ces choses-là sont mises !

En effet, la déclamation d'Ovide nous présente
toute la casuistique amoureuse, chère aux précieuses,
exprimée dans la phraséologie affectée mise à la mode
au commencement du règne de Louis XIV, grâce à
de nombreuses influences étrangères. C'est le *culto-
risme* de don Luis de Gongora y Argote (1561-1627),
l'inventeur du *estilo culto*, vulgarisé par son disciple, le jésuite Balthazar Gracian (1584-1650); ce sont
les *concetti* du cavalier Marino (Naples, 1569-1625),
l'auteur des vingt chants de l'*Adone*; c'est l'*eu-
phuisme* de l'Anglais sir John Lilly (né à Roches-
ter en 1553). C'est le même mauvais goût qui
domine dans les amphithéâtres de déclamation à
Rome, au commencement de l'Empire, et dans les

cercles littéraires, dans les salons ou dans les ruelles au XVII° siècle, en France, en Espagne, en Italie, en Angleterre.

Sénèque le Rhéteur admettait une réserve au milieu de ses éloges : la déclamation si ingénieuse d'Ovide avait le grand tort de se répandre, sans ordre certain, à travers tous les développements (*excepto eo quod sine ordine per locos discurrebat*). C'est, assurément, une faute grave que l'on relève dans cette *controversia*, où l'on entrevoit déjà tous les défauts et toutes les qualités du poète Ovide, qui restera, toute sa vie, le disciple des déclamateurs. Il est facile de noter dans ce travail d'élève les traits de grâce, de finesse et d'esprit qui caractériseront toutes les œuvres du poète. Il y a même trop d'esprit dans ce plaidoyer, comme il y en aura trop dans les poèmes de la maturité d'Ovide. L'ancien élève des rhéteurs ne comprendra jamais que, si l'esprit sert à tout, il ne suffit à rien, et qu'il manque quelque chose à une œuvre littéraire où il y n'a que de l'esprit. Sénèque critique l'absence d'ordre dans les développements de la *controversia* : cette absence d'ordre, qui se remarque dans toutes les compositions d'Ovide, vient de ce que, lorsque le poète a découvert un thème heureux, il ne peut se résoudre à l'abandonner avant de l'avoir retourné sous toutes ses formes, avant d'avoir épuisé toutes les ressources de développements ingénieux qui lui sont offertes. Qu'on note ces pensées sur l'amour, ces théories sur les serments des amoureux, ces idées sur la tendresse des époux : autant de matières de développements qui se mêlent et se confondent dans la *controversia;* autant de lieux communs qui se retrouveront dans les *Héroïdes* et dans les *Amours*, dans ces *controversiae* et dans ces *suasoriae* où le poète, appliquant les procédés de rhétorique aux questions d'amour et de galanterie, discute lui-même en jolis vers des problèmes de casuistique amoureuse, ou fait exécuter par les héroïnes de l'antique mythologie des variations ingénieuses sur l'amour criminel ou malheureux.

Toutes ces déclamations versifiées sont en germe dans ce *Serment des deux époux* qu'Ovide, élève de rhétorique, déclamait avec succès devant son maître Arellius Fuscus. Il n'a déclamé aucune composition scolaire devant son autre maître, Porcius Latro, puisque cet infatigable rhéteur parlait seul, tout le temps, en face de ses disciples, réduits au rôle muet d'auditeurs. Mais Ovide écoutait avec soin, prenait, sans doute, des notes, et, en tout cas, se souvenait des passages brillants de Latro, qui, plus tard, devaient trouver une place dans ses propres poésies.

Sénèque nous donne des renseignements curieux sur un certain nombre de traits recueillis par Ovide dans les *suasoriae* ou les *controversiae* qu'il entendait déclamer par Porcius Latro :

Il était l'admirateur de Latro; il l'écouta avec une telle attention qu'il transporta plusieurs traits du rhéteur (*multas illius sententias*) dans ses propres vers. Dans le *Jugement des armes*, Latro avait dit : Jetons ces armes dans les rangs ennemis et allons les reprendre (*mittamus arma in hostes et petamus*). Ovide a dit à son tour : Faites jeter au milieu des ennemis les armes du héros et ordonnez-nous d'aller les reprendre[1].

Le *Jugement des armes* était un admirable sujet de déclamation d'école, emprunté à une vieille légende de la guerre de Troie. La Νέκυια homérique nous fournit le plus ancien renseignement que nous possédions sur cet épisode postérieur à l'action de l'*Iliade*. Ulysse dit la rancune d'Ajax persistant après la mort :

L'âme d'Ajax, fils de Télamon, restait à l'écart, irritée encore de la victoire que je remportai, lorsque, près des vaisseaux, je lui disputai les armes d'Achille. Ce fut sa vénérable mère qui les mit au concours. Plût aux dieux que je n'eusse pas été vainqueur dans cette lutte! Car ces armes sont cause que la terre a recouvert cette tête illustre, cet Ajax qui, pour la beauté et pour les exploits, était supérieur aux autres Achaiens, après l'irréprochable fils de Pélée. Je lui adressai ces douces paroles : « Ajax, fils de l'irréprochable Télamon, tu ne devais donc pas même, au sein de la mort, oublier le ressentiment que tu as conçu contre moi, à propos de ces armes fatales dont les dieux ont fait une cause de malheur pour les Argiens!... Mais, allons, approche, ô roi, afin d'entendre ma voix et mes discours : dompte ta colère et ton âme superbe!» Je dis, et lui, sans me répondre, il alla dans l'Érèbe rejoindre les âmes des trépassés[2].

La querelle d'Ulysse et d'Ajax au sujet des armes d'Achille se trouvait dans l'*Éthiopide* d'Arctinos de Milet et dans la *Petite Iliade* du Lesbien Leschès. Elle fut mise au théâtre grec dans une

---

1. Sénèque, *Controvers.*, II, II, 8. — Ovide, *Mét.*, XIII, v. 121 :
   Arma viri fortis medios mittantur in hostes :
   Inde jubete peti, et referentem ornate relatis.
2. *Odyssée*, XI, v. 543-555, 561-564.

tragédie d'Eschyle H ὅπλων κρίσις[1], reprise par deux tragiques romains, Pacuvius et Accius, auteurs l'un et l'autre d'une pièce intitulée *Judicium Armorum*[2]. Longtemps avant le déclamateur latin Porcius Latro, longtemps même avant Pacuvius et Accius, un rhéteur attique, qui est le fondateur de l'École Cynique, Antisthène, l'élève de Socrate et l'ami de Xénophon, avait composé les deux plaidoyers contradictoires d'Ajax et d'Ulysse dans la dispute relative aux armes d'Achille[3]. A la fin de la littérature grecque, le poète Quintus de Smyrne prouve qu'il est un adepte de la renaissance sophistique du IIIe siècle en donnant dans sa *Suite d'Homère* une large place aux déclamations d'Ulysse et d'Ajax[4].

Ce thème de rhétorique était devenu un sujet de concours de peinture. Au IVe siècle avant Jésus-Christ, deux peintres célèbres, Parrhasios d'Éphèse, qui établit pour la peinture le *canon* des proportions, et Timanthe de Sicyone, l'auteur du fameux *Sacrifice d'Iphigénie*, où, désespérant de représenter dignement la douleur d'Agamemnon, il avait peint le roi des rois la tête couverte d'un voile — deux maîtres rivaux concouraient dans l'île de Samos. Le *Jugement des armes* par Timanthe était estimé le meilleur ; et Parrhasios vaincu s'écriait : « Je

<hr>

1. A. Nauck, *Tragicorum Graecorum Fragmenta*, editio secunda, Lipsiae, 1889, p. 57-58.
2. Otto Ribbeck, *Tragicorum Romanorum Fragmenta*, tertiis curis, Lipsiae, 1897. — M. Pacuvius, *Armorum Judicium*, p. 90-93. — L. Accius, *Armorum Judicium*, p. 178-181.
3. A. Croiset (*Histoire de la Littérature grecque*, t. IV, Paris, 1895, p. 248) admet, comme Blass, l'authenticité de ces deux discours d'école.
4. Quintus de Smyrne, Τὰ μεθ' Ὁμήρου, chant V, v. 180-316.

plains le sort d'Ajax une seconde fois vaincu par un adversaire indigne de lui [1] »

La déclamation de Porcius Latro ne doit pas avoir fourni seulement aux deux discours d'Ajax et d'Ulysse, qui occupent près d'un tiers du XIIIᵉ livre des *Métamorphoses* [2], l'unique *sententia* du maître citée par Sénèque le Rhéteur. Ces deux discours, grâce sans doute à l'excellente mémoire du poète et peut-être aussi à ses vieux cahiers d'élève, nous font l'effet de la *controversia* elle-même du professeur de déclamation, qui ne nous est pas parvenue, mise en vers faciles et abondants. « Ovide, a dit fort justement un critique [3], Ovide a fait deux très bons devoirs de rhétorique… L'exorde, la narration, l'argumentation, la péroraison et jusqu'à l'attitude des personnages, tout a été conçu et exécuté selon les règles de la plus minutieuse rhétorique. La seule chose qui m'étonne, c'est qu'Ovide ait pu faire à quarante-cinq ou cinquante ans un discours aussi jeune. »

Ces jeunes discours d'un vétéran de rhétorique, hors d'âge depuis bien des années, ont mérité des éloges aussi compromettants pour le poète que flatteurs pour l'ancien élève de la classe de déclamation. L'un des auteurs de la *Satyre Ménippée*, Jean Passerat (1534-1602), professeur d'éloquence latine au Collège de France, se justifie dans une *In Ovidii Armorum Judicium Praefatio* [4] de s'occuper d'un

1. Pline l'Ancien, *N. H.*, XXXV, x.
2. *Mét.*, XIII, v. 5-122, 128-381.
3. E. Nageotte, *Ovide, sa vie et ses œuvres*, Paris, 1872, p. 175.
4. On trouvera *Joannis Passeratii in Ovidii Armorum Judicium Praefatio* dans le volume VIII de l'*Ovide*, de la collection Lemaire,

poète, au lieu de s'astreindre, comme le titre de sa
chaire l'exigerait, à commenter les discours d'un
orateur. Mais sa justification est facile : « Les vers
d'Ovide, dit-il, ne s'écartent pas de mon office et
de cet enseignement de l'éloquence dont je suis
chargé, puisque personne n'aura à y regretter
l'absence d'aucun des préceptes bien connus des
rhéteurs. » Avant que les deux discours d'Ajax et
d'Ulysse fussent commentés au Collège de France
par le professeur d'éloquence latine, ils étaient
paraphrasés en prose latine par Amerbach [1], traduits en vers italiens [2] et en vers français [3]. La
parodie est la consécration du succès. Elle ne
manque pas aux *Plaidoyez d'Ajax et d'Ulysse pour
les armes, d'Achille*, qui sont traduits en vers bur-
lesques par le chevalier de Loutaud (Paris, 1665).

La *controversia* qu'Ovide a fait soutenir par Ajax
et par Ulysse mérite assurément une part de l'attention que les modernes lui ont accordée. Car les
discours imaginaires insérés dans les histoires et
dans les épopées reflètent fidèlement les habitudes
littéraires de l'époque où ils ont été composés, et

p. 306-313. — Pour ce « Passerat de la *Satyre Ménippée* » et son
« recueil de Discours de rentrée et d'ouverture, *Orationes et
Praefationes* », voir Sainte-Beuve, *Discours prononcé à l'ouverture
du cours de poésie latine au Collège de France*, le 9 mars 1855,
p. 10-14 de l'*Etude sur Virgile*, Paris, 1870.

1. *Paraphrasis duarum Ovidianarum, Ajacis et Ulyssis, orationum
a Vito Amerbacbio conscripta, nuncque primum in lucem edita,
Basileae*, 1549.

2. *Le due orazioni che sono nel XIII libro delle Metamorfosi di
Ovidio, l'una d'Ajace et l'altra d'Ulisse. Tradotte in versi sciolti
dall'Academico Stordito Intronato. In Venetia*, 1541.

3. *Le Procès d'Ajax et d'Ulysse pour les armes d'Achille*, con-
tenu au XIII° livre de la *Métamorphose*, translaté en vers
françois par Jacques Colin, Lyon, 1547.

donnent la caractéristique du talent de l'historien ou du poète. Les discours contradictoires, qui n'ont rien d'une *controversia* scolaire, échangés par l'Agamemnon et l'Achille de l'*Iliade*, avec force injures et menaces de coups, évoquent l'Hellade primitive et ce que Fénelon appelait « l'aimable simplicité du monde naissant ». Dans le conseil des dieux du X⁰ livre de l'*Énéide*, Junon et Vénus discutent, non comme deux rhéteurs récitant leur déclamation, mais comme deux Pères Conscrits développant leurs arguments avec passion ; et ce conseil des dieux a tout l'air d'une séance du Sénat romain, tenue sous la présidence de Jupiter, ce vrai *Princeps Senatus*. Le conseil des ministres de la *Pharsale*, l'assemblée des « monstres d'Égypte » qui décident du sort de Pompée, nous fait l'effet d'un de ces colloques de rhéteurs que Sénèque le père nous a décrits ; Lucain, digne petit-fils de Sénèque, a fait faire leur rhétorique aux monstres d'Égypte. Par contre, le sophiste Quintus de Smyrne, beaucoup plus raffiné que les déclamateurs latins, essaie, non sans succès, dans son poème, qui est un long pastiche homérique, de faire parler avec violence et s'injurier avec brutalité, comme si leurs discours appartenaient à l'*Iliade*, Ajax et Ulysse se disputant les armes d'Achille. Ovide n'a pas eu ce souci de couleur locale, absolument inconnu à la rhétorique latine. On peut répéter, à propos des plaidoyers prononcés par les héros homériques dans les *Métamorphoses*, ce que Montesquieu disait des discours contradictoires que Tite-Live, élève des rhéteurs comme Ovide, prêtait à Scipion et à Hannibal, occupés à discuter la paix entre Rome et Carthage : « J'ai du regret de voir Tite-Live jeter ses fleurs sur ces énormes colosses de l'antiquité : je voudrais qu'il eût fait comme Homère qui néglige de les parer et qui sait si bien les faire mouvoir [1]. »

Ce n'est pas seulement pour en orner les discours de ses héros que le poète Ovide prodigue les fleurs de l'école. Il en abuse pour toutes ses œuvres. Les discours d'Ajax et d'Ulysse doivent apparemment beaucoup à Porcius Latro : car, Sénèque le dit, et on le croit sans peine, « Ovide déclamait rarement des *controversiae*, et seulement quand elles portaient sur des sujets de morale ; il déclamait plus volontiers des *suasoriae*. Toute espèce d'argumentation lui était à charge [2] ». Si l'art d'agencer les preuves et de les mettre en valeur lui plaisait moins, il aimait à emprunter aux déclamations qu'il entendait les traits brillants que sa fantaisie érudite pouvait ensuite varier et développer, sans aucun scrupule d'argumentation. Sénèque donne un curieux exemple du procédé employé par Ovide pour prendre son bien où il le trouvait :

Je me souviens que, dans un de ces préambules (*praefatio*, sorte de discours préliminaire où le rhéteur donnait des conseils à ses disciples), Latro avait dit, et ses écoliers (*scolastici*) avaient retenu par cœur sa phrase, comme si c'eût été un texte de loi (*quasi carmen*): *Ne voyez-vous pas comme les feux de la torche deviennent languissants, si vous la maintenez immobile, comme ils se raniment, si vous l'agitez? L'oisiveté amollit les hommes ; le fer oisif se ternit, se couvre de rouille ; à trop*

1. Montesquieu, *Grandeur et Décadence des Romains*, chap. v.
2. Sénèque le Rhéteur, *Controvers.*, II, ii, 12.

se reposer on désapprend. Ovide a dit : *J'ai vu grandir les flammes agitées d'une torche que l'on mettait en mouvement ; je les ai vues mourir quand le mouvement cessait* [1].

Ces vers d'Ovide se trouvent dans une pièce, qui fait partie du recueil des *Amours* [2], véritable *suasoria*, où le poète développe ce lieu commun d'école : « Il faut céder à l'Amour ; en supportant son joug d'une manière passive et avec soumission, on a moins à souffrir du dieu. » Ces vers sont suivis de tout un développement par *sententiae* qui, lui aussi, procède évidemment de l'école de rhétorique :

Les jeunes bœufs qui refusent le poids du premier joug reçoivent plus de coups que ceux qui prennent goût à labourer ; on brise avec le mors le plus dur la bouche du cheval rétif ; on fait moins sentir le frein à celui qui est disposé à courir aux combats. De même, pour les cœurs rebelles, l'Amour est un tyran bien plus impérieux que pour ceux qui consentent à supporter ses lois [3].

Quant à la *sententia* de Latro, Sénèque n'en cite l'emploi que dans une pièce des *Amours* : Ovide en a usé à satiété dans ses divers ouvrages. Qu'il suffise de rappeler quelques exemples empruntés aux dernières productions du poète, aux élégies qu'il écrivait en exil, quarante ans environ après avoir entendu la *praefatio* de son maître de déclamation :

Ajoute que, rouillé depuis longtemps, mon talent s'engourdit et s'amoindrit. Le champ fertile que la charrue ne retourne pas assidûment ne produira plus que de mauvaises

1. Sénèque le Rhéteur, *Controvers.*, 11, ii, 8.
2. *Amours*, I, ii, v. 11-12.
3. *Amours*, I, ii, v. 13-18.

herbes mêlées d'épines. Le cheval qui sera trop longtemps resté au repos courra mal; lancé dans la carrière, il viendra le dernier, après tous les autres. La barque qui aura été trop longtemps tenue loin des ondes coutumières tombe en pourriture et s'ouvre de toutes parts. Moi aussi, qui n'ai jamais été autrefois qu'un pauvre écrivain, désespère de me voir redevenir égal à ce que j'étais[1].

Il ne faut pas s'étonner si mon âme s'amollit, si elle se liquéfie, pareille à la neige qui se fond en eau. Comme le navire atteint gravement est miné par les vers cachés, comme le roc est creusé par l'eau salée de la mer, comme le fer abandonné est rongé par la rouille mordante, comme un livre que l'on a renfermé est dévoré par les mites : ainsi mon cœur ressent les perpétuelles morsures des angoisses, et ces morsures le tortureront à jamais[2].

Tu vois comme l'oisiveté énerve le corps engourdi, comme les eaux se corrompent, si elles demeurent immobiles[3].

Il est impossible de cataloguer toutes les *sententiae* de rhétorique qui se trouvent répétées, variées, développées à l'infini dans les diverses œuvres d'Ovide. Un érudit allemand a consacré toute une thèse de doctorat à dresser la liste des principaux lieux communs qui se reproduisent dans les recueils du poète. Ce sont, dans les œuvres de jeunesse, des *sententiae* qui ont rapport à l'amour ; dans les œuvres de vieillesse, des *sententiae* qui ont rapport à l'exil; un peu partout, des petites comparaisons mythologiques et des descriptions toutes faites de phénomènes naturels, tels que le lever ou le coucher du soleil. La thèse est intitulée *Ovide imitateur*

1. *Trist.*, V, xii, v. 21-30.
2. *Pont.*, I, i, v. 67-74.
3. *Pont.*, I, v, v. 5-6.

de lui-même[1]. Je crois que le poète, s'il s'imite lui-même, commence par recueillir ces lieux communs qu'il s'empruntera à lui-même dans les cahiers d'expressions soigneusement rédigés à l'école de rhétorique. Ces expressions, il prétend les renouveler sans cesse, et cette prétention le fait tomber dans le défaut contre lequel Horace mettait en garde les Pisons : « Celui qui veut varier un seul sujet à l'excès, tombe, s'il manque d'art, dans un grand défaut, à force de vouloir éviter le défaut contraire[2]. » Ovide ne manque pas d'art, assurément, mais il manque de goût et de mesure. Sénèque lui-même le remarque : épris de tous ses vers, faits cependant avec une si grande facilité, le poète ne consent pas à en sacrifier un seul aux critiques de ses amis, qui sont des hommes de goût. Les *Controverses* nous rapportent une curieuse anecdote où l'on voit des arbitres choisis, parmi lesquels Albinovanus Pedo, l'auteur à la mode d'une *Théséide*, que nous ne connaissons pas, et d'une description de l'Océan, dont Sénèque nous a conservé vingt-quatre hexamètres[3]. Ovide se refuse absolument à détruire ces deux vers : « Un homme qui est à moitié bœuf, et un bœuf qui est à moitié homme[4] », et « Le Borée qui amène les glaces et le Notus qui chasse les glaces[5] ». Sénèque conclut : « Cela prouve que ce poète d'un souverain génie manquait, non pas de jugement,

---

1. A. Lueneburg, *De Ovidio sui imitatore*, Ienae, 1888
2. Horace, *Art Poétique*, v. 29 et suiv.
3. *Suasor.*, I, xv
4. *Art d'aimer*, II, v. 24 : *Semibovemque virum, semivirumque bovem.*
5. *Amours*, II, xi, v. 10: *Et gelidum Borean, egelidumque Notum.*

mais du goût nécessaire pour restreindre l'exubé-
rante licence de ses vers. Il disait qu'un visage est
embelli quand il s'y trouve quelque imperfection[1]. »

Mamercus Scaurus, avocat habile, orateur fécond,
qui devait être une des victimes de Tibère, disait
qu'Ovide était parmi les poètes ce que le prolixe
Montanus[2] était parmi les orateurs : il trouvait
digne de Montanus le discours qu'Ovide fait prononcer par Hécube au XIII° livre des *Métamorphoses*.
Sénèque approuve : « Quand Ovide a rencontré un
développement à succès, il ne sait plus l'abandonner. Scaurus disait avec raison : Ce n'est pas un
moins grand mérite de savoir s'arrêter que de
savoir parler[3]. »

Les cénacles des rhéteurs s'occupaient beaucoup
d'Ovide. On le discutait, mais on appréciait son talent littéraire et on admirait ses traits d'éloquence.
Sénèque rapporte son opinion sur deux vers des
Argonautiques de Varron de l'Atax : *Les chiens
avaient cessé d'aboyer et les villes étaient silencieuses. Tout était enseveli dans le calme repos de
la nuit*[4]. « Ovide avait coutume de dire à propos de
ces vers qu'ils auraient pu être bien meilleurs, si
le poète avait retranché la fin du second, s'il s'était
arrêté à ces mots : *Tout appartenait à la nuit*
(*omnia noctis erant*). Varron a parfaitement développé le sens qu'il a voulu donner à ces vers. Ovide

---

1. *Controvers.*, II, ii, 12.
2. Montanus est d'ailleurs un ami d'Ovide, qui vante ses vers
héroïques et ses vers élégiaques (*Pont.*, IV, xvi, v. 11-12).
3. *Controvers.*, IX, v, 17.
4.   *Desierant latrare canes, urbesque silebant ;
          Omnia noctis erant placida composta quiete,*

a trouvé un sens qui lui appartient dans le second vers : en effet, le commencement du vers et le vers entier doivent signifier toute autre chose [1]. »

Ovide, qui refaisait les vers de Varron, ne craignait pas de modifier ceux de Virgile, pour les introduire dans ses propres œuvres ; c'est ce que remarque son ami Gallio : « Il empruntait les vers de Virgile, non pour les piller, mais pour les imiter, et il voulait qu'on reconnût son imitation et sa manière propre. C'est ainsi que, dans sa tragédie, il a placé ce vers : *Je suis portée çà et là comme pleine de l'esprit du dieu (feror huc illuc, ut plena deo* [2]). »

A propos d'une *sententia* développée dans une *controversia*, Vinicius, un grand appréciateur d'Ovide (*summus amator Ovidii*), un orateur, dit Sénèque, également incapable de dire et de supporter des inepties, rappelait que cette *sententia* avait été habilement mise en valeur par Ovide, poète célèbre dans l'art d'en imaginer de semblables : « Car, au sujet de la mort d'Achille, il emploie cet épiphonème : *C'est le seul bonheur qui puisse réjouir Priam après la perte d'Hector* [3]. »

Au cours d'une autre *controversia*, le déclamateur Alfius Flavus avait prononcé cette *sententia* : « Il était à la fois son propre aliment et sa propre perte. » Cestius, maître célèbre de déclamation, l'interrompt : « On voit que tu lis les poètes avec soin, car ceci appartient à celui qui a rempli notre siècle non seu-

---

1. *Controvers.*, VII, 1, 27.
2. *Suasor.*, VII, III.
3. *Controvers.*, X, IV, 25 ; cf. *Métam.*, XII, v. 607 :
   *Quod Priamus gaudere senex post Hectora posset,
   Hoc fuit.*

lement de ses arts d'aimer, mais de ses *sententiae*[1].»
En effet, ajoute Sénèque, Ovide a dit dans ses
Métamorphoses : Il commence à mettre en pièces lui-même ses membres par des morsures qui le déchirent : le malheureux nourrissait son corps en le diminuant[2].

Les déclamateurs connaissaient même et citaient
des pièces d'Ovide qui ne figurent pas aujourd'hui
dans le recueil de ses œuvres complètes. Scaurus,
qui ne laissait passer aucune sottise, entendait un
jour un ancien préteur qui déclamait en se permettant des allusions d'une obscénité bête : aussitôt, il le
fait taire par une citation d'Ovide. Or, cette citation
se trouve dans les *Priapées*, petits poèmes très libres
sur le dieu Priape, attribués à divers auteurs[3].

On le voit : Ovide doit beaucoup à l'école de déclamation, et l'école de déclamation doit beaucoup
à Ovide. Élève, il emprunte aux essais de ses camarades, aux corrigés de ses maîtres, un grand nombre
de traits brillants qu'il placera dans ses œuvres ;
poète célèbre, lu et étudié par les déclamateurs, il
sera, par un juste retour, pillé pour les travaux

1. *Amatoriis non artibus tantum sed sententiis.* — H. Bornecque
traduit ingénieusement : « ... non seulement de ses *traités*, mais
de ses *traits* sur l'amour ».

2. *Excerpta Controvers.*, lib. III, vii, 2. — *Métam.*, VIII, v. 877 :

> *Ipse suos artus lacero divellere morsu*
> *Coepit, et infelix minuendo corpus alebat.*

3. *Controvers.*, I, ii, 22 : *Memini quemdam praetorium... cum
declamaret : Novimus, inquit, istam maritorum abstinentiam,
qui, etiamsi primam virginibus timidis remisere noctem, vicinis
tamen locis ludunt. Audiebat illum Scaurus... Statim Ovidianum
illud : « Inepta loci » ; et ille excidit nec ultra dixit.* — Cf. *Priapea*
(à la suite du Catulle de L. Mueller, Leipzig, Teubner, 1880), III,
v. 7 :

> *Quod virgo prima cupido dat nocte marito*
> *Dum timet alterius vulnus inepta loci.*

d'école ; et, mises en prose, les *sententiae* des *Méta-morphoses* serviront de parure aux essais des élèves qui auront succédé à Ovide sur les bancs de l'école et aux corrigés des rhéteurs qui auront remplacé dans leurs chaires Arellius Fuscus et Porcius Latro.

Sénèque, qui, dans ce qui nous a été conservé des *Controversiae*, rappelle les succès d'Ovide, comme imitateur des maîtres, et sa gloire comme poète imité par les rhéteurs, n'oublie, et pour cause, qu'une remarque, cependant nécessaire. En effet, il a raison de critiquer le manque de sobriété du poète qui ne sait pas sacrifier un vers à effet, ni s'arrêter à temps dans le développement d'un lieu commun. Mais il néglige de dire que ces défauts de l'élève des rhéteurs sont la conséquence naturelle de sa trop grande assiduité aux déclamations de Porcius Latro et de ses trop grands succès dans la classe d'Arellius Fuscus.

Ovide restera jusqu'à la fin de sa carrière l'auditeur de Porcius Latro et le disciple d'Arellius Fuscus. Les *Héroïdes* sont de simples *suasoriae* ; les poèmes érotiques sont composés suivant les préceptes des rhéteurs ; dans les *Métamorphoses*, bien d'autres épisodes que le *Jugement des armes* appartiennent à la pure rhétorique. Alors même qu'il plaide pour lui-même, alors qu'exilé à Tomes il supplie Auguste de mettre fin à sa relégation, le poète compose une *Oratio pro domo*, une *Oratio pro aris et focis*, exactement suivant la méthode qu'il employait pour déclamer dans la classe d'Arellius Fuscus la *controversia* sur le *Serment des deux époux* ; il la pare des *sententiae* qu'il avait pu recueillir au cours de Porcius Latro.

On l'a, en effet, remarqué [1] : la longue *Élégie* de 578 vers qui forme à elle seule le deuxième livre des *Tristes*, ce poème tout personnel de supplications, n'est autre chose qu'une *suasoria* rigoureusement composée suivant les formules de l'école. Arellius Fuscus en aurait fait avec satisfaction l'analyse suivante :

EXORDE (v. 1-26). — On demandera à Ovide pourquoi il continue à écrire des vers, puisque c'est à ses vers qu'il doit sa condamnation. Mais sa passion le force à recourir à la Muse, comme, après un naufrage, le matelot reprend la mer. D'ailleurs, Auguste, lui-même, n'a-t-il pas ordonné aux jeunes hommes de chanter des vers pour fléchir Phébus, aux matrones de chanter des vers pour fléchir Cybèle ?

PROPOSITION (v. 27-28). — Puisse, à l'exemple de ces divinités, le très clément Empereur se laisser fléchir par les vers du poète !

Après ce début, remarquable par l'habileté des mœurs oratoires qui doivent lui concilier la bienveillance de l'Empereur qu'il a comparé aux dieux, le poète commence son plaidoyer.

CONFIRMATION (v. 29-206). — Ovide est digne de la clémence impériale.

A. *Allusions mythologiques à la clémence de Jupiter* (v. 30-50). — Le dieu aurait bientôt fait d'épuiser ses foudres, s'il les lançait contre tous les coupables. L'Empereur, qui est son délégué sur la terre, doit se montrer clément. Il l'est en effet : tout le monde connaît cette clémence d'Auguste qui s'est exercée sur des conjurés, des criminels de lèse-majesté.

---

1. Ehwald, *Ad historiam carminum Ovidianorum recensionemque symbolae*, pars II (*Programm des herzoglichen Gymnasium Ernestinum zu Gotha*), Gotha, 1892, p. 17-22.

B. *Défense d'Ovide* (v. 51-76). — La cause du poète est bien meilleure que celle de tous ces coupables à qui il a été pardonné. Ovide n'a jamais conspiré, il a fait des vers en l'honneur d'Auguste. Ces vers n'ajoutent rien à la gloire de l'Empereur, mais ils témoignent du dévouement religieux du poète au prince, délégué de Jupiter parmi les hommes.

C. *Circonstances atténuantes* (v. 77-102). — Les poèmes érotiques d'Ovide méritaient une punition. Mais que dire de l'ennemi perfide qui les a dénoncés et attaqués auprès de l'Empereur ? Qu'Auguste se souvienne de l'amitié qu'il daignait accorder au chevalier romain Ovide.

D. *Aveux ; désespoir du coupable* (v. 103-140). — C'est avec un habile usage des mœurs oratoires que l'exilé s'accuse d'avoir vu ce qu'il ne devait pas voir. Cette indiscrétion imprudente a eu pour conséquence la ruine de sa maison qui, si elle n'était pas illustre, était du moins ancienne et connue par des siècles d'existence utile et honorable.

E. *Remerciements à Auguste pour ce qu'il a déjà fait. Demande d'une grâce plus complète* (v. 141-206). — La clémence de l'Empereur a épargné au coupable, qui se repent, la mort ou l'exil et la confiscation des biens, qui en est la conséquence. Auguste s'est contenté de le condamner à la relégation. Qu'il mette le comble à ses bontés en reléguant le poète dans une partie du monde moins inhospitalière. — Description déclamatoire du climat, des populations barbares, riveraines du Danube. Ces sauvages peuvent faire d'Ovide leur captif. Convient-il à l'Empereur de tolérer cette chance de disgrâce indigne pour un *relegatus*, qui reste toujours *civis Romanus Latio de sanguine natus ?*

Réfutation (v. 207-572). — Ovide ne demande qu'une atténuation de peine. L'Empereur, qui est si bon, peut pardonner à un citoyen qui n'est que relégué ; sans se déjuger, l'Empereur peut le sauver.

Quelle est donc la valeur des griefs qui ont fait condamner Ovide ?

Il y a deux chefs d'accusation.

A. Une cause secrète (v. 207-210). — C'est une offense involontaire. Personne ne la connaît bien ; il est donc permis à Auguste de l'oublier.

B. La cause avouée, c'est la licence des *carmina amatoria* (v. 211-572). Ici commence une défense adroite et subtile, tout à fait digne de l'école de déclamation. Ces poèmes d'amour ne sont pas destinés à tous les lecteurs, surtout à toutes les lectrices. Pour ne pas être choquées, les matrones n'ont qu'à ne pas lire l'*Art d'aimer* qui est écrit, non pour les honnêtes femmes, mais pour les courtisanes (*scripta solis meretricibus Arte*). D'ailleurs, la mythologie, qui ne fait pas rougir les matrones, offre bien des sujets scabreux. — Et, justifiant les reproches de Sénèque qui l'accuse de ne pas savoir s'arrêter à temps dans ses développements, Ovide s'attarde à des plaisanteries déplacées qui nuisent plutôt à sa défense. — Mais voici une longue justification fondée sur l'histoire littéraire et beaucoup plus utile à la cause du poète (v. 313-572).

Dans quel poème ne trouve-t-on pas des épisodes d'amour coupable? l'*Iliade*, l'*Odyssée*, la tragédie, la comédie abondent en immoralités. C'est une revue très complète, très documentée et très spirituelle, qui commence à Homère pour ne finir qu'à Properce et à Tibulle. Seuls, les poètes vivants sont omis par convenance (v. 467 :... *praestantia candor Nomina vivorum dissimulare jubet*). Aucun auteur n'a été puni pour des œuvres semblables à celles d'Ovide. Que dire d'ouvrages moins littéraires, bien plus coupables que l'*Art d'aimer* ou les *Amours*, de ces mimes obscènes, de ces ballets scandaleux qui n'ont jamais attiré le moindre désagrément à ceux qui les ont composés? Par contre, en même temps que ces poésies légères, Ovide n'a-t-il pas publié des œuvres sérieuses, une épopée nationale, les *Métamorphoses*, où l'Empereur reçoit des éloges dignes de lui, où le sentiment patriotique est exalté?

Péroraison (v. 573-578). — Comme conclusion à ces divers développements, qui sont reliés par les formules de transition le plus en honneur dans la rhétorique de l'école, le poète des *Tristes* termine par une rapide péroraison où il démontre que tous les arguments qu'il a exposés militent, sinon pour sa grâce entière, tout au moins pour une relégation plus douce.

Ce poème est la dernière *suasoria* d'Ovide; le vétéran de rhétorique qui la composa avait environ soixante ans. Rédigée en prose et déclamée dans

une séance de l'école, elle aurait eu un grand succès; lue telle qu'elle a été écrite en vers élégiaques
dans quelque réunion de *recitationes publicae*, elle
aurait rallié les suffrages des critiques les plus
sévères. Adressée à Auguste, la *suasoria* poétique
ne persuada pas l'Empereur; Ovide, qui devait
mourir en exil, put se convaincre, un peu tard, que
la déclamation en prose et en vers ne réussit qu'à
l'école des rhéteurs et dans les cénacles de lettrés.

CHAPITRE V

Si Ovide est resté toute sa vie le disciple fidèle des rhéteurs, il ne s'est pas attardé dans leurs écoles. Il n'appartient pas à la génération de Mela, ce fils de Sénèque l'Ancien qui ne voulut jamais sortir de la classe de rhétorique, pas même pour aborder les tribunaux ; il n'appartient pas à la génération de Juvénal qui ne cessa de déclamer en prose à l'école vers la cinquantième année, que pour recommencer à déclamer en vers dans ses *Satires*. Ovide ne tenait pas à devenir un avocat ; son père ne voulait pas faire de lui un rhéteur de profession. Il n'y avait donc aucune raison pour que l'excellent élève, arrivé à l'âge de dix-huit ans, prolongeât son séjour dans les classes. Il avait suivi ses cours de rhétorique, il avait déclamé avec succès des *controversiae* devant Arellius Fuscus ; auditeur attentif de Porcius Latro, il avait longtemps écouté avec fruit les déclamations du maître. L'école ne pouvait plus rien lui apprendre. Le père et le fils étaient d'accord pour reconnaître que le temps venait de quitter les rhéteurs ; mais le désaccord s'élevait entre eux, quand il s'agissait de décider ce que deviendrait l'étudiant, ses études terminées.

Sénèque ne nous dit pas si c'est pendant qu'il était écolier qu'Ovide refaisait les vers de Varron de l'Atax ; mais Ovide confesse lui-même qu'il écrivait déjà des vers et qu'il avait l'ambition d'être poète.

Le descendant de la vieille famille de chevaliers provinciaux avait la prétention nouvelle à son époque et dans son milieu de n'être qu'un littérateur. Ce souci d'une vie consacrée uniquement à la poésie est un des caractères de l'alexandrinisme. Sophocle avait été stratège et Thucydide avait servi pendant la guerre du Péloponèse ; non seulement les orateurs, mais les poètes eux-mêmes d'Athènes, étaient des hommes d'action qui se mêlaient à la vie politique : les poètes et les savants du Musée ne sont que des poètes et des savants.

A Rome, jusqu'à la fin de la République, jusqu'à la génération de Cicéron, de César et de Varron, tous les lettrés qui ne sont pas des esclaves ou des affranchis usent du privilège, qui leur est donné par leur condition sociale, de prendre part aux affaires de l'État. Les plus anciens littérateurs n'étaient pas des citoyens. Le fondateur de la poésie latine, Livius Andronicus, prisonnier de guerre après la ruine de Tarente, sa patrie, est l'esclave, puis l'affranchi d'un membre de la *gens Livia*. Naevius, originaire de Campanie, est de condition libre, mais

il n'est pas citoyen romain, et les Metellus peuvent
le faire emprisonner et exiler. Plaute est un Om-
brien de basse naissance, qui doit exercer des métiers serviles pour gagner sa vie. Ennius est, au
sens du xviie siècle, le « domestique » des Scipions :
il se peint lui-même, quand il fait le portrait du
bon client, humble et modeste[1]. Caecilius et Térence
sont d'anciens esclaves affranchis.

Depuis M. Porcius Cato, qui compose son ouvrage
historique, *Les Origines*, et son traité *De l'Agriculture*, tout en méprisant profondément les littérateurs
de profession, jusqu'à M. Terentius Varro, le fécond
polygraphe qui écrit à peu près sur tous les sujets
pour se distraire de ses multiples soucis de sénateur
influent qui doit intervenir activement dans toutes les
affaires de la République et qui est mêlé aux luttes de
la guerre civile, les citoyens romains qui cultivent
les lettres sont beaucoup plus hommes politiques
que poètes, historiens, orateurs, philosophes ou
philologues.

Ovide ne voudra être que poète ; il affectera de
mépriser ce *cursus honorum* de l'ordre équestre,
que sa naissance lui aurait donné le droit de suivre.
Les mêmes dédains à l'endroit de la vie active et
de la politique reparaîtront en France, au moment
de la Renaissance, qui est la manifestation d'un
véritable alexandrinisme. Joinville, Villehardouin,
Commynes, Montluc avaient tous été des hommes
d'action ; avec Ronsard naît l'homme de lettres, le
poète alexandrin, qui est placé par l'admiration de

---

1. Aulu-Gelle, *Noct. Attic.*, XII, IV.

Charles IX au-dessus de l'homme de guerre et du roi lui-même :

> L'art de faire des vers, deust-on s'en indigner,
> Doit estre à plus haut prix que celuy de régner.
> Tous deux également nous portons des couronnes,
> Mais, roy, je la reçus ; poëte, tu la donnes.

Ces éloges auraient été facilement agréés par Ovide, « l'homme des générations nouvelles[1] ». En effet, au moment où l'élève des rhéteurs voit dans le culte des lettres le seul but d'une vie intelligente, une profonde transformation vient de se produire dans le monde romain à la suite des guerres civiles. Épuisée par ces luttes désastreuses où les meilleurs citoyens ont péri, la société n'a plus que la passion du repos, l'avidité de jouir en paix des loisirs qu'Auguste, ce dieu sauveur, a donnés à Rome par la victoire d'Actium. Le jeune Romain ne tient plus à suivre la carrière politique ; il évite les fonctions publiques, qui sont mesquines ou dangereuses. Horace parle des jeunes hommes de son temps, efféminés par les habitudes grecques, lassés facilement par les exercices guerriers dignes d'un vrai Romain[2]. Properce en fait l'aveu : « Je ne suis pas né avec des dispositions pour la gloire et le métier des armes[3]. » Ovide explique les motifs de son aversion pour toute carrière active :

C'était un fardeau trop lourd pour mes forces ; mon corps

---

1. Jullien, *Les Professeurs de Littérature dans l'ancienne Rome*, p. 107.
2. Horace, *Satires*, II, ii, v. 10 : ... *Romana fatigat Militia assuetum graecari*.
3. Properce, I, vi, v. 29 : *Non ego sum laudi, non natus idoneus armis*.

ne pouvait supporter ces labeurs; mon âme n'y était pas disposée. Je fuyais l'ambition qui cause tant de soucis. Et les sœurs d'Aonie me conseillaient de rechercher la sécurité de ces loisirs qui furent toujours si chers à mon goût[1].

Les lettres devenaient l'occupation de tous; l'activité littéraire était l'activité dominante; savants et ignorants, confondus dans un même zèle, écrivaient des poèmes[2]. Auguste aidait par tous les moyens les hommes de talent qui honoraient son siècle[3]; quant aux ignorants que la mode poussait à versifier au hasard, le gouvernement impérial se gardait bien de gêner cette inoffensive manie, si utile à sa politique.

Au commencement de l'Empire, si les gens de lettres ne sont plus des affranchis comme Livius Andronicus, Caecilius et Térence, ce sont toujours des provinciaux d'humble condition, comme Naevius Ennius et Plaute. Horace se vante d'avoir pour père un fils d'affranchi; Virgile était fils d'un homme de basse extraction qui était potier, appariteur ou paysan; Properce appartenait à une famille aisée, mais plébéienne[4]. Ovide et son ami Tibulle sont les premiers descendants de familles équestres de province, qui, au lieu de courir la carrière des honneurs à l'exemple de Cicéron, le fils des chevaliers d'Arpinum, se soient voués au culte alexandrin de la poésie, sans unir la vie politique à la vie littéraire.

1. *Tristes*, IV, x, v. 36-40.
2. Horace, *Epîtres*, II, I, v. 117 : *Scribimus indocti doctique poemata passim*.
3. Suétone, *Auguste*, LXXXIX : *Ingenia saeculi sui omnibus modis* [Octavius] *fovit*.
4. F. Plessis (*Etudes critiques sur Properce*, p. 239) a détruit définitivement la légende qui faisait de Properce le descendant d'une famille de l'ordre équestre.

On comprend que le père d'Ovide, ce chevalier qui vivait retiré au fond de sa province à Sulmone, ait fait tous ses efforts pour détourner son fils de cette voie nouvelle, et sans doute dangereuse, où il voulait s'engager. Il se rappelait que les poètes les plus illustres dont la gloire était parvenue dans le pays des Péligniens avaient dû, pour vivre, se faire les « domestiques » des grands. Lucrèce n'avait-il pas dédié son poème à son protecteur Memmius, que le poète Catulle avait accompagné en Bithynie, dans l'espoir de retirer de ce voyage officiel quelques avantages matériels? D'autre part, le culte de la poésie ne rapportait aucun profit à des lettrés amateurs beaucoup plus riches que les chevaliers de Sulmone, C. Asinius Pollio, le poète tragique, et M. Valerius Messalla, l'helléniste archéologue.

Ovide nous répète les conseils de son père et nous dit les vains efforts qu'il faisait lui-même pour tâcher de les suivre :

N'étant encore qu'un enfant, je me plaisais aux divins mystères de la poésie, et la Muse m'entraînait secrètement à son œuvre. Souvent, mon père me dit : « Pourquoi tenter d'inutiles études? Homère lui-même, le poète de Méonie, n'a laissé aucune fortune [1].

Ovide ne contredit pas son père : poète, il constatera dans l'*Art d'aimer* que les femmes font plus de cas de la richesse que de la poésie :

Malheur à moi, les vers ne jouissent pas de beaucoup de

____

1. *Tristes*, IV, x, v. 19-22.

crédit. On leur donne des éloges, mais on réclame de grands présents. Pourvu qu'il soit riche, le rustre lui-même plaît. L'âge où nous vivons est, en vérité, l'âge d'or. Grâce à l'or viennent les plus grands honneurs; avec l'or, on se concilie l'amour. Homère, tu aurais beau te présenter toi-même, accompagné des Muses, si tu n'apportais rien, on te mettrait à la porte, Homère [1].

Étudiant épris de poésie, il écoutait docilement les paroles de son père; mais c'est en vain qu'il essayait de renoncer à composer des vers :

Emu par les paroles de mon père, j'abandonnais l'Hélicon tout entier, je m'efforçais d'assembler des mots privés de rythme. De lui-même un poème venait, se pliant à la mesure nécessaire, et tout ce que je tentais de dire était en vers [2].

La petite scène esquissée par Ovide semble avoir servi de modèle à des amplifications de Ronsard et de Régnier, qui rapportent l'un et l'autre le texte

1. *Art d'aimer*, II, v. 274-280.
2. *Tristes*, IV, x, v. 23-26. — Ce passage a servi de point de départ à toute une légende qui se retrouve dans une *Vie d'Ovide* (Paris, 1809, p. ix), publiée par Villenave, auteur d'une traduction française des *Métamorphoses* (Paris, Didot, 1805, 4 vol.): « On rapporte même qu'il [le père d'Ovide] ne s'étoit pas toujours borné à d'inutiles remontrances; mais tel fut l'ascendant du génie sur un foible enfant, que, tandis qu'on le châtioit, il demandoit grâce en promettant en vers de ne plus faire des vers : *Parce mihi; nunquam versificabo, pater.* » Dans un long développement déclamatoire et vide, où se trouvent accumulées toutes les erreurs possibles sur la biographie d'Ovide, — ce morceau de rhétorique a été encore publié sous le titre d'*Ovide et la Poésie amoureuse* en tête d'une traduction des *Amours* (Paris, Garnier, 1894), — Jules Janin répète: « Poète, il s'abandonna de tout son génie à la poésie, à son charme, à sa passion. *O mon père*, écrivait-il, *j'obéis, je renonce à l'art des vers !* Il disait cela en bonne prose, il le croyait du moins, mais chassez le naturel... Sa prose était un vers : *Parce mihi, nunquam versificabo, pater !...* » J'ignore l'origine de ce pentamètre. Le verbe *versifico* n'appartient pas au vocabulaire d'Ovide et des poètes du siècle d'Auguste.

des discours de leurs pères et constatent l'inutilité
des conseils prodigués aux jeunes poètes.

Ronsard est prié, blâmé, menacé :

> Je fus souventes-fois retansé de mon pere,
> Voyant que j'aimois trop les deux filles d'Homere...
> Il me disoit ainsi : « Pauvre sot, tu t'amuses
> A courtiser en vain Apollon et les Muses !...
> Laisse ce froid mestier qui ne pousse en avant
> Celuy qui par sus tous y est le plus sçavant ;
> Mais avec sa fureur qu'il appelle divine,
> Tout seul se laisse errer, accueilly de famine.
> Homere, que tu tiens si souvent en tes mains,
> Que dans ton cerveau creux comme un dieu tu te peins,
> N'eut jamais un liard ; si bien que sa vielle
> Et sa Muse qu'on dit qui eut la voix si belle
> Ne le sceurent nourrir, et falloit que sa faim
> D'huis en huis mendiast le miserable pain.
> Laisse-moy, pauvre sot, ceste science folle ;
> Hante-moy les palais, caresse-moy Bartolle,
> Et d'une voix dorée, au milieu d'un parquet,
> Aux depens d'un pauvre homme, exerce ton caquet...
> Pour menace ou priere ou courtoise requeste
> Que mon pere me fist, il ne sceut de ma teste
> Oster la poësie ; et plus il me tansoit,
> Plus à faire des vers la fureur me poussoit [1].....

Régnier se repent de ne pas avoir suivi les cours
de droit ou de médecine :

> ..... Si j'euse estudié
> Jeune, laborieux, sur un banc à l'écolle
> Galien, Hipocrate, ou Jason, ou Bartolle,
> Une cornette au col, debout dans un parquet,
> A tort et à travers je vendrois mon caquet...

1. Ronsard, *Les Poèmes*, livre II. A Pierre L'Escot (édition Blanchemain, t. VI, p. 189).

Son père, cependant, a pris tous les moyens, surtout les plus brutaux, de décourager un jeune homme que la gloire et la haute situation de son oncle, le poète Desportes, excitaient à la poésie :

> Et, bien que jeune enfant mon père me tansast
> Et de verges souvent mes chansons menassast,
> Me disant de despit et bouffy de colere :
> « Badin, quitte ces vers, et que penses-tu faire ?
> La Muse est inutile, et si ton oncle a sceu
> S'avancer par cet art, tu t'y verras deceu... »
> Ainsi me tansoit-il d'une parole esmeue ;
> Mais, comme en se tournant je le perdoys de veue,
> Je perdys la memoire avecque ses discours,
> Et, resveur, m'esgaroy tout seul par les destours
> Des antres et des bois affreux et solitaires
> Où la Muse, en dormant, m'enseignoit ses misteres... [1]

Ovide nous fournit très peu de renseignements sur son père, ce chevalier provincial qui était resté à Sulmone, en s'inquiétant de faire donner à Rome une bonne éducation à ses enfants. Mais nous ne nous le représentons pas grondeur comme le père de Ronsard, bouffi de colère comme le père de Régnier.

Le père impitoyable, si fréquent dans l'ancienne société romaine, n'existe plus au temps d'Ovide. Le grand nom de *pater famillias*, qui « contenait jadis en lui, non pas l'idée de paternité, mais celle de puissance, d'autorité, de justice, de dignité majestueuse [2] », avait beaucoup perdu de son sens très fort. Depuis longtemps, on n'admirait plus Brutus

---

1. Régnier, *Satire*, iv.
2. Fustel de Coulanges, *La Cité antique*, 7e édit., Paris, 1878, p. 98.

livrant au bourreau ses fils convaincus de trahison envers la patrie, et Manlius, le consul de la première Guerre Latine, faisant décapiter son fils, coupable d'avoir vaincu les ennemis contrairement à l'ordre paternel. Caton le Censeur est le dernier Romain, fidèle aux vieilles mœurs, qui se félicite d'avoir été tenu par son père, pendant toute sa jeunesse, loin de Rome, « menant une vie économe, dure, laborieuse, cultivant les rochers de la Sabine, défrichant et ensemençant un sol de cailloux[1] ». En l'an 81 avant Jésus-Christ, cette vie à la campagne était regardée comme un exil ; et les accusateurs de Roscius d'Amérie, le client de Cicéron, pouvaient, sans indigner personne, expliquer le prétendu parricide du jeune homme en soutenant que Roscius le père s'était attiré la haine de son fils, parce qu'il le faisait vivre à la campagne, non en travailleur de la terre comme Caton, mais en administrateur de riches domaines dont une partie des revenus lui était attribuée.

La comédie mondaine de Térence avait ruiné dans les hautes classes tout respect de l'ancienne discipline romaine. Les Scipions, les Laelius, les amis et les auditeurs lettrés du poète applaudissaient la leçon morale des *Adelphes* et, riaient des résultats mauvais de cette éducation surannée que Déméa avait prétendu imposer à Ctésiphon, élevé à la campagne suivant la discipline des ancêtres, travaillant la terre, privé de tous les plaisirs de la

---

1. Meyer et Dübner, *Oratorum Romanorum Fragmenta*, Paris, 1837, p. 169 : *Cato de suis virtutibus contra Thermum.*

ville. On trouvait tout naturel que l'*Heautontimo-rumenos*, le père de famille coupable d'avoir, par ses sévérités, réduit son fils à s'enfuir de la maison, se condamnât, en expiation, à travailler la terre comme le dernier de ses propres esclaves. Plus tard, dans l'*Epithalame de Thétis et de Pélée*, Catulle avait montré Égée se tuant, parce qu'il croyait à la mort de son fils Thésée, qu'il aimait d'une affection toute maternelle. Enfin, un personnage de cette *Énéide* que Virgile composait alors qu'Ovide était à l'école des rhéteurs, Évandre pleurait son fils Pallas avec une tendresse passionnée que les pères, dans l'*Iliade*, Priam et Nestor, n'avaient pas eue pour leurs fils morts, Hector et Antiloque.

Le père d'Ovide voulait détourner son fils de la carrière poétique. C'est une idée naturelle à tous les pères de toutes les époques : on ne connaît guère que le père de Chapelain qui ait voulu consacrer à la poésie dès l'enfance — on sait avec quel succès — le futur chantre de la *Pucelle*. Le père d'Ovide voulait faire de son fils un avocat, un orateur à qui l'éloquence ouvrirait le *cursus honorum*. Les pères, encore aujourd'hui, sont nombreux qui croient fermement que l'école de droit — qui a remplacé l'école de déclamation — conduit à tout ; et les fils ne sont pas moins nombreux qui tiennent à s'évader le plus tôt possible de l'école de droit pour se consacrer tout entiers aux lettres.

Le chevalier de Sulmone n'était pas assurément un ennemi de la culture intellectuelle, puisqu'il

avait fait instruire ses fils par les maîtres les plus
en renom. C'était, apparemment, un de ces provinciaux instruits, mais un peu arriérés, qui en
étaient restés aux idées contemporaines de Cicéron.
Il admettait que les études purement littéraires et
poétiques ne sont qu'un moyen et non une fin,
que l'on apprend l'art des vers, non pour devenir
poète de profession, mais pour s'assouplir l'esprit,
en vue des futures études d'éloquence et de droit,
la fin dernière de l'éducation romaine au siècle
d'Hortensius et de Cicéron. Il devait répéter, comme
le Laelius du *De Re Publica :* « Quant à ces études
littéraires, si elles ont quelque valeur, ce ne peut
être que pour aiguiser, que pour exciter en quelque
sorte l'esprit des jeunes gens, afin de les rendre
plus facilement capables d'études d'une importance
majeure[1]. »

Le père du jeune poète devait rêver pour son
fils la haute fortune de Cicéron, cette gloire de la
famille des chevaliers d'Arpinum. Ovide pouvait
opposer aux théories de son père des arguments
victorieux : était-il possible à un jeune homme né
en pleine guerre de Modène, entrant dans la vie
politique sous le principat d'Auguste, de suivre la
même carrière que l'*homo novus* qui avait commencé
à briguer les charges après la fin de la tyrannie de
Sylla, alors que la République s'ouvrait aux jeunes
ambitions, actives et intelligentes ?

Il est probable que le père se rendit aux objec-

---

1. Cicéron, *De Re Publica,* I, xviii, 30: *Istae quidem artes, si
modo aliquid valent, id valent ut paulum acuant et tanquam irri-
tent ingenia puerorum, quo facilius possint majora discere.*

tions du jeune candidat à la gloire littéraire. Enfant,
Ovide n'avait pas été retenu dans la campagne
paternelle de Sulmone, comme Caton le Censeur,
qui avait dû passer sa jeunesse à labourer les
cailloux de la Sabine; adolescent, il ne fut pas
contraint davantage de prolonger inutilement son
séjour à l'école de rhétorique, où il ne voulait pas
compléter son éducation oratoire pour devenir
avocat. L'étudiant comprenait qu'il n'était pas
encore en âge, au sortir de l'école, pour faire ses
débuts dans la société littéraire et mondaine. Le
père, de son côté, savait que son fils n'avait pas
encore l'âge requis pour entrer dans la carrière
des honneurs où il désirait le pousser. Un emploi
naturel s'offrait pour le temps qui devait s'écouler
entre la sortie de l'école et l'entrée, soit dans la
vie mondaine et littéraire qui était l'idéal du fils,
soit dans la carrière administrative qui était l'ambition du père : à la fin de la République et au
commencement de l'Empire, le voyage à Athènes
complétait l'éducation des jeunes Romains de
bonne famille.

Ovide ne se refusa pas à quitter Rome pour
Athènes et l'Hellade, la patrie de ces poètes grecs
dont il espérait devenir le rival latin.

CHAPITRE VI

Au temps où l'école de Rhodes, fondée par Eschine, brillait encore de tout son éclat, le jeune Romain, qui avait déjà étudié la pratique de l'éloquence, allait se perfectionner dans les théories de l'art de bien dire auprès des successeurs du rival de Démosthène[1].

Cicéron fit, dans des circonstances particulières, le voyage traditionnel de Rhodes, après s'être arrêté à Athènes, ce qui était une innovation. C'était en 79 : âgé de vingt-huit ans, il avait déjà plaidé plusieurs causes. Ce n'était pas seulement un but littéraire, mais aussi la crainte de la vengeance de Sylla, qui entraînait loin de Rome le défenseur de Roscius d'Amérie. Avant de passer à Rhodes et en Asie, Cicéron s'arrêta six mois à Athènes où il

---

1. Cicéron, *Brutus*, XLI, 151 : *Rhodum ille* [Servius Sulpicius] *profectus est, quo melior esset et doctior.*

s'occupa de philosophie avec Antiochus, philosophe de la vieille Académie, et d'éloquence avec le rhéteur Démétrius [1].

En 79, Athènes, qui, à l'époque de Périclès, avait été l'école de toute la Grèce [2], restait encore l'école du monde civilisé, le sanctuaire de toute culture intellectuelle [3], quoique les maîtres illustres lui fissent défaut. Un des interlocuteurs des dialogues *De Oratore*, dont l'action est censée avoir lieu en 91, pouvait dire avec raison :

A Athènes, dès longtemps, toute l'éducation littéraire des Athéniens eux-mêmes est morte ; il ne reste plus dans cette ville que le domicile de savantes études dont les habitants se désintéressent, mais dont jouissent les étrangers, que séduit en quelque sorte le nom illustre et autorisé d'Athènes [4].

L'ombre de ce grand nom inspirait aux lettrés un respect religieux qui a maîtrisé avec persistance l'âme romaine. Vers l'an 108 de l'ère chrétienne, Pline le Jeune écrivait encore à un de ses amis, Maximus, *vir praetorius*, chargé d'une mission extraordinaire auprès des villes d'Achaïe :

Rappelle-toi que ta mission te désigne pour l'Achaïe, c'est-à-dire pour la véritable Grèce, la Grèce toute pure, où, selon l'opinion commune, la politesse, les lettres, l'agriculture elle-même ont pris naissance... Respecte les dieux qui ont fondé la Grèce, vénère les noms mêmes de ces dieux. Respecte l'ancienne gloire, la vieillesse elle-même de cette nation :

---

1. Cicéron. *Brutus*, xci, 315.
2 Thucydide, II, xli.
3 *Brutus*, xcvii, 332 : *Domus est semper habita doctrinae.*
4. Cicéron, *De Oratore*, III, xi, 43.

vénérable chez les hommes, la vieillesse des villes est sacrée. Rends honneur à l'antiquité, aux souvenirs héroïques, aux légendes mêmes... Souviens-toi que c'est à Athènes que tu vas, à Lacédémone que tu établiras le siège de ton administration : Athènes, Lacédémone, deux villes auxquelles tu ne pourrais arracher l'ombre et le vain nom de liberté qui leur restent, sans faire preuve d'inhumanité, de férocité, de barbarie [1].

Au moment où Ovide quittait l'école de déclamation, le pieux pèlerinage vers la patrie de la civilisation, et surtout vers la ville par excellence de l'art et des lettres, était la consécration indispensable des études classiques d'un jeune homme de bonne famille. Il fallait, comme dit Horace, qui fit ce pèlerinage, que la bienfaisante Athènes ajoutât quelque chose à l'éducation reçue à Rome [2].

Parmi les poètes du siècle d'Auguste, nous ne connaissons guère que Virgile et Properce qui n'aient pas fait à Athènes leur voyage d'études. La guerre, sans doute, empêcha Virgile de quitter l'Italie : il se contenta d'aller aux écoles de Naples, qui était la ville la plus littéraire de la Grande-Grèce. La ruine de sa famille interdit à Properce de faire un séjour à Athènes [3]. Quoique médiocre, la fortune paternelle permit à Ovide le voyage traditionnel. « Jadis, dit-il, dans les *Tristes* [4], je me suis dirigé en étudiant vers Athènes. » L'autobiographie qui se trouve dans la dixième *Élégie* du livre IV des *Tristes* ne nous donne aucun renseignement

----

1. Pline le Jeune, *Lettres*, VIII, xxiv.
2. Horace, *Épîtres*, II, ii, v. 43.
3. Plessis, *Études critiques sur Properce*, p. 240.
4. *Tristes*, I, ii, v. 77 : ... *quondam petii studiosus Athenas.*

sur la date du départ d'Ovide : il est permis de supposer que c'est vers l'âge de dix-huit ans que l'élève
des rhéteurs partit pour la Grèce.

Depuis que la *pax Romana* faisait régner la
sécurité dans toute l'étendue du monde soumis à
l'Empire, les voyages étaient devenus aussi fréquents que commodes. Il était beaucoup plus facile
à un citoyen romain, sous le principat d'Auguste,
d'aller de Rome en Asie ou en Gaule qu'il ne le sera
à Mme de Sévigné, sous le règne de Louis XIV, de
se rendre de Paris à sa terre de Bretagne. A la
fin de la République, la mer était libre de pirates,
grâce à Pompée ; le réseau des routes était bien
entretenu. César ne mettait que huit jours pour
aller de Rome aux bords du Rhône. Quand les
troubles civils furent apaisés, les routes de terre
redevinrent sûres et des services réguliers de navires
remirent les ports d'Italie en communication rapide
avec ceux du reste du monde.

Les voyages sur mer se faisaient pendant le printemps, l'été et les beaux jours de l'automne. A
l'époque d'Auguste, alors que les cultes étrangers
avaient déjà envahi le monde romain, la période
propice à la navigation était inaugurée par une cérémonie curieuse, le *Navigium Isis*, que l'on célébrait
le 5 mars, dans tous les ports de la Méditerranée[1].
Dès l'aube du jour, à la lueur des flambeaux, au
chant des hymnes mystiques, au son strident des
sistres et des tympans, au bruit éclatant des longues
trompettes droites, la procession des habitants en

---

1. Apulée (*Métamorphoses*, XI, v-vi) donne une description détaillée
de cette cérémonie.

vêtements de fête, et des serviteurs, portant les attributs et les images des dieux, descendait solennellement vers le port. En commémoration des voyages que la déesse égyptienne Isis avait faits à la recherche de son époux Osiris disparu, le grand-prêtre consacrait à Isis et lançait à la mer, après l'avoir arrosée de libations de lait, une barque (*navigium*) peinte à la mode égyptienne, chargée d'ornements et de marchandises. Quand la barque avait disparu à l'horizon, on déclarait la navigation ouverte. Elle se fermait le 11 novembre. Dès que les brumes de la fin de l'automne s'étendaient sur la mer, les navires se hâtaient de rentrer vers leurs ports d'armement; s'ils en étaient trop éloignés, on les tirait à sec sur quelque rivage étranger. Le moment était venu où la mer *prenait ses quartiers d'hiver*[1].

Pendant la saison des tempêtes hivernales, on ne voyageait sur mer que si des causes impérieuses le commandaient. A la fin de sa vie, Ovide a connu cette nécessité de s'embarquer en hiver sur les mers tempêtueuses. Il rappelle, dans les *Tristes*[2], qu'un ordre imprévu de relégation le força de s'exiler en Scythie au milieu des rigueurs de décembre.

Mais, en 25 avant Jésus-Christ, quand le jeune Ovide, heureux lauréat des écoles de déclamation, se préparait à un voyage d'études et de plaisirs, il pouvait choisir le moment de son départ. C'est au

<hr>

1. *Hiemat mare* (Horace, *Satires*, II, ii, v. 17; Pline l'Ancien, *Histoire Naturelle*, II, xi.vii, 125, etc.). ‘Η θάλασσα χειμάζει. — Les mots *hiems* et χειμών signifient à la fois *la tempête* et *l'hiver*.
2. *Tristes*, I, xi.

printemps ou en été qu'il se mit en route. On faisait par voie de terre la première partie du voyage, de Rome à Brindes, où l'on s'embarquait sur la mer Adriatique. C'était un trajet de 360 milles (533 kilomètres), qui durait de cinq à dix jours, suivant les moyens de transport dont on pouvait disposer. Dans un de ses poèmes écrits en exil, où il s'adresse à ses distiques élégiaques qui vont lentement, d'un pied inégal[1], Ovide leur dit :

Quand vous aurez franchi les plaines glacées de la Thrace, le Mont-Hémus, couvert de nuages, et les flots de la mer d'Ionie, en moins de dix jours vous parviendrez à la ville maîtresse du monde, à supposer même que vous vous soyez bien peu hâtés dans votre marche[2].

Nous connaissons par Horace[3] les étapes du voyage de Rome à Brindes, que le poète satirique fit très lentement en douze journées.

Vêtus de leur costume de route, munis du long manteau (*paenula*) et du capuchon contre la pluie (*cucullus*), du large chapeau qui abrite du soleil (*petasus*), ceints de la *zona* où se trouve la bourse qui contient le *viaticum* en pièces d'or, les voyageurs sortent de Rome par la Voie Appienne, « la reine des longues voies[4] ». Construite de Rome à Capoue par

---

1. *Pontiques*, IV, v, v. 3 :.... *nec vos pedibus proceditis aequis.* — Ovide, par ce mauvais jeu de mots, fait allusion à l'inégalité de l'hexamètre et du pentamètre qui composent le distique élégiaque. Il avait déjà dit dans les *Amours* (III, i, v. 7-10) : « L'Élégie vint vers moi ; ses cheveux parfumés étaient noués avec art ; l'un de ses pieds, je crois bien, était plus long que l'autre ; sa beauté était décente, sa robe des plus légères, son visage celui d'une amante. Le défaut même de ses pieds lui donnait de la grâce. »
2. *Pontiques*, IV, v, v. 5-8.
3. Horace, *Satires*, I, v.
4. Stace, *Silves*, II, ii, v. 12 : *Appia longarum... regina viarum.*

le censeur Appius Claudius Caecus (312 av.
J.-C.), continuée par César de Capoue jusqu'à
Brindes, le grand port de l'Adriatique, au temps
d'Ovide, la *Via Appia*, large, très bien entretenue
par les soins d'un ingénieur spécial (*curator Viae
Appiae*), pavée de larges dalles jusqu'à la ville de
Capoue, cailloutée de Capoue à Brindes, mettait en
communication directe Rome avec la Grèce et
l'Orient : de Rome à Brindes, ses dalles ou ses cailloux étaient broyés par les roues des nombreuses
voitures qui la parcouraient[1].

On faisait généralement à pied la première étape,
de la porte Capène à la petite ville d'Aricie (16 milles
romains; 23 kilomètres), au milieu des monuments
funéraires qui bordaient des deux côtés la Voie
Appienne. Il est probable qu'Ovide s'arrêta dans la
petite ville consacrée à *Diana Aricia*, l'épouse
d'Hippolyte, fils de Thésée, ressuscité sous le nom
de Virbius, et qu'il alla visiter le lac fameux et le
bois voisin où se trouvait le sanctuaire du *Rex
Nemorensis* — le « prêtre de Nemi » de Renan —
cet esclave fugitif qui était le ministre de *Diana Aricia* jusqu'au jour où un autre esclave le tuait pour
lui succéder, comme il avait tué lui-même son pré-
décesseur.

Ovide, qui se fera l'historien de la légende d'Hip-
polyte-Virbius[2], se souvient peut-être de son voyage
de jeunesse, quand il décrit le sanctuaire de Diane
où, pendant les fortes chaleurs de l'été, les femmes
romaines vont en pèlerinage :

1. *Pontiques*, II, VII, v. 44.
2. *Métamorphoses*, XV, v. 487-546.

Dans la vallée d'Aricie, entouré d'une forêt épaisse, il est un lac, objet sacré d'un culte antique. C'est là que se tient caché Hippolyte, lui qui fut mis en pièces par la folie furieuse de ses chevaux : aussi l'accès de cette forêt n'est-il permis à aucun cheval. Des bandelettes sont suspendues comme un voile au long des buissons, et plus d'un tableau votif est placé en l'honneur de la déesse qui a mérité cet hommage. Souvent, ses prières exaucées, le front ceint d'une couronne, une femme y vient, portant depuis Rome des torches étincelantes. Le royaume de ces bois appartient à un homme aux mains robustes, aux pieds agiles. Pour régner, il a tué : à son exemple, c'est celui qui l'aura tué qui régnera après lui[1].

Les femmes qui allaient en pèlerinage au bois d'Aricie ne songeaient pas seulement aux cérémonies sacrées. Dans l'*Art d'aimer*, Ovide conseille aux jeunes gens qui cherchent aventure de fréquenter les environs du sanctuaire :

Voici dans les bois le temple de Diane Suburbaine et ce royaume qu'une main criminelle acquiert par la force du glaive. Comme la déesse est vierge, comme elle hait les traits de Cupidon, elle s'est plu à faire bien des blessures, elle se plaira à en faire bien d'autres[2].

Après avoir quitté Aricie, les voyageurs montent en voiture ; ou bien, de Forum Appii jusqu'à Feronia, ils peuvent prendre le bateau traîné par des mules, qui les conduit sur le canal de desséchement des Marais Pontins. Après avoir dépassé Terracine et le temple de Jupiter Anxur, la Voie Appienne passe entre des endroits célèbres, Formies et la villa de Cicéron, Minturnes et le marais où dut se cacher

1. *Fastes*, III, v. 263-272.
2. *Art d'aimer*, I, v. 259-262.

Marius proscrit ; elle touche à la mer Tyrrhénienne
devant Sinuesse, la dernière ville du Latium, et
pénètre en Campanie pour traverser le sud de l'Italie jusqu'au golfe de Tarente et jusqu'à la mer Adriatique. Quand il raconte, dans les *Métamorphoses*,
l'arrivée du navire qui amène le guérisseur Escu-
lape vers le Latium dévasté par la peste, Ovide
donne un souvenir à toutes ces localités où il avait
passé, alors qu'il commençait son voyage vers la
Grèce :

Le dieu passe en vue de Sinuesse, abondante en blanches
colombes, devant les marais de Minturnes aux miasmes fu-
nestes, devant Caïète où Énée ensevelit sa nourrice, devant
Formies, la ville d'Antiphate, devant Terracine qu'assiège un
marais[1].

En Campanie, la Voie Appienne passe par Capoue
et par Bénévent, descend les plaines du Samnium
jusqu'à Tarente, puis traverse en ligne droite jusqu'à Brindes les campagnes de Messapie où se trouvait jadis une grotte obscurcie par d'épais ombrages,
humide d'une légère rosée, mystérieuse retraite
des Nymphes[2].

Brindes était le terme d'un voyage de quelques
jours, facile pendant la belle saison, assez rapide
quand les voyageurs pouvaient faire les dépenses
nécessaires. Assurément, la route semblait pénible
aux pauvres gens qui allaient à pied, portant leurs
provisions, buvant l'eau des sources auprès desquelles ils s'arrêtaient pour leurs maigres repas,

1. *Métamorphoses*, XV, v. 715-717.
2. *Métamorphoses*, XIV, v. 513-516.

couchant à la belle étoile, enveloppés de deux manteaux, dont l'un servait de matelas et l'autre de couverture. L'excursion était commode pour les gens riches, étendus dans les confortables voitures de voyage où l'on pouvait lire, écrire, jouer aux dés, prendre les repas et dormir.

Les jeunes gens qui voyageaient en étudiants, comme Ovide, usaient simplement de voitures et de chevaux de louage. Ils s'arrêtaient pour manger et pour coucher dans les auberges, qui étaient généralement médiocres. Horace se plaint amèrement, du vacarme, de la fumée, des mauvaises odeurs, des puces et des punaises qui l'ont gêné dans les hôtelleries où il a fort mal dîné et où il lui a été impossible de dormir pendant son fameux voyage à Brindes. Mais il exagère, sans doute ; et d'ailleurs, à partir de Bénévent, il ne suivait plus la Voie Appienne. Les auberges de Villa Trivici, de Canusium, de Rubi, de Barium de Gnatia pouvaient être beaucoup plus médiocres que celles qui bordaient « la reine des longues voies ».

A Brindes, les navires en partance étaient toujours nombreux, pendant la saison de la navigation. C'était un mouvement, une animation, une vie intense sur ces quais encombrés de marchandises qu'on embarquait et qu'on débarquait, où s'agitaient des gens de tous les pays, vêtus de tous les costumes nationaux, s'interpellant dans toutes les langues.

De Brindes à Athènes, on avait le choix entre deux itinéraires. On pouvait passer à Dyrrachium en Illyrie : la traversée ne durait qu'un jour, si la mer était calme et le vent favorable[1] ; le gros temps l'allongeait du double[2]. Mais, de Dyrrachium à Athènes, le voyage était long et pénible par l'Illyrie, la Macédoine, la Thessalie, la Phocide et la Béotie, où l'on ne trouvait ni route bien entretenue, ni moyens réguliers de transport.

Aussi, le plus souvent, on allait de Brindes à Athènes par la voie de mer, moins pénible et moins longue. Quelquefois, on passait par le golfe de Corinthe : alors on débarquait à Léchée, port de Corinthe, au fond du golfe ; on traversait l'isthme et on se rembarquait à Cenchrées, l'autre port de Corinthe, sur le golfe Saronique. C'est ce que fit Ovide, quand il se dirigeait vers la Scythie où il était relégué. Après avoir traversé l'isthme resserré par deux mers, il prit à Cenchrées, port de Corinthe, son second vaisseau d'exil, qui fut le guide et le compagnon fidèle de sa fuite précipitée, jusqu'à Tempyra, port de Thrace[3].

On faisait aussi, très fréquemment, la circumnavigation du Péloponèse. Pour se rendre à Athènes, Ovide a probablement passé en vue du cap Ténare, de l'île de Cythère battue par les flots[4] ; de Malée, le promontoire creusé par des golfes dangereux[5] ; son navire a fait route parmi la plupart de ces Cyclades dont le poète devait rappeler les noms dans ses œuvres : Cimolos au sol crayeux, Siphnos, Oliaros, Paros, célèbre par ses marbres, l'humble Myconos,

---

1. Cicéron, *Epist. ad Atticum*, IV, I, 4.
2. Cicéron, *Epist. ad Familiares*, XVI, IX, 1.
3. *Tristes*, I, X et XI.
4. *Amours*, II, XVII, v. 4 : ... *fluctu pulsa Cythera*.
5. *Amours*, II, XVI, v. 24 : ... *vestros, curva Malea, sinus*.

l'opulente Syros, Cythnos, la plate Sériphos, Gyaros, Ténos, Andros[1], et l'île, séjour autrefois célèbre des Nymphes de Corycie, l'île entourée par les flots de la mer Égée, qui se nomme Céos[2]. Il a longé le cap Sunium, exposé aux flots, et il est parvenu à l'asile sûr offert par le golfe du Pirée[3].

Alors que la terre d'Attique apparaissait lointaine, le chœur d'*Œdipe à Colone* devait chanter dans la mémoire érudite d'Ovide : « O étranger, te voici dans un séjour qui est le plus délicieux de ceux de la terre habitée[4] » Le jeune étranger a-t-il pénétré au fond des verdoyantes vallées où gémissent en foule de mélodieux rossignols, habi-

---

1. *Métamorphoses*, VII, v. 463 et suiv. Catalogue des îles qui ont accordé ou refusé leur concours à Minos, roi de Crète, préparant la guerre contre Égée, roi d'Athènes. Enrico Cocchia (*La Geografia nelle Metamorfosi d'Ovidio*, Napoli, 1896, p. 9, note 2) fait remarquer que l'*humilis Myconos* des *Métamorphoses* était la *celsa Myconos* de l'*Énéide* (III, v. 76). Je suppose qu'Ovide, qui a visité la Grèce et les îles, avait ses raisons pour corriger Virgile. Myconos possède bien une montagne (Pline, *N. H.*, IV, xii, 22 : *Myconos cum monte Dimasto*); mais Benoist remarque avec raison que « les poètes appellent élevées même les îles basses, ne considérant que l'éminence qu'elles forment au-dessus de la mer » (note au vers 76 du livre III de l'*Énéide*). Ovide note l'aspect de l'île, tel qu'il l'a vu de la haute mer. — *Métamorphoses*, V, v. 251 et suiv. Iles de la mer Égée au-dessus desquelles passe Minerve qui se dirige sur un nuage de Sériphos à Thèbes en Béotie ; VII, v. 464, ... *planamque Seriphon*. « Improprio é anche l'appellativo di *plana* dato a Seriphos. » (Cocchia.) Cf. *Ciris*, v. 477 : ... *sementiferamque Seriphon* (Scaliger conjecture *serpentiferam*; d'autres critiques, *amomiferam*, ἄμωμον, plante odoriférante ; *salutiferam*, etc.). L'île de Sériphos n'était qu'un rocher nu (*saxo Seripho*, Tacite, *Annales*, IV, xxi), de petites dimensions (*parva Seripho*, Juvénal, *Satir.*, VI, v. 564 ; X, v. 170). Strabon constate que cette île est, de sa nature, fort rocailleuse (X, v, 10). — Vue de la haute mer, Sériphos apparaît *plana* aux yeux d'Ovide, qui ne distingue pas les aspérités des rochers peu élevés.

2. *Héroïdes*, XX, v. 221-222.

3. *Fastes*, IV, v. 563 : *Sunion expositum, Piraeaque tuta recessu*.

4. Sophocle, *Œdipe à Colone*, v. 668 et suiv.

tants du sombre lierre et du bois sacré de Dionysos? A-t-il parcouru les prairies où la rosée fait
fleurir le safran aux reflets dorés et le narcisse
aux belles grappes, antique couronne des deux
grandes déesses, Déméter et Perséphoné? S'est-il
assis à l'ombre de l'olivier au pâle feuillage, l'arbre
d'Athéné, la déesse aux grands yeux étincelants, ou
aux bords du Céphise, qui fournit une eau intaris-
sable dont le cours serpente à travers la plaine
qu'elle féconde?

Dans aucun de ses ouvrages, Ovide ne nous fait
confidence des impressions qu'il a ressenties à la
vue des paysages de l'Attique. D'ailleurs, on ne se
représente pas l'élève des déclamateurs, le futur
poète de l'*Art d'aimer*, ému de l'émotion religieuse
qui domine Renan faisant sa fameuse *prière sur
l'Acropole*; il n'est pas assez philosophe pour se
sentir, comme Sénèque, en présence de la divinité,
quand il s'enfonce dans un bois sacré, formé de
vieux arbres de haute futaie dont la masse touffue
cache la voûte des cieux[1]. On a remarqué avec
raison la différence profonde dans le sentiment de
la nature chez les anciens et chez les modernes.
C'est en notre XIXᵉ siècle que s'est développée et
exagérée cette passion descriptive des sites romantiques. Friedlaender le dit fort bien : « Ovide
vit Rome pour la dernière fois par un beau clair
de lune; or, tandis que tout poète moderne doué
comme lui n'eût pas manqué de s'arrêter à l'image
de la grande ville ainsi éclairée, c'est à peine si le

---

1. Sénèque, *Lettres à Lucilius*, XLI.

poète en fait la remarque en passant, lui qui n'en finit pas sur les larmes versées quand il prit congé des siens [1]. »

Les descriptions de l'Attique sont rares dans les œuvres d'Ovide. A propos de la légende de Céphale et de Procris, l'*Art d'aimer* donne un joli paysage de la campagne du Mont-Hymette :

Auprès des coteaux du Mont-Hymette, resplendissants de fleurs éclatantes, est une fontaine sacrée ; la terre amollie se recouvre d'un gazon vert. Une foule de petits arbres forment une forêt peu élevée ; l'herbe disparaît sous les arbustes ; le romarin, le laurier et le myrte sombre y confondent leurs parfums ; le buis touffu, les frêles tamarix, les minces cytises, les pins cultivés ne manquent pas au bocage. Aux douces haleines du zéphyre et de la brise salutaire, tous ces feuillages et le sommet des herbes frémissent légèrement [2].

Les *Métamorphoses* décrivent la broderie de Minerve, appelée à un concours inégal par la Lydienne Arachné, qui, dans son fol orgueil d'excellente ouvrière, a osé défier la déesse :

Pallas représente la colline consacrée à Mars dans l'enceinte fortifiée de Cécrops et l'antique débat qui s'éleva pour donner un nom au pays. Autour de Jupiter, les douze dieux du ciel, revêtus d'une auguste majesté, siègent sur des trônes élevés. Le nom de chacun d'eux est comme inscrit par l'image de ses traits : en Jupiter, on reconnaît le roi. Pallas montre le dieu des mers debout, frappant les durs rochers de son long trident, faisant bondir de la blessure des rocs entr'ouverts un farouche coursier, témoignage de

1. L. Friedlaender, *Mœurs romaines du règne d'Auguste à la fin des Antonins*, traduction française, t. II, p. 494, Paris, 1867. — Voir tout le chapitre sur *Le Sentiment de la nature*, p. 472-497.
2. *Art d'aimer*, III, v. 687-694.

sa puissance, en vertu duquel il revendique l'honneur de donner son nom à la ville. La déesse se représente elle-même : elle s'attribue le bouclier, la lance à la pointe acérée ; elle couvre sa tête d'un casque ; elle place devant sa poitrine l'égide qui la protège. La pointe de sa lance frappe le sol d'où jaillit, tout couvert de baies, l'olivier au pâle feuillage. Les dieux sont saisis d'admiration et la victoire consacre l'œuvre de Pallas[1].

C'est une description très soignée et très réussie d'un épisode de l'histoire mythologique d'Athènes : Ovide excelle en ce genre. Mais il n'était pas besoin d'avoir séjourné dans la ville de Minerve pour exécuter ce tableau où rien n'a rapport au paysage d'Athènes et à la campagne attique.

Les *Métamorphoses* font une place importante aux légendes de l'Attique ; chacune de ces légendes pouvait donner occasion à des descriptions du paysage qui en est le théâtre : toutes ces descriptions sont esquivées. L'envieuse Aglaure, fille de Cécrops, est changée en rocher : le poète se contente de dire que cette métamorphose, dont tous les événements sont longuement expliqués, a lieu dans le pays cher à Minerve, où sont les champs de Munychie et les ombrages du Lycée bien cultivé[2]. Le tyran de Scythie, Lyncus, demande quel est son nom, quelle est sa patrie au héros laboureur Triptolème, qui s'est associé aux travaux de Cérès. Le compagnon de la déesse de l'agriculture répond, sans ajouter aucun détail sur sa ville natale : « Ma patrie, c'est l'illustre Athènes et Trip-

1. *Métamorphoses*, VI, v. 70-82.
2. *Métamorphoses*, II, v. 709-710.

tolème est mon nom [1]. » Oreithyia, fille du roi d'Athènes, était rebelle à l'amour du vent Borée :

Déployant au sommet des montagnes sa robe qui soulève des tourbillons de poussière, Borée balaie la terre, et, couvert d'un nuage épais, il embrasse dans ses ailes sombres la tremblante Oreithyia [2].

Apollonios rappelait que le dieu avait enlevé l'Érechtéide Oreithyia, « alors qu'elle tournait dans un chœur de danse auprès de l'Ilissos [3] ». En citant l'Ilissos, le poète alexandrin indiquait le motif d'une jolie description de la campagne attique ; cette description ne se trouve pas dans les *Métamorphoses*, où il n'est rien dit des paysages de l'Ilissos et du Céphise. Le séjour de Médée chez Égée, roi d'Athènes, ne donne lieu à aucune description de la ville ou de ses environs [4]. Hippolyte dit son itinéraire :

Chassé d'Athènes par mon père Thésée, mon char me conduisait vers Trézène, ville de Pitthée, et déjà je côtoyais les rivages de la mer de Corinthe quand les flots se soulevèrent [5]...

Le monstre, cause de la mort du jeune héros, est longuement décrit ; le décor de cette sanglante tragédie n'est pas même indiqué.

Le poète mythologue a des légendes attiques une

1. *Métamorphoses*, V, v. 652-653.
2. *Métamorphoses*, VI, v. 705 et suiv.
3. *Argonautiques*, I, v. 221.
4. *Métamorphoses*, VII, v. 398-452.
5. *Métamorphoses*, XV, v. 506-508.

profonde connaissance qu'il n'avait pas besoin d'aller chercher en Grèce ; le poète descriptif ne s'inquiète pas de tracer le moindre dessin du pays cher à Minerve. Il est peu probable qu'Ovide se soit éloigné d'Athènes pour voyager dans la Grèce continentale : tout au moins, il en ignore complètement la géographie, et il ne semble connaître que d'une manière très vague les régions où se passe l'action de certaines légendes mises en scène dans les *Métamorphoses*. Ainsi, quand Thésée, qui a pris part à la fameuse chasse du sanglier tué par Méléagre, revient de Calydon, ville des Curètes, sur les bords de l'Événos, et prend la route d'Athènes, Ovide montre le héros forcé de s'arrêter devant l'obstacle que lui opposent les eaux du fleuve Achéloos gonflées par les pluies d'orage[1]. Mais l'Achéloos, qui prend sa source dans la chaîne du Pinde et qui va se jeter dans la mer Ionienne, après avoir coulé du nord à l'ouest, sépare l'Étolie et l'Acarnanie ; Thésée aurait eu à le traverser pour aller vers la mer Ionienne. Se dirigeant à l'est vers la mer Égée, il ne pouvait rencontrer sur sa route un fleuve dont le cours est à l'ouest de son point de départ.

Au demeurant, Ovide ne nous dit pas combien de temps il resta à Athènes et ce qu'il y fit. La vie des étudiants romains à Athènes nous est inconnue.

Horace semble donner à entendre qu'il s'y occupa, quant à lui, de chercher la vérité dans les jardins d'Académus, sans beaucoup se soucier de l'y trou-

____

1. *Métamorphoses*, VIII, v. 549-550.

ver[1]. Nous n'avons de renseignements précis que
sur un mauvais étudiant en philosophie, Marcus
Tullius, fils de Cicéron, qui passa son temps à boire
en compagnie de son précepteur, un misérable Grec
nommé Gorgias, dépensant en excès de toutes sortes
la belle pension de 100.000 sesterces (environ
20.000 francs) que lui faisait son père, trouvant
encore moyen de s'endetter. Marcus revint
d'Athènes ivrogne accompli. Plus tard, il prétendait venger son père mis à mort par Antoine, en se
montrant meilleur buveur que le triumvir, qui
avait cependant une jolie force dans la science de
boire. Le fils de Cicéron affirmait sa maîtrise en ab-
sorbant d'un seul trait deux conges — à peu près
6 litres — de vin[2].

On a tout lieu de supposer qu'Ovide n'a pas suivi
l'exemple du jeune Cicéron. Après avoir séjourné
plus ou moins longtemps à Athènes, il était d'usage
de passer par l'Asie Mineure pour rentrer à Rome.
Le poëte nous apprend qu'il fit ce voyage ; au moment de partir pour l'exil, il réunit dans un même
souvenir son séjour à Athènes et son excursion en
Asie :

Je mets à la voile, et ce n'est pas pour me rendre à Athènes
où je me suis autrefois rendu, jeune étudiant. Ce n'est pas
pour aller vers les villes d'Asie, pour parcourir toutes les
contrées que j'ai déjà visitées[3].

1. Horace, *Epîtres*, II, ii, v. 45.
2. Pline l'Ancien, *N. H.*, XIV, xxii.
3. *Tristes*, I, ii, v. 77. L'*Ovide* de la collection Lemaire reproduit
encore une note des vieilles éditions, empruntée à la *Vila ex vetusto codice Pomponii Laeti* : « *Oppida non Asiae*. Meruit enim sub
M. Varrone et cum eo in Asiam est profectus. » Le voyage d'Ovide
en Asie ne se rattache à aucune expédition militaire. On verra
que le poète ne fut pas soldat.

A propos des fêtes de Vesta, les *Fastes* donnent
des renseignements sur ces villes d'Asie, déjà visitées par Ovide :

Le reste de la légende, je le sais depuis les années de
mon enfance, mais ce n'est pas une raison pour que j'omette
de le rappeler ici. Le petit-fils de Dardanus, Ilus, venait de
construire les murailles d'une ville nouvelle ; Ilus possédait
encore les plus grandes richesses de l'Asie. La tradition rapporte que, du haut du ciel, une statue de Minerve armée
bondit sur les collines de la ville fondée par Ilus. J'ai pris
soin de voir l'endroit où ce prodige a eu lieu. J'ai vu le
temple et la place. Mais la statue a survécu à la ville, et
cette statue de Pallas, c'est Rome qui la possède[1].

C'est dans les années de son enfance (*puerilibus
annis*) qu'Ovide a appris la légende à l'école ; devenu
jeune homme, il a voulu profiter de son voyage en
Asie Mineure pour parcourir la Troade et visiter le
lieu même qui avait été le théâtre du prodige.

Depuis que le public lettré connaissait les grandes
lignes de l'*Énéide* en préparation, la Troade était
devenue un vrai but de pèlerinage national pour les
Romains. Ils se rendaient en foule à la Nouvelle-
Ilion, petite bourgade habitée par des Grecs Éoliens,
qui passait pour avoir été construite sur l'emplacement de la sainte Ilion.

Au temps d'Auguste, la légende de la fondation de
la Nouvelle-Ilion était définitivement constituée[2].
On disait qu'aussitôt après le départ des Achaïens
Ilion avait été rebâtie par des réfugiés troyens.
Cédant aux prières d'Hécube et d'Andromaque,

1. *Fastes*, VI, v. 417-424.
2. Strabon (XIII, 1, 25-28) raconte la légende, mais il en démontre la vanité.

Pallas-Athéné consentait à rester la déesse tutélaire
de la nouvelle ville. A la suite de sa victoire du Gra-
nique, Alexandre était allé à Troie offrir un sacrifice
à Pallas. Dans le temple de la déesse, on lui avait
montré la lyre de Pâris et les armures des héros
homériques. Le conquérant était parti en accordant
de grands privilèges à Ilion, désormais autonome
et exempte d'impôts. Après la mort d'Alexandre,
Lysimaque, roi de la Thrace et des pays riverains
du Pont-Euxin, avait pris d'Ilion un soin tout particulier.

En 190, Antiochus le Grand fut battu à Magné-
sie, en Lydie, par Scipion l'Asiatique : les Romains
commencèrent à pénétrer en Asie Mineure, particulièrement en Troade. La légende d'Ilion, considérée
comme métropole de Rome, devint pour les Romains
une légende nationale. Les voyageurs de distinction allaient faire des sacrifices dans les temples de
Troie : à beaucoup d'entre eux, avant Ovide, on
avait montré, dans le sanctuaire de Minerve, la
place où se trouvait la statue de la déesse, et, dans la
plaine, les tombeaux des héros de la guerre de
Troie, celui surtout de Protésilas où un prodige se
manifestait : sur le tertre qui recouvrait le corps du
premier des Achaïens débarqué des navires et tué
par les Troyens, des arbres avaient été plantés qui
se desséchaient dès que leur faîte arrivait à la hau-
teur d'où l'on pouvait découvrir Troie dans le loin-
tain ; puis ils reverdissaient, recommençant à
grandir pour se dessécher de nouveau[1]. La légende

1. Pline l'Ancien, *N. H.*, XVI, LXXXVIII.

de Troie était devenue une religion officielle au temps des empereurs qui descendaient de Jules César. A en croire Lucain, César lui-même, après la bataille de Pharsale, se détourne de son voyage vers l'Égypte où il va poursuivre Pompée, pour visiter les ruines de Troie, y établir des autels, y faire des sacrifices aux dieux d'Ilion et de Rome[1]. Nous savons par les *Commentaires* de César[2] que ce pèlerinage à Troie est une imagination du poète; mais il est permis de supposer que, si l'*Énéide* avait été publiée au temps de la bataille de Pharsale, César se serait détourné de sa route pour aller à Troie faire ses dévotions au *numen* de la ville, mère de Rome.

En l'an 53 après Jésus-Christ, sous le consulat de D. Junius Silanus et de Q. Haterius, l'empereur Néron prononçait devant le Sénat un grand discours, à la suite duquel il obtenait l'immunité complète de tout impôt pour les habitants d'Ilion considérés comme ancêtres des Romains[3]. En l'an 18 après Jésus-Christ, le grand-père de Néron, Germanicus César, père d'Agrippine, avait fait un voyage dont les étapes indiquaient bien quels étaient les endroits de la Grèce qui devaient solliciter l'attention d'un lettré appelé à recueillir la succession de Tibère, son père adoptif[4]. Germanicus visita Actium, Athènes, l'Eubée, Lesbos, les villes de Thrace, l'île de Samothrace, Ilion, « vénérable, parce que

---

1. Lucain, *De Bello Civili*, IX, v. 950-991.
2. On sait par le *De Bello Civili* de César (III, cii et civ) que le vainqueur de Pharsale, uniquement occupé de poursuivre Pompée, longea le littoral de la Troade, sans s'y arrêter, et ne fit relâche qu'à phèse.
3. Tacite, *Annales*, XII, lviii.
4. Tacite, *Annales*, II, liii-liv.

Rome en tirait son origine », la côte d'Asie, Colophon en Ionie et Claros, où il consulta l'oracle d'Apollon.

Ovide, après avoir quitté Troie, fit à peu près le même voyage que Germanicus devait faire une quarantaine d'années plus tard. Il avait un compagnon, un guide pour visiter l'Asie. Bien longtemps après, alors qu'il était relégué en Scythie, postérieurement à l'an 9 de l'ère chrétienne, il éprouvait un plaisir douloureux à rappeler à son ami Macer, dans une lettre envoyée des bords du Pont, les vieux souvenirs de cette agréable promenade en Asie qu'ils avaient faite ensemble vers l'an 25 avant Jésus-Christ :

Tu étais mon guide, ô Macer, quand nous avons visité les superbes villes de l'Asie[1].

On s'est demandé quel était le guide du jeune poète ; on connaît, en effet, à l'époque d'Auguste, divers personnages du nom de Macer. Ovide lui-même cite Aemilius Macer parmi les poètes entrés avant lui dans la carrière, avec lesquels il a eu l'honneur d'être en rapports à ses débuts :

Souvent —. dit-il — souvent, Macer, poète plus âgé que moi, m'a lu ses *Oiseaux*, son poème sur les *Serpents* dont le poison tue, son poème sur les herbes qui guérissent[2].

Aemilius Macer de Vérone, ami de Virgile[3],

<hr>

1. *Pontiques*, II, x, v. 21.
2. *Tristes*, IV, x, v. 43-44.
3. D'après Servius, Macer, dans l'*Églogue V* de Virgile, serait désigné sous le nom de Mopsus.

poète didactique, imitateur de Nicandre et comparé par Quintilien à Lucrèce[1], avait composé une *Ornithogonia*, des *Theriaca*, un poème botanique *De Herbis*, que Pline l'Ancien cite parmi les sources des livres IX, X, XI et XVII de son *Histoire Naturelle*. Mais la *Chronique* de saint Jérôme note à l'an 15 avant Jésus-Christ la mort en Asie de Macer, le poète de Vérone : ce n'est donc pas à lui qu'Ovide exilé pouvait adresser une de ses *Pontiques*[2].

C'est à un poète épique nommé Macer que cette lettre était adressée :

Tu chantes ce que l'éternel Homère a laissé à chanter : tu veux que la dernière main soit mise à l'histoire des guerres troyennes[3].

Une *Élégie* des *Amours* était adressée à Macer : alors qu'il composait lui-même son poème sur la guerre de Troie, Ovide travaillait à ses *Héroïdes* :

Pendant que tu conduis ton épopée jusqu'à la colère d'Achille, pendant que tu revêts de leurs premières armes les héros conjurés, moi, ô Macer, je me repose dans l'ombre chère à l'indolente Vénus, et le jeune Amour brise l'impétuosité qui aurait pu oser une grande œuvre[4].

A la fin de cette pièce, Ovide remarque cependant que ses propres *Héroïdes* traitent souvent les mêmes sujets que l'épopée de Macer : il a ima-

1. Quintilien, *Institut. Orat.*, X, I, 56 et 87.
2. Sur Macer, voir R. Unger, *De Aemilio Macro Nicandri imitatore*, Friedland, 1845.
3. *Pontiques*, II, x, v. 13-14.
4. *Amours*, II, xviii, v. 1-4.

giné des lettres de Laodamie à Protésilas, de Pâris
à Hélène, d'Hélène à Pâris ; Macer met en scène
les mêmes personnages :

Tu ne prends pas, ô Macer, les précautions convenables à
un poète qui chante les combats. Au milieu des travaux de
Mars, tu ne crains pas de parler des flèches d'or de l'Amour.
Voici Pâris et son amante adultère : c'est l'illustre grief qui a
causé la guerre de Troie. Voici Laodamie, compagne dans
la mort de son mari qui n'est plus. Si je te connais bien, tu
traites ces épisodes d'amour aussi volontiers que les faits de
guerre, et, de ton camp, tu passes souvent dans le mien[1].

L'auteur des *Pontiques* donne à son ami le nom
de poète d'Ilion, *Iliacus Macer*[2]. Tous les renseignements fournis par Ovide sur Macer prouvent
qu'il était l'auteur d'un poème anté-homérique,
imité des cycliques, qui commençait au rapt d'Hélène, et qui, après avoir raconté le départ pour Troie
des Achaïens conjurés, la mort de Protésilas et les
événements des premières années du siège, s'arrê-
tait à la colère d'Achille, sujet de l'*Iliade* homérique.

Le poète épique Macer était un Asiatique d'origine ; il se nommait Pompeius Macer ; il avait pour
grand-père un intime ami de Pompée, Théophane
de Mitylène, historien célèbre, homme politique
éminent qui, au dire de Strabon, était le Grec le
plus illustre de son temps[3]. Grâce à son influence
sur Pompée dont il écrivait l'histoire, le citoyen de

1. *Amours*, II, xviii, v. 35-40.
2. *Pontiques*, IV, xvi, 6.
3. Strabon, XIII, ii, 3. — Voir sur Théophane de Mitylène, dans
les *Inscriptiones graecae insularum Maris Aegei* (t. II, Berlin, 1899),
les n°ˢ 235, 236 et 237.

Mitylène obtint que le vainqueur de Mithridate épargnât les Lesbiens, coupables d'avoir suivi le parti du roi du Pont ; de plus, Pompée accorda à son historien le droit de cité romaine dans une circonstance solennelle : c'est devant ses troupes qu'il passait en revue qu'il déclara Théophane de Mitylène citoyen de Rome[1] ; le petit-fils de Théophane reçut le nom de bienfaiteur de son aïeul : ce fut le poète épique Pompeius Macer[2].

On sait que l'étranger qui entrait dans la cité romaine conservait son nom comme *cognomen* et prenait le *praenomen* et le *gentilicium* des protecteurs qui avaient été comme ses parrains. Quand le poète Archias devient citoyen romain, il se nomme Aulus Licinius Archias : Aulus est le *praenomen* de quelque patron dont Archias voulait se déclarer publiquement l'obligé ; Licinius est le *gentilicium* de la *gens Licinia* à laquelle appartenaient les Lucullus, protecteurs principaux du poète d'Antioche. Devenu citoyen romain, Théophane prit le nom de Cneius Pompeius Theophanes. Le *cognomen* Macer, fréquent dans la *gens Licinia*, prouve peut-être des liens de patronat entre quelque

---

1. Cicéron, *Pro Archia*, x, 24 : *Theophanem Mitylenaeum, scriptorem rerum suarum, in contione militum civitate donavit.*

2. Pour le poète Pompeius Macer, voir M. Koch, *Prosopographiae Ovidianae elementa*, p. 21 ; et O. Hennig, *De P. Ovidii poetae sodalibus*, p. 22. — Hennig admet avec vraisemblance, à la suite de Wœlffel, que Macer et Ovide épousèrent les deux sœurs ; mais il a tort de prétendre que c'est à cause de cette parenté que Macer choisit Ovide pour compagnon de route. Nous ignorons si Macer était marié au moment du voyage en Asie : il est bien certain qu'Ovide ne l'était pas. C'est longtemps après son voyage d'étudiant en Asie que le poète des *Pontiques* épousa sa troisième femme dont il est question dans la lettre à Macer (*Pontiques*, II, x, v. 10).

membre de cette *gens* et le poète Cneius Pompeius Macer, petit-fils de Théophane et ami d'Ovide.

Pompeius Macer eut une brillante carrière administrative. Chargé par Auguste de l'organisation des bibliothèques impériales [1], puis nommé procurateur d'Asie, il était en grande faveur auprès de Tibère, au moment où Strabon écrivait sa *Géographie*, l'an 18 de l'ère chrétienne [2]. Le fils de l'« illustre chevalier romain Pompeius Macer [3] » fut préteur. En l'an 33, le père et le fils durent se donner la mort pour prévenir une condamnation imminente. Les Grecs de Lesbos avaient décerné les honneurs divins à l'historien Théophane de Mitylène. L'empereur Tibère, qui prétendait se réserver le monopole des apothéoses, fit accuser de lèse-majesté le petit-fils et l'arrière-petit-fils du Grec divinisé.

On comprend que pour son voyage en Asie Mineure Ovide ne pouvait souhaiter un meilleur guide que Pompeius Macer, ce petit-fils d'un Grec illustre de l'île de Lesbos, si estimé par ses concitoyens de Mitylène dont les descendants devaient plus tard lui accorder les honneurs de l'apothéose, si estimé par les Romains qui lui avaient donné le droit de cité. Macer, qui était poète, désirait apparemment voir ou revoir les divers endroits de l'Asie où se passait l'action de l'épopée anté-homérique qu'il projetait.

Ovide a visité Troie; il s'est arrêté dans le

<hr>

1. Suétone, *Jules César*, LVI : *Pompeius Macer cui [Augustus] ordinandas bibliothecas delegaverat.*
2. Strabon, XIII, II, 3.
3. Tacite, *Annales*, VI, XVIII.

temple qui a possédé jadis la statue merveilleuse de Minerve ; il a parcouru la Troade, guidé par Macer. Plus tard, dans ses poèmes, les *Métamorphoses* en particulier, il a traité de nombreuses légendes troyennes. Il semble intéressant de rechercher si, pour donner quelque couleur locale à ses descriptions, il a fait usage des souvenirs du voyage accompli en Asie, vers l'an 25 avant Jésus-Christ.

Dans les *Métamorphoses*, il est question de Ganymède, ravi au ciel par l'aigle de Jupiter ; le poète ne donne aucune description du paysage de la plaine de Troie où se passe la scène de l'enlèvement [1]. La construction de Troie par Laomédon est longuement racontée : l'emplacement où la ville est bâtie n'est pas décrit [2]. La fin du livre XII et les six cents premiers vers du livre XIII sont consacrés à la narration des événements qui se sont passés aux environs de Troie, après la prise de la ville par les Grecs : la mort d'Achille, la lutte entre Ajax et Ulysse au sujet des armes du héros, le sacrifice de Polyxène, la métamorphose d'Hécube en chienne. Aucun paysage ne se mêle aux narrations épiques, aux déclamations de rhétorique, aux descriptions soignées du sacrifice et de la métamorphose.

Les « villes d'Asie » (*oppida Asiae*) ne sont pas citées. Ovide ne rappelle nulle part qu'il ait visité Cumes, Phocée, Élée, Clazomènes, Milet, Alabanda,

---

1. *Métamorphoses*, X, v. 160 et suiv.
2. *Métamorphoses*, XI, v. 194 et suiv.

Laodice, Mylasa, Priène, Halicarnasse, Éphèse, Lé-
bédos ou Colophon.

Il mentionne simplement Antandros, où s'em-
barqua Énée partant à la recherche de l'Italie[1],
Cnide, dont le port abonde en poissons[2], Patara,
sanctuaire d'Apollon[3], le cap Mycale[4], le cap
Sigée et le cap Rhœtée entre lesquels s'élève un
autel antique consacré à Zeus Panomphaios[5], le
Mont-Latmos[6] et le Mont-Sipylos[7], le Simoïs, qui
roule vers la mer ses eaux rapides[8], le Caïque,
fleuve de Mysie, voisin du Mont-Teuthrante[9], le
Xanthe, dont les rives sont ombragées de peu-
pliers[10].

A peine quelques rapides esquisses : voici les humides vallées du Mont-Ida de Troade, couvert de
forêts, et ses coteaux où grandissent les cèdres[11] ;
voici le cours sinueux du Méandre au bord duquel,
caché dans les roseaux humides, chante le cygne
blanc[12], le Méandre qui se replie tant de fois sur
lui-même[13], qui se joue entre ses bords aux
courbes si nombreuses[14], qui s'égare tant de fois

1. *Métamorphoses*, XIII, v. 628.
2. *Métamorphoses*, X, v. 531.
3. *Métamorphoses*, I, v. 516.
4. *Métamorphoses*, II, v. 223.
5. *Métamorphoses*, XI, v. 197.
6. *Héroïdes*, XVIII, v. 62.
7. *Métamorphoses*, VI, v. 149.
8. *Amours*, I, xv, v. 9-10.
9. *Métamorphoses*, II, v. 243.
10. *Héroïdes*, V, v. 30.
11. *Fastes*, VI, v. 15 : ... *aquosae vallibus Idae ; v.* 317 : ... *opacae vallibus Idae. — Amours*, I, xiv, v. 11 : *Clivosae madidis in vallibus Idae... cedrus.*
12. *Héroïdes*, VII, v. 1 : ... *udis abjectus in herbis Ad vada Maeandri concinit albus olor.*
13. *Métamorphoses*, IX, v. 451 : ... *Maeandri toties redeuntis eodem.*
14. *Métamorphoses*, II, v. 246 : ... *recurvatis ludit Maeandros in undis.*

dans les mêmes contrées et qui doit souvent ramener vers leur source ses eaux fatiguées [1] :

Dans les champs de Phrygie, le Méandre limpide se joue ;
il multiplie le flux et le reflux de sa course incertaine ; ou
bien, allant à la rencontre de ses eaux, il les voit accourir,
et tantôt pour retourner vers sa source, tantôt pour se préci-
piter vers la mer, il fatigue ses flots à la direction douteuse [2].

Voici le Mont-Tmolus avec ses vignobles et le
bois sacré de Bacchus [3] :

Au-dessus des mers qu'elle domine s'élève, abrupte, d'un
accès difficile, la haute montagne du Tmolus dont les deux
versants s'étendent, l'un jusqu'à Sardes, l'autre jusqu'à la
petite ville d'Hypœpa [4].

Voici le Salmacis, lac de Carie :

C'est un lac dont les eaux limpides laissent voir le sol au
fond. Ni le roseau des marais, ni les herbes stériles, ni les
joncs aux dards aigus ne troublent la transparence de l'eau.
Ce lac a pour ceinture un gazon toujours frais, des herbes
toujours verdoyantes [5].

Ces descriptions de montagnes et de vallées, de
fleuves et de lacs, sont jolies, mais banales. Aucun
caractère propre, aucune note personnelle ne permet
d'admettre qu'Ovide ait fait d'après nature ces
petits tableaux pour lesquels il était suffisamment
renseigné par la tradition.

---

1. *Héroïdes*, IX, v. 55 : *Maeandros terris toties errator in isdem,
Qui lassas in se saepe relorquet aquas.*
2. *Métamorphoses*, VIII, v. 162 et suiv.
3. *Métamorphoses*, VI, v. 15 : ... *vineta Timoli.* — *Fastes*, II,
v. 313 : ... *nemus Bacchis, Tmoli vineta.*
4. *Métamorphoses*, XI, v. 150 et suiv.
5. *Métamorphoses*, IV, v. 297 et suiv.

CHAPITRE VII

Au temps de Pline le Jeune, la curiosité des
voyageurs romains était particulièrement sollicitée
par les merveilles que possédaient et que savaient
faire valoir la Grèce, l'Asie Mineure et l'Égypte[1].
Après la Grèce, Ovide avait visité l'Asie Mineure.
Dès le commencement de l'Empire, les ports du
littoral asiatique étaient nombreux d'où partaient
des navires qui se rendaient en Sicile ou en Italie,
faisant parfois escale dans les Cyclades, en Crète
ou même en Égypte.

Nous savons que le jeune voyageur, toujours en
compagnie de son ami Macer, parcourut la Sicile
avant de rentrer à Rome.

---

1. Pline le Jeune, *Lettres*, VIII, xx, 2 : *Achaia, Aegyptus, Asia,
aliave quaelibet miraculorum ferax commendatrixque terra.*

Il ne semble pas que le navire qui le menait d'Asie en Sicile se soit arrêté en Crète. Le poëte parlera souvent de l'île qui s'enorgueillit d'avoir nourri Jupiter enfant dans les cavernes du Mont-Dicté [1]; il citera le Mont-Ida [2], les cent villes de la Crète [3], entre autres Cydon, Gortyne, célèbres par leurs archers [4]; Gnosse, connue par son miel [5]; il s'occupera souvent des légendes de Minos [6], d'Ariane [7], du Minotaure [8]; il fera les allusions traditionnelles à la *Creta mendax* [9]. Mais, dans toute l'œuvre d'Ovide, on ne saurait trouver une description, un détail pittoresque qui dénote un souvenir de voyageur : comme le navire qui portait la statue de Cybèle d'Asie Mineure en Italie, le navire d'Ovide aura laissé la Crète à sa gauche [10]. Dans la *Lettre* que l'auteur des *Héroïdes* fait adresser par le Troyen Pâris à la femme de Ménélas, le séducteur dit ironiquement à son amante : « Ton mari ne pouvait mieux choisir son temps pour visiter le royaume de Crète : ô merveilleuse intelligence de mari [11] !» Il semble, par contre, que, dans son voyage

1. *Amours*, III, x, 20; — *Hér.*, X, v. 68; — *Fastes*, III, v. 444; V, v. 118.
2. *Amours*, III, x, v. 25; — *Fastes*, V, v. 115.
3. *Héroïdes*, X, v. 67; — *Mét.*, IX, v. 666.
4. *Mét.*, VII, v. 778; VIII, v. 22.
5. *Ibis*, v. 556.
6. *Mét.*, VII et VIII; IX, v. 669; — *Fastes*, III, v. 81.
7. *Amours*, I, VII, v. 16; — *Art d'aimer*, I, v. 527 et suiv.; III, v. 158; — *Héroïdes*, X; XV, v. 25; — *Fastes*, III, v. 459; — *Tristes*, V, III, v. 42.
8. *Hér.*, X, v. 106.
9. *Amours*, III, x, v. 19; — *Art d'aimer*, I, v. 298.
10. *Fast.*, IV, v. 285 : *Tum laeva Creten... Deserit.*
11. *Hér.*, XVI, v. 299 :

> *Non habuitte mpus quo Cressia regna videret*
> *Aptius : o mira calliditate virum !*

d'Asie en Sicile, le futur poète ait laissé échapper une occasion favorable de parcourir la Crète, où il devait placer la scène de nombreux récits mythologiques.

Ovide a-t-il visité l'Égypte, Alexandrie et les bords du Nil ? Dans l'*Élégie* déjà citée [1], qu'il écrivait au moment de partir pour l'exil, il semble indiquer que, s'il a déjà voyagé en Grèce et en Asie, il n'a jamais été en Égypte :

Je mets à la voile, et ce n'est pas pour me rendre à Athènes, où je me suis autrefois rendu, jeune étudiant. Ce n'est pas pour aller vers les villes de l'Asie, pour parcourir toutes les contrées que j'ai déjà visitées. Ce n'est pas pour débarquer dans la célèbre ville d'Alexandre, et pour voir tes rivages abondants en délices, ô Nil, fleuve du pays où l'on s'amuse [2].

L'Égypte n'est pas au nombre des contrées qu'Ovide a visitées dans sa jeunesse (*loca visa prius*). Et, cependant, ses poèmes prouvent qu'il connaît bien le pays ; une invocation qu'il adresse à Isis est très documentée au point de vue de la géographie :

O Isis, toi qui fais ta demeure à Paraetonium, dans les champs voluptueux de Canope, à Memphis, à Pharos, où abondent les palmiers, au milieu de la région où le Nil rapide, qui se laisse glisser dans son large cours, va par sept embouchures se jeter dans les eaux marines, je t'en conjure par ton sistre et par la tête du vénérable Anubis (et qu'à ce prix le pieux Osiris agrée toujours tes cérémonies sacrées), que

1. Voir, p. 151.
2. *Trist.*, I, ii, v. 77 :

> *Nec peto, quas quondam petii studiosus, Athenas,*
> *Oppida non Asiae, non loca visa prius,*
> *Non, ut Alexandri claram delatus ad urbem,*
> *Delicias videam, Nile jocose, tuas*

le serpent se glisse paresseusement autour des offrandes, qu'Apis, le dieu qui porte des cornes, accompagne ta pompe religieuse [1].

Mais le culte d'Isis était très répandu ; ses sanctuaires étaient bien connus, et le poète pouvait en parler sans les avoir visités. Il pouvait avoir entendu à Rome même cette musique célèbre sur les bords du Nil [2], ces sistres qui résonnaient bruyamment dans les concerts en l'honneur d'Isis, la génisse divine de Pharos ou de Memphis, la déesse parée des bandes de lin [3]. Il n'était pas besoin d'avoir séjourné en Egypte pour savoir que, dans le lit du Nil aux sept embouchures [4], où croissent le papyrus [5] et les lentilles [6], habite le crocodile qui fournit aux coquettes une substance propre à blanchir le teint le plus brun [7]. Tous les élèves des écoles de déclamation devaient connaître la légende de la sécheresse qui, au temps du féroce Busiris, avait épuisé pendant neuf ans la fertile terre d'Égypte, et le procédé dont le tyran avait usé pour ramener les pluies fécondantes [8]. Et ce ne sont certainement pas les savants d'Alexandrie qui avaient enseigné à Ovide que, dans l'épouvante

1. *Amours*, II, XIII, v. 7-14. — Cette invocation est reproduite en résumé dans les *Métamorphoses* (IX, v. 772 et suiv.), où, au lieu des *genialia arva Canopi*, il est question des *Maraeotica arva*.
2. *Amours*, III, IX, v. 33 ; — *Art d'aimer*, III, v. 318 ; v. 635 ; — *Pont.*, I, I, v. 38.
3. *Art d'aimer*, I, v. 77 ; III, v. 393 ; — *Amours*, II, II, v. 25 ; — *Fastes*, V, v. 619 ; — *Tristes*, II, v. 297 ; — *Pont.*, I, I, v. 51.
4. *Amours*, III, VI, v. 39 ; — *Hér.*, XIV, v. 107 ; — *Mét.*, I, v. 422.
5. *Mét.*, XV, v. 753 ; — *Tristes*, III, X, v. 27.
6. *Fastes*, V, v. 268.
7. *Art d'aimer*, III, v. 270.
8. *Art d'aimer*, I, v. 647 et suiv.

que lui causait l'incendie allumé par l'imprudence de Phaéthon, le dieu du Nil s'enfuit aux confins du monde où il cacha sa source, qu'il dérobait encore aux contemporains d'Auguste [1].

Quant à la navigation au milieu des Cyclades, il est probable qu'Ovide l'a faite lui-même. A propos du voyage aérien de Dédale et d'Icare, il cite Samos, l'île de Junon, Naxos, Paros, Délos, chère à Apollon, Lébynthos, Calymné, l'île aux forêts sombres où le miel abonde, Astypalaia, ceinte de bas-fonds poissonneux [2].

Le poète semble connaître particulièrement la plus célèbre de ces îles, Délos. Peut-être, alors que la blanche Délos apparaissait au loin, a-t-il, comme la jeune Cydippé, dont il conte l'histoire dans ses *Héroïdes*, reproché aux rames leur lenteur, déploré que l'on donnât aux vents trop peu de voiles, et dit en gémissant : « Pourquoi me fuir, ô île sainte ? Es-tu donc, comme jadis, errante sur la vaste mer?» Peut-être a-t-il erré sous les portiques, admirant les présents des rois, les statues érigées sur toutes les places et ces innombrables merveilles qu'on ne peut rapporter, qu'on ne peut même se rappeler [3]. Peut-être a-t-il visité avec respect « la ville d'Apollon, le temple, les autels consacrés, les arbres que Latone tenait embrassés au milieu des douleurs de l'enfantement [4] ».

---

1. *Mét.*, II, v. 254 et suiv.
2. *Art d'aimer*, II, v. 79-82. — Ces vers sont reproduits avec quelques variantes dans les *Métamorphoses* (VIII, v. 220-222).
3. *Hér.*, XXI, v. 78-102. — On sait que cette *Héroïde* a été souvent considérée comme apocryphe.
4. *Mét.*, XIII, v. 634 et suiv.

Mais il ne nous dit rien de l'itinéraire qu'il a suivi pour passer d'Asie Mineure en Sicile. Il est permis de supposer que le poète se souvient de son propre voyage, quand il indique les escales du navire, qui, l'an 204 avant l'ère chrétienne, transporta des côtes de l'Asie Mineure en Italie la pierre noire de Pessinonte, l'aérolithe divin, qui était l'image vénérée de la déesse Cybèle en Phrygie :

La déesse vogue en toute sécurité sur les mers, domaines de son fils Neptune. Elle arrive au long détroit de la sœur de Phrixos (*l'Hellespont*), dépasse les tourbillons du Rhœtée (*cap de Troade*), les rivages de Sigée (*où était le camp des Grecs devant Troie*), et Ténédos (*île en face de Troie*), et l'antique cité d'Éétion (*Thèbes, sur le littoral de la Troade, où régnait Éétion, père d'Andromaque*). Elle laisse derrière elle Lesbos, passe au travers des Cyclades et des eaux qui se brisent contre les bas-fonds de Carystos (*dans l'île d'Eubée*). Elle traverse la mer Icarienne, cette mer où Icare tomba, privé de ses ailes, et donna son nom aux eaux immenses. Entre la Crète qu'elle laisse à gauche et les eaux du Péloponèse qui sont à sa droite, elle aborde à Cythère, l'île sacrée de Vénus. Puis elle entre dans la mer de Trinacrie (*la Sicile, l'île aux trois pointes* [1]).

Le navire qui portait la statue informe de Cybèle continua sa route entre la Sicile et la côte d'Italie jusqu'au port d'Ostie, où la pierre sacrée fut reçue par Scipio Nasica et solennellement confiée aux matrones qui l'apportèrent à Rome. Le navire d'Ovide passa, sans y faire escale, en vue de Cythère « battue par les flots [2] », et s'arrêta en

---

1. *Fastes*, IV, v. 277-287.
2. *Amours*, II, XVII, v. 4.

quelque port de Sicile, où le jeune voyageur et son ami Macer descendirent.

Il est probable que les jeunes gens séjournèrent assez longtemps dans l'île et en visitèrent toutes les régions intéressantes. Car, chaque fois que, dans ses poèmes, il a l'occasion de parler des légendes de la Sicile, Ovide prouve par la sincérité de ses descriptions qu'il a vu lui-même les endroits où il localise les traditions mythologiques qu'il développe.

La poésie des Grecs et des Latins a toujours recherché « ces énumérations géographiques qu'aimaient les anciens pour qui la géographie était chose nouvelle [1] ». Les Grecs d'autrefois s'étaient charmés aux catalogues infinis des noms de pays, de fleuves, de montagnes, qu'ils trouvaient dans les épopées homériques et dans les histoires d'Hérodote. La poésie alexandrine s'attacha à essayer des pastiches savants de cette naïveté antique. Apollonios de Rhodes, par exemple, donne dans son épopée toute la géographie détaillée de l'itinéraire des Argonautes de Thessalie en Colchide; il ne néglige aucune particularité de la topographie légendaire de l'âge héroïque.

L'alexandrinisme latin abuse, à son tour, de la géographie. Catulle rencontre au bord de la mer une vieille carcasse de navire; il s'arrête, il se demande ce qu'a été ce navire, et il lui fait dire à lui-même, en vers rapides, tout pleins de noms

---

1. Patin, *Études sur la poésie latine*, Paris, 1869, t. I, chap. iv : *La Poésie latine au temps de César et d'Auguste*, p. 72.

propres, par quels ports il passait quand il faisait ses voyages : Amastris, ville du Pont, voisine du Mont-Cytore, célèbre par ses bois, qui servirent à la construction du bateau; le Pont-Euxin, la Propontide, la Thrace sauvage, l'île bien connue de Rhodes, les Cyclades, l'Adriatique aux flots menaçants, tous ces noms de ville, de mers, de montagnes, d'îles et de pays, accompagnés chacun de l'épithète convenable, trouvent place dans les vingt-sept iambes du *Phaselus* [1].

Virgile, pour qui l'alexandrinisme est un moyen et non pas une fin, multiplie, dans l'*Énéide*, les détails et les descriptions géographiques. Mais l'érudition, qui trace l'itinéraire d'Énée fuyant de Troie en Italie, a un intérêt national; chaque étape du voyageur est le siège d'une légende romaine, et les derniers livres de l'épopée donnent la géographie politique de l'Italie aux temps héroïques.

Les successeurs de Virgile sont fidèles à ce souci des descriptions géographiques. Les dernières œuvres poétiques de la littérature romaine sont des poèmes consacrés à la géographie. A la fin du IVe siècle, Rufus Festus Avienus rédige en vers hexamètres une longue *Descriptio Orbis Terrae*, œuvre didactique dont l'auteur fait preuve d'un certain orgueil patriotique à décrire cet *orbis terrae*, qui est devenu *orbis terrae Romanae*. Au Ve siècle, un Gaulois de Toulouse, Rutilius Namatianus, écrit en vers élégiaques un *Itinerarium* de Rome à Toulouse. Ce poème, plein du regret de Rome que l'au-

---

1. Catulle, *Carmen IV*.

teur doit quitter, abondant en considérations morales et philosophiques, appartient déjà au genre moderne de l'*Itinéraire de Paris à Jérusalem*, qui sera célèbre au commencement du xix⁰ siècle. Païen convaincu, obéissant à des passions absolument opposées à celles qui dirigent l'auteur du *Génie du Christianisme*, Rutilius confond dans la même adoration Rome et les dieux anciens, dans les mêmes invectives les moines et les juifs ; mais, comme Chateaubriand, il décrit avec émotion les contrées qu'il traverse.

Dans ses descriptions géographiques, Ovide ne manifeste aucune émotion à la manière de Rutilius et des modernes. Poète impassible, il se contente de dresser de minutieux catalogues, à la manière alexandrine ; il les dispose, suivant la méthode de développements de rhétorique apprise à l'école des déclamateurs.

On a vu que les poèmes les plus personnels d'Ovide sont composés d'après le plan d'un travail de classe[1]. Il en est de même de ses longs épisodes géographiques.

Ainsi, le poète des *Métamorphoses* veut nous donner une idée de l'embrasement général de la terre, dû à l'imprudence et à la maladresse de Phaéthon, qui, conducteur pour un jour du char du Soleil, a laissé les chevaux qu'il ne pouvait maîtriser dévier de la route prescrite. Usant de la méthode de développement par énumération, Ovide cite tous les lieux géographiques, pour démontrer qu'aucun d'eux n'a

1. Voir pages 116-119.

échappé à la conflagration universelle. Quelles sont
les parties de la terre qui ont dû être atteintes les
premières par les flammes ? Évidemment, les plus
hautes, les montagnes. Quelles sont celles qui
n'ont été atteintes que les dernières ? Évidemment,
les plus basses et les plus humides, les fleuves et
leurs régions. D'où, deux catalogues descriptifs
des montagnes et des fleuves à l'époque héroïque [1].
Aucune montagne, aucun fleuve n'est oublié;
chaque nom est orné de l'épithète consacrée,
accompagné des allusions nécessaires. Il est question des neiges du Rhodope et de l'or du Tage, de
l'autre incendie qui, par l'ordre d'Héphaistos-Vul-
cain, arrêtera une seconde fois le cours du Xanthe [2],
et des cérémonies sacrées que Dionysos-Bacchus
instituera sur le Mont-Cithéron.

Pour se tirer avec succès d'un semblable épisode
descriptif, il suffit d'unir l'érudition des poètes
alexandrins à la méthode de composition des
rhéteurs romains. Cette érudition et cette méthode
se trouvent dans toutes les parties de l'œuvre
d'Ovide; mais, quand le poète s'occupe de la
Sicile, il y ajoute quelque chose de plus. On
sent qu'il a vu lui-même les endroits qu'il
décrit, que l'épithète n'est pas toujours l'épithète
consacrée par les poètes, ses devanciers, que les
allusions mythologiques procèdent parfois d'une
étude personnelle et faite sur place des anciennes
légendes.

1. *Mét.*, II, v. 217-259.
2. *Iliade*, XXI, v. 212.

Dans l'*Élégie* qu'Ovide exilé envoie à son ami
Macer[1], il lui rappelle qu'ils ont visité ensemble
la Sicile, comme l'Asie Mineure :

Tu étais mon guide, ô Macer, quand nous avons visité les
superbes villes d'Asie; tu étais mon guide, quand mes yeux
apprirent à connaître la Sicile. Nous vîmes ensemble le ciel
resplendir des flammes de l'Etna, de ces flammes que vomit
la bouche du Géant enseveli sous la montagne; nous vîmes
ensemble les lacs d'Henna, les marais fétides de Palicus, et
la région où l'Anapos mêle ses flots aux flots de Cyané. Non
loin de là est la demeure de la Nymphe qui, fuyant le fleuve
de l'Élide, s'échappe encore aujourd'hui, protégée par les
eaux de la mer. C'est dans ce pays que je passai une bonne
partie de l'année qui s'écoulait. Hélas! Combien ce pays
diffère de celui des Gètes! Que les paysages de la contrée où
je suis ressemblent peu à ceux que nous vîmes tous deux,
alors que tu me rendais nos voyages si agréables! Tantôt
notre barque aux mille couleurs sillonnait l'onde azurée,
tantôt la roue rapide des chars nous emportait. Souvent, la
route nous parut abrégée par nos entretiens; et nos paroles,
à bien compter, étaient plus nombreuses que nos pas. Souvent, la journée ne suffit pas à nos conversations; alors que
nous causions, les longues heures des jours d'été nous furent
insuffisantes. C'est quelque chose d'avoir redouté ensemble
les hasards de la mer, d'avoir adressé, en les unissant, nos
prières aux dieux marins, d'avoir traité ensemble les mêmes
affaires, puis, pour nous délasser, de nous être ensuite livrés
ensemble à des distractions que l'on peut rappeler sans
honte[2].

Sur leur barque aux mille couleurs, Ovide et
Macer ont fait le périple de « l'île qui doit son
nom de Trinacrie à sa forme, qui lance dans la
vaste mer ses trois pointes, ses trois promontoires,

1. Voir page 155.
2. *Pont.*, II, x, v. 21-42.

Pélore, Lilybée et Pachynos[1] ». Le poète a relevé la position des trois promontoires :

La Sicile dirige trois pointes vers la mer : Pachynos, tourné du côté de l'Auster, vent qui amène la pluie ; Lilybée, du côté des doux Zéphyres ; Pélore, exposé au souffle de Borée, dans la direction de la Grande-Ourse que ne baignent jamais les flots de la mer[2].

Ovide connaît le détroit de Sicile que resserre le promontoire de Pélore[3]. Ce détroit est dangereux :

Jusqu'au milieu des eaux s'avancent des montagnes de rochers, Charybde, fatale aux navires, qui tantôt absorbe la mer, tantôt la vomit ; Scylla, le monstre insatiable, entourée d'une ceinture de chiens cruels, qui fait retentir de ses aboiements la mer de Sicile[4].

Les flancs de Scylla épouvantent les eaux du détroit de Sicile[5]. La légende du monstre est longuement racontée dans les *Métamorphoses* :

Sur la rive droite Scylla, sur la rive gauche l'infatigable Charybde sont la terreur du détroit. Celle-ci dévore et revomit les vaisseaux qu'elle a engloutis ; celle-là, dont une meute de chiens féroces forme la noire ceinture, a le visage d'une jeune fille ; et, si tout n'est pas fiction dans ce que nous ont laissé les poètes, elle fut jadis une jeune fille[6].

Le rocher de Charybde, dont le vent du midi fait

---

1. *Fastes*, IV, v. 419-420 ; v. 479-480.
2. *Mét.*, XIII, v. 724-727.
3. *Mét.*, XV, v. 706 : ... *fretum Siculique angusta Pelori*.
4. *Mét.*, VII, v. 63-65.
5. *Pont.*, III, I, v. 122.
6. *Mét.*, XIII, v. 730-734. — Voir aussi *Amours*, II, XI, v. 18 ; — *Héroïdes*, XII, v. 123-124 ; — *Pont.*, IV, X, v. 25 ; — *Ibis*, v. 383.

tourbillonner le gouffre[1], se trouve sur le littoral de la Sicile, entre le cap Pélore et Messine, ville des Mamertins, autrefois nommée Zanclé[2], située en face de Régium, ville d'Italie[3]. C'est sans doute à Messine même qu'Ovide a appris la tradition suivant laquelle Zanclé appartenait au continent, à une époque lointaine où la mer ne s'était pas encore ouvert un passage entre la Sicile et l'Italie[4].

Il ne semble pas que la barque d'Ovide l'ait conduit aux îles Aegates, dont il ne parle pas, et aux îles Éoliennes, à propos desquelles il répète simplement les banalités traditionnelles sur les cavernes où le roi Éole tient les vents enchaînés[5] ; peut-être a-t-il abordé à Didymé, la seule de ces îles qu'il nomme[6].

Mais le poète connaît bien les monts de Sicile[7]. Au nord-ouest, l'Éryx, dont les pentes ombragées s'offrent au souffle du Zéphyre[8] ; aux environs de Syracuse, près de Hybla-Mégara[9], le Mont-Hybla, dont le miel est célèbre : les fleurs y abondent et le thym y attire les essaims d'abeilles[10]. Il a vu la

---

1. *Mét.*, VIII, v. 121.
2. *Fast.*, IV, v. 499 ; *Trist.*, V, II, v, 73 : ... *Zanclaea Charybdis.*
3. *Mét.*, XIV,
    v. 5 :   ... *Zanclen adversaque moenia Rhegi.*
    v. 17 :   *Littore in Italico, Messenia moenia contra.*
             Scylla.
    v. 47 :   *Oppositumque... contra Zancleia saxa*
             Rhegion.
4. *Mét.*, XV, v. 290-292.
5. *Amours*, III, XII, v. 29 ; — *Art d'aimer*, 1, v. 634 ; — *Mét.*, I, v. 262 ; XI, v. 747 ; XIV, v. 224 ; — *Fastes*, II, v. 456.
6. *Fastes*, IV, v. 475.
7. *Héroïdes*, XV, v. 57 : ... *montes... Sicanos.*
8. *Art d'aimer*, II, v. 420 : *Colle sub umbroso... altus Eryx.* — *Fastes*, IV, v. 478 : ... *Zephyro semper apertus Eryx.*
9. *Fastes*, IV, v. 471.
10. *Art d'aimer*, II, v. 517 ; III, v. 150 ; — *Tristes*, V, VI, v. 38 ; XIII, v. 22 ; — *Ibis*, v. 197 ; — *Pont.*, II, VII, v. 26 ; IV, XV, v. 10.

vallée du fleuve Helorus[1]; il cite les villes de Sicile[2] : Tauroménion, sur la côte orientale[3]; Agrigente[4], au bord de la mer d'Afrique; Himera[5], au bord de la mer Tyrrhénienne; et, dans l'intérieur des terres, Leontion, auprès du fleuve Amenanus, qui tantôt roule des eaux chargées de sable, et, tantôt, ses sources étant épuisées, se dessèche[6].

Dans l'*Élégie* adressée à Macer, Ovide a des mentions spéciales pour le Mont-Etna, les lacs d'Henna, les marais de Palicus et les sources d'Aréthuse.

C'est à Syracuse que le poète a admiré cette source merveilleuse[7], qui se voit encore aujourd'hui, au bout de la *Via Aretusa*; une simple levée de terre sépare de la mer de Sicile la fontaine moderne dont l'eau est salée. La Nymphe était représentée sur de nombreuses monnaies de Syracuse, et sa source d'eau douce était l'objet de l'admiration générale. Cicéron la mentionnait dans ses *Verrines* :

Syracuse est si vaste qu'elle semble composée de quatre villes très grandes. La première est l'Ile[8], dont je viens de parler... A l'extrémité de l'Ile est une fontaine d'eau douce que l'on nomme Aréthuse. Son bassin, d'une grandeur incroyable, tout rempli de poissons, serait recouvert par les flots, si une forte digue de pierre ne le séparait de la mer et ne le fortifiait contre elle[9].

1. *Fastes*, IV, v. 477 : ... *Heloria Tempe*.
2. *Fastes*, II, v. 93 : ... *Siculas... urbes*.
3. *Fastes*, IV, v. 475.
4. *Fastes*, IV, v. 475.
5. *Fastes*, IV, v. 475.
6. *Fastes*, IV, v. 467 ; — *Mét.*, XV, v. 279-280.
7. *Fastes*, IV, v. 873 : ... *Syracusas... Arethusidas*.
8. Cette *Insula* est Nésos ou Ortygie (Νῆσος, Ὀρτύγια), la partie la plus ancienne de Syracuse, celle qui fut bâtie par les Corinthiens. Ovide cite *Ortygie* (*Fastes*, IV, v. 471), comme synonyme de Syracuse.
9. Cicéron, *De Signis*, LIII, 118.

Sénèque rappellera que la source d'Aréthuse est une des merveilles qui invitent à faire le voyage de Sicile :

Tu verras la source d'Aréthuse que les poètes ont rendue si célèbre, tu verras cette source si limpide, si transparente, jusqu'au fond, répandant des eaux si fraîches. Ces eaux, les trouve-t-elle sortant du sol pour la première fois à Syracuse, ou est-ce un fleuve englouti sous les terres, conservé intact sous les mers, préservé de tout mélange avec une eau moins pure, qu'elle fait reparaître à Syracuse[1]?

La légende d'Aréthuse, dont il est déjà parlé par le poète Pindare et par l'historien Timée[2], doit son origine à la propagation en Sicile du culte d'Artémis d'Arcadie et de ses Nymphes, honorées sur les bords de l'Alphée, *le nourricier*, le plus grand fleuve du Péloponèse. Le dieu du fleuve s'éprend d'Aréthuse (ἄρδω, *arroser*), fille d'Okéanos et de Doris, et Nymphe d'Artémis. Pour dérober sa compagne aux poursuites du dieu, Artémis change Aréthuse en une fontaine dont les eaux vont jaillir bien loin du Péloponèse, dans la petite île d'Ortygie, sur la côte de Sicile. Au travers des flots marins, le dieu Alphée cherche toujours à rejoindre la Nymphe Aréthuse ; et, depuis les rivages du Péloponèse jusqu'à ceux de la Sicile, les eaux du fleuve et celles de la source courent sans se mêler. Une pièce d'or jetée à Olympie, dans le cours du fleuve Alphée, reparaît dans l'île d'Ortygie, à la surface des eaux de la source Aréthuse.

1. Sénèque, *Consolation à Marcia*, XVII.
2. Pindare, *Néméennes*, I ; — Fragments de Timée dans les *Fragmenta Historicorum Graecorum*, édit. Didot, t. I, p. 208.

Les *Métamorphoses*[1] racontent longuement la légende de la Nymphe d'Élide, devenue une déesse des sources siciliennes, qui rend un culte à Cérès[2]. Mais Ovide ne donne aucune description, ni de cette île d'Ortygie, chère à la Nymphe Aréthuse, parce qu'elle lui rappelle le surnom de sa protectrice Diane[3], ni de la ville de Syracuse elle-même, dont les murailles furent bâties entre deux ports d'inégale étendue, par les compagnons d'Archias, descendants de l'Héraclide Bacchis, le premier possesseur de Corinthe, située entre deux mers[4]. Il se contente de faire allusion à Denys, le tyran de Syracuse, qui, chassé par son peuple, dut, pour ne pas mourir de faim, s'établir maître d'école à Corinthe[5]; de rappeler la conquête de Syracuse par Marcellus[6]; de donner une description de la sphère d'Archimède qu'il semble avoir vue de ses yeux :

Grâce à l'habileté du savant de Syracuse[7], une sphère se tient suspendue dans le vide, image en petit de l'immense univers. On y voit la terre aussi éloignée des parties supérieures que des parties inférieures; c'est sa forme ronde qui la fixe dans cette position[8].

1. *Mét.*, V, v. 487-503; v. 577-641.
2. *Fastes.* IV, v. 423.
3. *Mét.*, V, v. 640 : ... *Ortygiam, quae... cognomine divae Grata meae.* Cf. *Mét*., I, v. 694 : *Ortygiam... deam.* — On sait qu'Artémis-Diane naquit dans l'île de Délos, qui se nommait primitivement Ortygia.
4. *Mét.*, V, v. 407-408.
5. *Pont.*, IV, III, v. 39-40.
6. *Fastes.* IV, v. 873-874.
7. *Arte Syracosia.* Heinsius corrigeait *arce Syracosia*, parce qu'Athénée (V, XI, p. 207) dit que cette sphère était conservée à Achradina, la partie haute de Syracuse. Si le *globus* se trouvait dans l'*arx Syracosia*, on peut admettre qu'Ovide en parle d'après ses souvenirs personnels.
8. *Fastes*, VI, v. 277-280.

Ovide a visité « les marais fétides de Palicus et la région où l'Anapus mêle ses flots aux flots de Cyané ».

C'est aux environs du Mont-Etna que se trouvaient les deux cratères volcaniques, devenus deux lacs d'eau sulfureuse, qui avaient pour divinités les jumeaux Paliques, fils d'Héphaistos et de la Nymphe Aetna, ou de Zeus et de la Nymphe Aithalia (αἴθω, *brûler*), fille d'Héphaistos. Les *Métamorphoses* montrent le dieu Pluton, qui enlève la vierge Proserpine, passant « auprès des étangs des Paliques, dont les eaux exhalent l'odeur du soufre et bouillonnent au sein de la terre brusquement ouverte[1] ».

Il est intéressant de noter que, si, à propos des voyages de la déesse, le poète cite les *stagna Palicorum*, dans l'*Élégie* à Macer, où il rappelle à son ami les paysages de Sicile qu'ils ont vus ensemble, il n'est plus question que des *stagna Palici*. Virgile, dans une allusion au culte rendu à la divinité de ce lac, qui était, comme toutes les divinités des eaux sulfureuses, entourée d'une vénération particulière, ne parle que de l'autel consacré à un seul dieu, Palicus, que les sacrifices rendaient favorable[2]. Heyne suppose que, si l'*Énéide* ne mentionne qu'un seul autel et un seul dieu Palicus, c'est que, dès l'époque d'Auguste, il n'existait plus que le seul lac qui demeure encore aujourd'hui[3]. Cette supposition semble confirmée par le témoi-

---

1. *Mét.*, V, v. 405-406.
2. *Énéide*, IX, v. 585 : ... *pinguis ubi et placabilis ara Palici.*
3. Heyne, note au vers 585 du livre IX de l'*Énéide*. — Pour la

gnage d'Ovide, qui n'a vu lui-même avec Macer qu'un seul lac.

Non loin de ce lac sulfureux, l'Anapus au cours tranquille[1] mêle ses eaux, qu'il va déverser dans la mer, au sud de Syracuse, à celles de Cyané :

Entre l'étang de Cyané et la source d'Aréthuse, la Nymphe de Pise, la mer est resserrée dans une gorge en forme de croissant. Là était la demeure de celle qui donna son nom à l'étang, Cyané, la plus célèbre parmi les Nymphes de Sicile[2].

Les *Métamorphoses* racontent comment la Nymphe fut changée en étang, par suite de la colère de Pluton[3]. La légende de Cyané, victime des fureurs du dieu qui préside aux phénomènes telluriques, et la légende des Paliques, fils de la Nymphe Aetna, se rattachent l'une et l'autre aux traditions mythologiques qui concernent le célèbre volcan de Sicile.

Merveille de l'île, l'Etna sollicitait la curiosité scientifique des anciens ou fournissait d'abondantes légendes à leur crédulité superstitieuse. Lucrèce, qui a entrepris de donner une explication dogmatique des éruptions de l'Etna[4], constate que le pays qui possède le volcan est un but de voyage d'études pour quiconque s'intéresse aux questions naturelles :

Là se trouve Charybde, gouffre dévastateur ; là gronde

legende des *Palici*, voir Macrobe, *Saturn.*, V, xix, les auteurs cités par Heyne et la dissertation de Michaelis, *Die Paliken*, Halle, 1856.
1. *Fastes*, IV, v. 469 : ...*fontes lenis Anapi*.
2. *Mét.*, V, v. 409-411.
3. *Mét.*, V, v. 412-438.
4. *De Rerum Natura*, VI, v. 639 et suiv.

l'Etna, qui menace d'amonceler encore ses flammes irritées, pour que de ses gorges les feux soient de nouveau rejetés et vomis violemment, et lancent de nouveau vers le ciel de fulgurants éclairs. Riche en phénomènes grandioses, cette terre de Sicile est l'objet de l'admiration des races humaines qui estiment utile d'aller la visiter[1].

Trois quarts de siècle environ après le voyage d'Ovide en Sicile, un poète, qui est peut-être Lucilius, l'ami du philosophe Sénèque, consacrait une œuvre qui comprend près de 650 hexamètres à donner, à propos du Mont-Etna, une théorie scientifique des volcans :

L'Etna, les feux qui brisent les parois de ses fournaises profondes pour s'échapper au dehors; les causes si puissantes qui font tourbillonner les incendies; la force inconnue qui ébranle la montagne et lance avec un bruit rauque les masses de lave : tel sera le sujet de mon poème[2].

Au contraire de Lucrèce et du poète de l'*Aetna*, qui s'efforcent de remplacer par des discussions et des démonstrations scientifiques toutes les fables traditionnelles où la poésie prétendait trouver les causes merveilleuses des phénomènes volcaniques, Ovide se plaît à donner dans ses œuvres, souvent un résumé, parfois une amplification des diverses légendes mythologiques qui ont rapport à l'Etna.

Il rappelle les épisodes d'Acis et de Polyphème, dont la scène est voisine du mont de Sicile[3]; il a vu les rives et le lit encombré d'herbes et de verts

---

1. *De Rerum Natura*, I, v. 722-727.
2. *Aetna*, v. 1-4.
3. *Mét.*, XIII, v. 750 et suiv.; — *Pont.*, II, II, v. 115 ... *Aetnaeus... Polyphemus.*

roseaux où coule le fleuve Acis[1], dont, après sa métamorphose, l'amant de Galatée est devenu le dieu ; il a vu, sur la plage déserte qui s'étend entre la montagne et la mer, les rochers où fut abandonné le Grec Achéménide[2]. Il fait de fréquentes et banales allusions aux flammes et aux éruptions du volcan[3]. Mais c'est surtout la légende de l'Etna, dont la masse accable le Géant prisonnier[4], qui revient avec des développements variés dans les œuvres du poète.

Les traditions relatives à la *Gigantomachie* admettent que les éruptions de l'Etna ont pour cause les efforts et les révoltes d'un des Géants vaincus par les divinités olympiennes, qui serait retenu prisonnier sous la masse de la montagne.

D'après l'*Énéide*, ce Géant est Encelade :

On dit que le corps d'Encelade, consumé à demi par la foudre, gît accablé sous cette masse, que l'immense Etna, placé au-dessus de lui, exhale la flamme de ses fournaises où des fentes s'ouvrent, chaque fois que le Géant fait changer de position à son flanc fatigué : alors un mugissement ébranle l'île entière de Trinacrie, et la fumée obscurcit le ciel[5].

Conformément à la légende exposée dans la première *Pythique* de Pindare, pour Ovide le Géant captif sous l'Etna est Typhoeus, et non Encelade :

---

1. *Mét.*, XIII, v. 882-897 ; — *Fastes*, IV, v. 468 : ... *ripas, herbifer Aci, tuas.*
2. *Mét.*, XIV, v. 160 et suiv.
3. *Art d'aimer*, III, v. 490 ; — *Remède d'amour*, v. 491 ; — *Mét.*, II, v. 220 ; — *Tristes*, V, II, v. 75 ; — *Fastes*, I, v. 574 ; — *Ibis*, v. 595-596.
4. *Mét.*, XIV, v. 1 : ... *Giganteis injectam faucibus Aetnen.* Cf. *Pont.*, II, x, v. 23-24.
5. *Énéide*, III, v. 578-582.

Au-dessus du visage de l'immense Typhoeus est placée la haute montagne de l'Etna ; les flammes que le Géant exhale brûlent le sol environnant [1].

C'est probablement en Sicile même qu'Ovide a recueilli cette tradition, opposée à celle de l'*Énéide*, qu'il répète sans se contredire dans tous ses ouvrages et qu'il expose avec des développements précis dans les *Métamorphoses* : le Géant Typhoeus, foudroyé par Jupiter [2], a été enfermé dans le sous-sol de la Sicile que sa masse occupe tout entier :

Une île immense, Trinacrie, est amoncelée sur les membres du Géant ; elle presse, accablé sous des masses énormes, Typhoeus, qui a osé aspirer aux demeures célestes. C'est en vain qu'il fait effort, qu'il lutte souvent pour se relever. Sa main droite est au-dessous du cap Pélore, voisin de l'Italie, sa main gauche sous le cap de Pachynos, et le promontoire de Lilybée écrase ses jambes. L'Etna pèse sur sa tête ; étendu sous la montagne, le féroce Typhoeus lance des tourbillons de sable et vomit des flammes. Souvent, il essaie à grand'-peine de rejeter les terres pesantes, souvent il essaie de se-couer loin de lui les villes et les grandes montagnes. De là, des tremblements du sol qui effraient le roi lui-même des ombres silencieuses. Pluton a peur que la terre ne s'en-tr'ouvre, que des gouffres profonds ne la déchirent, et que le jour lancé dans son royaume n'aille porter la terreur au milieu des ombres éperdues [3].

Ovide trouve un moyen ingénieux de relier la légende de Typhoeus, enseveli sous l'Etna, à celle de Cérès et de Proserpine, les déesses de la Sicile. Inquiet des mouvements du Géant, Pluton est allé

1. *Fastes*, IV, v. 491-492.
2. *Mét.*, III, v. 303.
3. *Mét.*, V, v. 346-358.

faire une tournée d'inspection dans les fondements du sol de la Sicile; rassuré, il est remonté à la surface de la terre. Vénus l'a aperçu du haut du Mont-Éryx, qui est une de ses demeures; elle ordonne au dieu Amour de lancer une des flèches les plus acérées de son carquois sur le dieu des enfers, qui, aussitôt qu'il est atteint par le trait, s'éprend d'une violente passion pour Proserpine, qu'il voit au loin dans une prairie et qu'il se hâte de ravir et d'entraîner dans son royaume souterrain. Les *Métamorphoses* décrivent avec une exacte précision le paysage où jouait Proserpine au moment où elle fut enlevée :

Non loin des murailles d'Henna est un lac aux eaux profondes que l'on nomme Pergus. Jamais le Caystros n'a entendu les cygnes chanter en plus grand nombre sur ses eaux courantes. Une forêt couronne le lac de la cime de ses arbres et l'enveloppe de ses feuillages, qui, comme un rideau, écartent les feux de Phébus. Les arbres donnent de la fraîcheur; la terre, baignée par les eaux du lac, produit des fleurs aussi éclatantes que la pourpre de Tyr. C'est un printemps perpétuel. Proserpine joue dans ce bocage; elle y cueille les violettes et les lis brillants de blancheur. Pendant qu'elle dépense sa vivacité de jeune fille à remplir ses corbeilles et les plis de sa robe, pendant qu'elle s'efforce de vaincre ses compagnes en cueillant plus de fleurs qu'elles, il suffit d'un instant à Pluton pour la voir, l'aimer, l'enlever [1].

Le lac de Pergus, que fréquentent des cygnes aussi nombreux et aussi harmonieux que ceux du Caystros, le fleuve célèbre de Lydie, n'est connu que par ce passage des *Métamorphoses* : c'est à Ovide que

[1]. *Mét.*, V, v. 385-395.

Claudien, le seul auteur qui parle de ce lac, emprunte le nom et la description du Pergus[1]. Mais la
ville d'Henna est célèbre.

Le mythe de l'enlèvement de Perséphoné-Proserpine par Aidès-Pluton n'appartient pas à l'époque
homérique, où l'on voit la fille de Déméter-Cérès
partager avec Aidès la domination du royaume infernal[2], sans qu'il soit dit à la suite de quels événements elle est devenue reine des enfers. La première mention que nous ayons du rapt de la jeune
déesse se trouve dans l'*Hymne homérique à Déméter*,
poème de date assez récente, en tout cas postérieur
à l'institution des Mystères d'Éleusis dont il raconte
l'origine. L'*Hymne* place la scène de l'enlèvement
« dans les plaines de Nysa » ; les plaines et les monts
de Nysa sont des termes très vagues de la géographie mythologique ; le pays de Nysa était une
contrée aussi fabuleuse pour les poètes de l'Hellade
que pouvait l'être, il y a quelques siècles, le légendaire *El dorado*, recherché par les *conquistadores*.
Mais Déméter et Perséphoné sont les déesses protectrices de la Sicile hellénique. Tite-Live[3] peut montrer, sans invraisemblance, au temps de la seconde
Guerre Punique, en l'an 214 avant l'ère chrétienne,
les Siciliens invoquant Cérès et Proserpine au premier rang des divinités qui se plaisent à habiter
Henna, ses temples, ses bois et ses lacs sacrés (*hos
sacratos lacus lucosque colitis*). En Sicile, on locali-

---

1. Claudien, *De Raptu Proserpinae*, II, v. 112: ... *lacus (Pergum
dixere Sicani)*.
2. *Iliade*, IX, v. 457 ; — *Odyssée*, X, v. 491.
3. Tite-Live, XXIV, xxxviii, 8.

lisait l'enlèvement de Perséphoné dans les bois sacrés
et auprès des lacs d'Henna. Cette tradition est rapportée par Cicéron, qui, cinquante ans à peu près
avant l'excursion d'Ovide et de Macer en Sicile,
avait dû faire dans l'île un voyage d'affaires pour
réunir des preuves et des documents contre Verrès.
L'orateur décrit presque dans les mêmes termes
que le poète les environs d'Henna qu'ils ont l'un
et l'autre visités :

C'est une très ancienne tradition, fondée sur les œuvres
littéraires et sur les monuments les plus antiques de la
Grèce, que l'île de Sicile est consacrée tout entière à Cérès
et à Proserpine (*Libera*). C'est une opinion pour les autres
nations; mais pour les Siciliens, c'est une persuasion, un
sentiment inné. Car, d'après leur conviction, c'est sur cette
terre que se trouve le lieu de naissance des deux déesses ;
c'est dans cette île que l'art de moissonner le blé fut découvert, que *Libera*, qu'ils nomment Proserpine, fut enlevée. Et
cet enlèvement eut lieu dans le bois du pays d'Henna, bois
qui, à cause de sa situation au milieu de l'île, est nommé le
nombril de la Sicile. On ajoute que, voulant se mettre à la
recherche de sa fille, empressée à la reconquérir, Cérès
alluma des torches à ces feux qui font éruption du sommet
de l'Etna, et que, les portant elle-même, dans ses mains,
devant elle, elle parcourut ainsi tous les pays de la terre.
Quant à Henna, où l'on rapporte que s'accomplirent les événements dont je viens de parler, c'est une ville située sur un
lieu très haut, très élevé, dont le sommet forme un plateau
de champs et de plaines avec des sources intarissables. Toute
cette plaine est, de part et d'autre, escarpée et à pic. Elle
est environnée d'un grand nombre de lacs et de bois sacrés[1].
Les fleurs les plus riantes y abondent en toutes les saisons
de l'année. Le seul aspect de ce paysage semble confirmer
ce que nous avons appris dès notre enfance sur l'enlèvement

---

1. *Lacus lucique.* Cf. Tite-Live, XXIV, xxxviii, 8 : ... *hos sacratos
lacus lucosque.*

de la vierge Proserpine. En effet, on aperçoit, dans le voisinage, ouverte du côté du souffle de l'Aquilon, à une profondeur infinie, une caverne d'où, au dire de la tradition, le dieu Pluton s'élança à l'improviste, monté sur son char, pour enlever la jeune fille. Aussitôt qu'il l'eut ravie, il l'entraîna loin de cet endroit; il s'enfonça subitement sous les terres, non loin de Syracuse : à l'instant, un lac se forma à cette place. C'est auprès de ce lac que, maintenant encore, les Syracusains célèbrent au jour anniversaire de cet événement des fêtes qui attirent un concours immense d'hommes et de femmes.

A cause de l'antiquité de ces traditions, qui font trouver dans ces régions les traces et, pour ainsi dire, le berceau des déesses, la Sicile entière professe pour Cérès, divinité d'Henna, une dévotion admirable qui se manifeste par un culte privé et public. En effet, bien souvent de nombreux prodiges ont attesté sa puissance et sa force divine; en bien des conjonctures difficiles, elle a offert son aide toujours présente. En sorte que Cérès semble non seulement chérir cette île, mais y résider, mais la garder sous sa protection. Et ce ne sont pas seulement les Siciliens, ce sont aussi les autres peuples, les autres nations qui ont un culte signalé pour la déesse d'Henna[1].

Ovide ne donne aucune indication sur l'emplacement d'Henna; il ne parle pas de la caverne d'où Pluton se serait élancé pour saisir la jeune déesse. Par contre, il décrit ces lacs et ces bois sacrés que Cicéron se contentait d'indiquer ; et, si l'auteur des *Verrines* dit simplement que le dieu entraîna sa captive depuis Henna jusqu'à Syracuse où il la fit disparaître dans les enfers, le poète des *Métamorphoses* trace l'itinéraire du couple divin :

Le ravisseur hâte son char; il excite ses chevaux, les ap-

---

1. *De Signis*, XLVIII, 106 ; — XLIX, 108.

pelant chacun par son nom ; il agite sur leur cou et sur leur crinière les rênes teintes d'une couleur noirâtre. Il se fait entraîner à travers les lacs sacrés, les étangs des Paliques d'où s'exhale une odeur sulfureuse, ces étangs qui bouillonnent au sein de la terre entr'ouverte ; il traverse la région où les Bacchiades, race issue de Corinthe que baignent deux mers, ont établi les murs de Syracuse entre deux ports d'importance inégale [1].

C'est alors que la Nymphe Cyané essaie en vain de barrer le passage au dieu des enfers qui, d'un coup violent de son sceptre, ébranle la terre : le sol se fend et lui donne accès jusqu'au Tartare où son char se précipite.

L'*Hymne homérique* montrait Déméter à la recherche de sa fille sur la terre et sur la mer, « tenant dans ses mains des torches ardentes. ». Suivant la tradition locale, Cicéron rapporte que ces torches furent allumées aux feux de l'Etna. Ovide dit, lui aussi, dans les *Métamorphoses*, que la déesse « allume à l'Etna deux torches de pin et porte sans relâche dans ses mains, au milieu des ténèbres glacées, ces deux branches enflammées [2] ». Dans les *Fastes*, il insiste et il précise :

Et voici que déjà tous les objets sont confondus sous une même couleur ; la nature entière se couvre de ténèbres. Déjà se taisent les chiens de garde. Au-dessus du visage de l'immense Typhoeüs pèse l'Etna au sommet élevé, et la bouche du Géant exhale des feux qui brûlent la terre. Là, Cérès alluma deux pins qui devaient lui servir de flambeaux. C'est pourquoi, aujourd'hui encore, on voit des torches aux cérémonies du culte de Cérès [3].

1. *Mét.*, V, v. 402-408.
2. *Mét.*, V, v. 441-443.
3. *Fastes*, IV, v. 489-494.

En effet, dans le poème des *Fastes*, où il expose
les origines et où il décrit les cérémonies des cultes
rendus aux diverses divinités, Ovide, ayant à parler
des *Ludi Cereris*, s'occupe de nouveau du mythe de
l'enlèvement de Proserpine, qui avait déjà fourni
la matière d'un long épisode des *Métamorphoses*:

C'est ici le lieu de raconter l'enlèvement de la vierge Proserpine. Vous reconnaîtrez bien des faits que j'ai déjà
exposés et j'ai peu de détails nouveaux à vous apprendre [1].

On ne relève que peu de détails nouveaux dans le
paysage des campagnes fertiles, voisines d'Henna,
où Pluton vient enlever la jeune fille, pendant que
Cérès se trouve loin, aux environs de Syracuse où
elle a été conviée au festin sacré qu'Aréthuse célébrait en son honneur :

La fille de Cérès, escortée comme de coutume par ses
compagnes, errait nu-pieds dans les prairies, son domaine.
Au fond d'une ombreuse vallée, il est un endroit où les
cascades nombreuses des eaux qui bondissent des rochers
élevés entretiennent la fraîche humidité. Là brillaient toutes
les couleurs que la nature peut produire ; et la terre étince-
lait de fleurs à l'éclat divers [2].

De retour à Henna, Cérès se met à la recherche
de sa fille. Les *Métamorphoses* disaient qu'il serait
trop long d'énumérer toutes les terres et toutes les
mers où la déesse fut conduite par ses courses
errantes [3]. Cicéron et Diodore de Sicile, qui ont,

1. *Fastes*, IV, v. 417-418.
2. *Fastes*, IV, v. 425-430.
3. *Mét.*, V, v. 462.

sans doute, puisé leurs renseignements dans l'*Histoire* de Timée, affirment l'un et l'autre que Cérès parcourut le monde entier[1]. Mais les *Fastes* sont le seul ouvrage qui nous indique quels endroits de la Sicile la mère de Proserpine visita avant de poursuivre ses recherches dans les autres pays de la terre habitée :

Déjà elle a dépassé le territoire des Léontins, le fleuve Amenanus et les rives herbeuses de l'Acis. Elle a dépassé Cyané et les sources du tranquille Anapus et le Géla que ses tourbillons rendent inaccessible. Elle avait laissé Ortygie, Mégare, le Pantagias, les lieux où la mer reçoit les eaux du Symèthe, les antres des Cyclopes rongés par les feux de leurs fournaises, et la région de Drépane, qui porte le nom de la faux recourbée ; puis, les villes d'Himéra, de Didymé, d'Acragas, de Tauroménion et de Myles, avec ses grasses prairies où paissent les bœufs sacrés du Soleil. Elle se rend à Camérine, à Thapsos, aux vallons d'Heloros, au Mont-Eryx, qui s'élève exposé au souffle du Zéphyre. Elle avait déjà parcouru Pélore, Lilybée et Pachynos, les trois promontoires de son île. Partout où elle pénètre, elle emplit les environs de ses plaintes désespérées : telle Procné, changée en hirondelle, gémit sur Itys, son enfant, qu'elle a perdu[2].

Que faut-il penser de cet itinéraire de Cérès où sont énumérés d'abord le territoire des Léontins, voisin de l'Etna, les fleuves Amenanus[3], Acis et Anapus, qui se jettent tous les trois dans la mer de Sicile, — ensuite, le fleuve Géla, qui se jette dans la mer d'Afrique, — Ortygie, Syracuse,

1. Cicéron, *De Signis.*, XLVIII, 106 : ... [Cererem] *orbem omnem veragrasse terrarum.* — Diodore de Sicile, V, IV, 3 : Μυθολογοῦσι τὴν Δήμητραν... ἐπελθεῖν ἐπὶ πολλὰ μέρη τῆς οἰκουμένης.
2. *Fastes*, IV, v. 467-482.
3. Strabon, V, III, 12.

Mégara, qui en est voisine, les vallées du Symèthe et du Pantagias, fleuves qui se jettent dans la mer de Sicile, aux environs de Syracuse, — les antres des Cyclopes, dans une des îles Éoliennes[1], l'île Hiéra, consacrée à Vulcain, et la ville de Drépané, située entre le Mont-Éryx et le cap Lilybée, — Himéra, sur la mer Tyrrhénienne, Didymé, l'une des îles Éoliennes, — Agrigente (Acragas), voisine de la mer d'Afrique, — Tauroménion, sur la mer de Sicile, — Mylés, sur la mer Tyrrhénienne, aux environs du cap Pélore, — Camérine, sur la mer d'Afrique, près du cap Pachynos, — la presqu'île de Thapsos qui ferme le golfe de Mégara-Hyblaea, et la vallée du fleuve Heloros, l'une au nord, l'autre au sud de Syracuse, — enfin, le Mont-Éryx, les caps Pélore, Lilybée et Pachynos, qui sont aux quatre points extrêmes de la Sicile? Dans le désordre de ce catalogue géographique, convient-il de reconnaître, comme on l'a prétendu[2], soit le souci qu'avait le poète de montrer la confusion des courses errantes de Cérès à la recherche de sa fille, soit un zèle maladroit d'entasser au hasard une foule de noms, de villes, de caps, de fleuves de la Sicile?

Il semble qu'au moment où il écrivait les *Fastes*, Ovide se plaisait à rappeler tous les endroits de Sicile qu'il avait visités trente ans auparavant avec son ami Macer, aux jours heureux de leur jeunesse insouciante, alors que leur barque aux mille couleurs sillonnait au hasard l'eau azurée qui baigne les

---

1. Cf. *Enéide*, VIII, v. 416-422.
2. *Ovide*, édit. Lemaire, vol. VI, note aux vers 467-480 du livre IV des *Fastes*.

côtes de la Sicile et les îles voisines, ou que les roues
rapides de leur char les conduisaient, au milieu des
entretiens agréables qui trompent la longueur du
chemin, aux divers buts d'excursion que l'île de
Cérès offre à des voyageurs lettrés.

CHAPITRE VIII

Le retour à Rome. — La mort du frère aîné d'Ovide. — Ovide ne
fait pas de service militaire. — Le *cursus honorum* d'Ovide : il
est *triumvir capitalis*, puis *decemvir stlitibus judicandis*. —
Date approximative des trois mariages successifs du poète.

Ovide avait quitté Rome vers l'an 25 ; il y rentre
vers 23 ou 22, après avoir étudié à Athènes, visité
les villes d'Asie et passé en Sicile presque une année entière.

Pendant son absence, son frère aîné était mort,
en 730-24. Nous savons par le poète lui-même que
ce frère était venu au monde, exactement une année
avant lui, c'est-à-dire le 20 mars 710-44, qu'il par-
tagea les études de son cadet aux écoles des grammairiens et des rhéteurs[1], et qu'après avoir revêtu
la robe virile[2], il se tourna du côté des études juridiques, alors qu'Ovide préférait s'occuper de poésie :

Dès sa première jeunesse, mon frère se dirigeait vers
l'éloquence, il était né pour les fortes luttes du Forum aux

1. Voir p. 44.
2. Voir p. 65.

nombreux discours... Déjà mon frère avait redoublé les dix premières années de sa vie, quand il périt et quand je commençai à être privé d'une partie de moi-même.[1]

Ovide ne manifeste pas un grand regret d'être privé de cette partie de lui-même. On a remarqué avec raison le peu d'intimité qui unissait le futur poète et son frère aîné : « Il ne paraît pas qu'il y ait eu entre les deux frères grande amitié, grande sympathie. C'est avec un étranger qu'Ovide était allé visiter l'Asie et la Sicile, et, chaque fois qu'il parle des plaisirs, des amusements de sa jeunesse, c'est avec des étrangers, ce n'est pas avec son frère qu'il les a partagés[2]. »

Cette sécheresse a lieu de nous étonner. L'un des plus célèbres prédécesseurs d'Ovide dans la poésie élégiaque, Catulle, avait perdu son frère, mort en l'an 60, aux environs de Troie ; le poète qui, en 57, accompagne le propréteur Memmius en Bithynie, tient à faire un pieux pèlerinage au tombeau de son frère ; et ses élégies disent avec une éloquence désolée son deuil fraternel :

Peu de temps a passé depuis que les pieds pâlis de mon frère sont baignés par le courant du fleuve Léthé, mon frère qui m'a été enlevé, que la terre du rivage Rhœtéen cache à nos regards ! Puis-je lui parler ? Je ne t'entendrai jamais me raconter ce que tu as fait, je ne te verrai plus, ô mon frère, toi qui me semblais plus aimable que la vie ! Du moins, je t'aimerai toujours ; toujours, je te dirai des vers attristés par ta mort, comme, sous les ombrages épais des branches,

---

1. *Tristes*, IV, x, v. 17-18 ; v. 31-32.
2. Nageotte, *Ovide*, etc., p. 28.

la Daulienne Procné chante en gémissant la destinée d'Ityleus qui lui a été ravi [1].

Tout ce qui m'intéressait, la mort de mon frère, qui me plonge dans le deuil, me l'a fait oublier. O mon frère, qui m'as été enlevé pour mon malheur ! En mourant, tu as brisé toute ma félicité. Avec toi toute notre maison est ensevelie dans la tombe. Avec toi ont péri toutes nos joies que nourrissait de ton vivant la douce affection que je te portais. Cette mort a chassé tout ce qui intéressait mon esprit, tous les délices de mon cœur !... Troie, ville criminelle, commun sépulcre de l'Asie et de l'Europe, Troie où furent ensevelis avant le temps tellement d'hommes et de courages, Troie qui a aussi causé la mort misérable de mon frère ! O mon frère qui m'as été enlevé pour mon malheur, ô mon malheureux frère à qui la douce lumière a été enlevée ! Avec toi toute notre maison est ensevelie dans la tombe. Avec toi ont péri toutes nos joies que nourrissait de ton vivant la douce affection que je te portais. Et, maintenant, te voici bien loin. Tu ne reposes pas parmi des sépultures connues, au milieu des cendres de tes proches. Mais c'est Troie, la ville infâme, c'est Troie, terre étrangère, qui te retient dans un funeste tombeau, à l'extrémité du monde [2].

Après avoir parcouru bien des nations et traversé bien des mers, j'arrive, ô mon frère, pour offrir à tes mânes ce culte funèbre, pour te porter ce dernier présent destiné aux morts, pour adresser de vaines paroles à ta cendre muette, puisque la fortune t'a ravi à mon affection, ô malheureux frère, toi qui m'as été indignement enlevé ! Et voici, cependant, que, suivant l'antique coutume de nos ancêtres, les offrandes ont été déposées pour le triste culte funèbre. Reçois-les, ces offrandes mouillées de larmes fraternelles. Frère, à jamais salut et adieu [3] !

Ovide lui-même a consacré une élégie déclamatoire, mais sincèrement émue, à la mémoire du

---

1. Catulle, *Carmen LXV*, v. 5-14.
2. Catulle, *Carmen LXVIII*, v. 19-26 ; v. 89-100.
3. Catulle, *Carmen CI*.

poète Tibulle, mort jeune[1]. Il fallait qu'il aimât
bien peu ce frère aîné, mort à vingt ans, pour qu'à
défaut d'une véritable affection fraternelle l'ambition d'imiter Catulle et le souci littéraire de donner
un pendant au poème sur Tibulle ne lui aient jamais fourni, soit dans les recueils de sa jeunesse,
soit dans les œuvres écrites en exil, l'occasion de
pleurer la mort prématurée de ce compagnon des
premières années. Nous ignorons si ce jeune
homme, qui s'occupait de sciences juridiques, était
indigne de tout souvenir, car nous ne savons rien
de lui[2].

A son retour en Italie, le fils du chevalier de
Sulmone était en âge de faire son année de service militaire dans les conditions faciles réservées
aux jeunes gens de bonne famille. Cicéron, fils d'un
chevalier d'Arpinum, rappelle qu'il fit campagne,
comme *tiro*, à l'âge de dix-huit ans (665-89), sous
les ordres du père du grand Pompée, le consul
Cn. Pompeius Strabo, qui commandait l'armée romaine pendant la guerre contre les Marses[3]. Plus
tard, au temps de l'Empire, en l'an 835-81, un

1. *Amours*, III, ix.
2. Dans une *Etude sur la personnalité de Lygdamus* (*Revue de
Philologie*, 1888, p. 129-134), G. Doncieux a essayé d'identifier le
frère aîné d'Ovide avec Lygdamus, poète du cercle de Messalla,
auquel la critique moderne attribue le livre III des *Elégies* qui se
trouvent dans les manuscrits de Tibulle. — J'ai expliqué dans un
travail sur *le Poète Lygdamus*, publié par *Le Musée belge* (1904,
livraisons du 15 juillet et du 15 octobre), les raisons qui me
font rejeter l'hypothèse de Doncieux favorablement accueillie
par Ph. Martinon (*Les Elégies de Tibulle, Lygdamus et Sulpicia*,
texte revu d'après les travaux de la philologie, avec une traduction littérale en vers et un commentaire critique et explicatif,
Paris, Thorin, 1895, *Notice*, p. lxiii) et par R. Pichon (*Histoire de
la littérature latine*, Paris, Hachette, 1898, p. 382, note 1).
3. Cicéron, *Philippiques*, XII, xi, 27.

autre adolescent de famille équestre, Pline le Jeune, âgé de vingt ans, passait un semestre ou deux, en qualité de tribun militaire, dans les quartiers de la *tertia legio Gallica*, dont la garnison était en Syrie. Ses *Lettres* prouvent que pour lui, comme pour les autres *tribuni militum honores petituri*, le service militaire fut loin d'être rude, puisqu'il eut le loisir de suivre les cours des philosophes qui tenaient école dans la province[1].

D'après la biographie d'Ovide *ex vetusto codice Pomponii Laeti*[2], le futur poète aurait été soit *tiro*, comme Cicéron, soit *tribunus militum*, comme Pline le Jeune, dans l'armée de Varron[3]. Mais Ovide dit formellement qu'il n'a pas été soldat ; une de ses œuvres de jeunesse avoue qu'il avait à *se défendre* contre des ennemis qui lui reprochaient à la fois de n'avoir pas fait son service militaire et de s'abstenir de plaider au Forum :

Pourquoi, mordante Jalousie, m'accuser de passer mes années à ne rien faire, appeler mes poésies l'œuvre d'un esprit paresseux? Pourquoi me reprocher de ne pas suivre la coutume de mes pères, de ne pas poursuivre, alors que mon âge m'en rend capable, les récompenses souillées de poussière que le service militaire procure? Pourquoi me reprocher de négliger l'étude du verbiage des lois, de ne pas prostituer ma voix sur le Forum qui ne m'en gardera aucune reconnaissance? Les travaux que tu réclames de moi ne donnent qu'une renommée mortelle; ce que, moi, je réclame, c'est une renommée éternelle; je veux être à jamais célèbre dans le monde entier[4].

1. Pline le Jeune, *Lettres*, IV, iv, 2.
2. Voir, p. 58, note 4; p. 151, note 3.
3. *Militavit sub M. Varrone.* — On ne sait quel M. Varro commandait une armée au temps où Ovide aurait pu faire son service.
4. *Amours*, I, xv, v. 1-8.

Il le répète encore, à la fin de sa carrière, dans une *Élégie* des *Tristes* : « Quand j'étais jeune, j'ai évité les âpres luttes du service militaire[1]. »

On sait qu'Auguste rétablit dans l'armée les anciennes institutions et sévit contre les chevaliers qui se dérobaient au service[2]. Mais ces mesures de rigueur ne furent prises, apparemment, qu'après le désastre de Varus. Au temps où Ovide était dans sa vingtième année, un jeune homme de l'ordre équestre, qui n'avait pas d'ambition, pouvait se soustraire à l'obligation de faire son service militaire. Ovide dut cependant aborder la carrière des magistratures civiles ; mais, aussitôt que cela lui fut possible, il s'arrêta dans son *cursus honorum*.

Je commençai la carrière des honneurs que l'on accorde à la première jeunesse et je fus au nombre des triumvirs. Il me restait à entrer au Sénat : mais la bande de pourpre de ma toge redevint étroite, car les charges que le laticlave récompense étaient trop lourdes pour mes forces. Mon corps ne pouvait supporter de telles fatigues, mon esprit n'y était pas disposé : en face des inquiétudes qu'amène l'ambition, j'étais un fuyard. Et les sœurs Aoniennes, les Muses, me conseillaient les sûrs loisirs, toujours si chers à mon goût[3].

Quand il avait été en âge de prendre la robe virile, Ovide, comme tous les fils de chevaliers que l'on destinait à la carrière des honneurs, avait revêtu le *laticlave*, la toge ornée d'une large bande de pourpre, insigne de l'ordre sénatorial[4]. Du mo-

---

1. *Tristes*, IV, i, v. 71 : *Aspera militiae juvenis certamina fugi.*
2. Suétone, *Auguste*, XXIV ; — Dion Cassius, LVI, XXIII.
3. *Tristes*, IV, x, v. 33-40. — Cf. v. 34 : *Deque viris quondam pars tribus una fui.*
4. *Tristes*, IV, x, v. 29 : *Induiturque humeris cum lato purpura clavo.*

ment qu'après avoir rempli les *magistratus minores*, il ne briguait pas à vingt-cinq ans la questure qui lui permettait d'entrer au Sénat, et d'être,
plus tard, édile, préteur et enfin consul, il se fermait l'accès de l'assemblée des Pères Conscrits, et
devait, par conséquent, reprendre l'*angusticlave*, la
toge ornée d'une étroite bande de pourpre, insigne
de l'ordre équestre où il restait définitivement,
après s'être contenté de passer par quelques fonctions d'ordre inférieur.

Ces magistratures mineures formaient un ensemble de cinq commissions administratives et
judiciaires qui se composaient en tout de vingt-six
membres — le *vigintisexvirat*[1], — nommés par
les magistrats supérieurs ou élus par les comices
des tribus. C'étaient les *triumviri nocturni* ou *capitales*, subordonnés aux édiles et chargés de la
police de nuit, de la surveillance des incendies, de
l'inspection des prisons et des exécutions capitales ;
— les *decemviri stlitibus judicandis*, à qui les tribuns confiaient l'examen des causes civiles pour
lesquelles l'intervention tribunitienne avait été
réclamée ; — les *quatuorviri juri dicundo Capuam,
Cumas*, représentants du préteur urbain en Italie,
particulièrement à Capoue et à Cumes ; — les
*triumviri monetales aeri, argento, auro, flando,
feriundo*, chargés de la frappe des monnaies, sous
la haute autorité de l'Empereur et du Sénat ; — les

---

1. C'est en l'an 741-13 qu'Auguste réduisit ce *vigintisexvirat* à un
vigintivirat par la suppression des *quatuorviri*, délégués à Cumes
et à Capoue, et des *duumviri*, chargés de l'entretien des voies de
la banlieue de Rome.

quatuoviri, chargés de l'entretien des voies urbaines
et les *duumviri*, chargés de l'entretien des voies
de la banlieue dans un rayon de mille pas, subordonnés les uns et les autres aux édiles.

Ovide ne dit pas s'il a été au nombre des *triumviri
capitales* ou des *triumviri monetales* ; mais les *Fastes*
font allusion au temple de *Juno Moneta* [1], dans les
dépendances duquel se trouvait l'Hôtel des Monnaies
de Rome : si le poète avait été, au temps de sa
jeunesse, *pars de tribus viris monetalibus*, il aurait
probablement trouvé l'occasion de le rappeler à pro-
pros du sanctuaire de la déesse.

Il n'exerça pas seulement les fonctions de *triumvir
capitalis* dans les magistratures mineures. Le poème
apologétique qu'il adresse à l'Empereur, alors qu'il
est exilé à Tomes, nous apprend qu'il s'est acquitté
d'une manière impartiale de ses devoirs de *decemvir
stlitibus judicandis* :

Je n'ai jamais agi avec iniquité ; lorsque le sort des accu-
sés m'a été confié, lorsqu'un procès a été soumis à l'examen
du tribunal composé de dix fois dix magistrats. C'est sans
reproche que j'ai statué comme juge dans les causes privées,
et mon honnêteté a été reconnue même par la partie com-
damnée [2].

Ce passage indique nettement la double fonction
des *decemviri*, qui devaient examiner les questions
qui leur étaient soumises par les tribuns et diriger,
comme présidents de chambre, chacune des quatre
sections du tribunal des *centumviri*, dont le préteur

1. *Fastes*, I, v. 638 ; VI, v. 183.
2. *Tristes*, II, v. 93-96. — Cf. v. 94 : ... *decem decies... viris*.

était le premier président et qui jugeait exclusivement les procès de propriété quiritaire. On sait l'importance que prit ce tribunal sous l'Empire [1]. « Quant au recrutement des membres du collège, un texte de Dion Cassius (LIV, xxvi) paraît démontrer qu'il avait lieu par la voie du tirage au sort; mais on ignore sur quelle liste [2]. » Un passage des *Pontiques* permet de supposer que les anciens *decemviri* figuraient sur cette liste. Ovide exilé remercie son ami Maximus Cotta, qui lui a envoyé un plaidoyer qu'il avait prononcé devant les *centumviri*. Il est heureux de lire ce discours; il eût été bien plus heureux de l'entendre et de lui donner son suffrage en qualité de juge siégeant au tribunal :

Comme j'en ai eu l'habitude, j'aurais pu être assis en qualité de juge parmis les *centumviri* chargés de t'écouter. [Au lieu de le lire en exil], c'eût été une plus grande volupté qui eût rempli mon cœur, si j'avais été là, me laissant entraîner par ton plaidoyer, lui donnant mon assentiment [3].

Il est évident qu'à la date où il écrit cette lettre, Ovide avait passé depuis longtemps l'âge où l'on était *decemvir*. S'il avait l'habitude, dans les années qui précédèrent son exil, de siéger parmi les *centumviri*, c'est probablement parce que l'on tirait au sort un certain nombre de *centumviri* sur la liste des anciens *decemviri*.

1. *Dialogue des Orateurs*, xxxviii : *Causae centumvirales nunc primum obtinent locum.*
2. E. Jobbé-Duval, article *Centumviri*, dans la *Grande Encyclopédie.*
3. *Pont.*, III, v, v. 23-26. — Cf. v. 23 :
... Sedissem forsitan unus
De centum judex in tua verba viris.

Alors qu'il était dans l'exercice de ses fonctions, l'importance principale que l'esprit léger et mondain du jeune poète semble attribuer au décemvirat, c'est que cette magistrature lui donnait le droit de s'asseoir au théâtre parmi les personnalités qui jouissaient de places réservées. Il se fait dire par un vétéran, ancien tribun militaire dans les armées de César, qui est son voisin à une des représentations dramatiques données pendant les Jeux Mégalésiens :

La place que nous occupons nous l'avons gagnée, moi par mes services militaires, toi par tes services civils, puisque c'est ton titre de *decemvir* qui te vaut cet honneur. Nous aurions continué de causer, mais une pluie soudaine nous sépare [1].

S'il a, comme il s'en vante, exercé ses fonctions judiciaires avec équité, il ne semble pas qu'Ovide ait dû y faire preuve d'une grande science juridique. On a prétendu qu'il possédait une connaissance approfondie du droit romain [2] : mais ses poèmes ne nous donnent et n'ont l'occasion de nous donner aucun témoignagne de cette érudition spéciale ; d'autre part, le poète des *Amours* déclare lui-même qu'il a toujours négligé d'étudier le verbiage des lois [3]. On a prétendu qu'il fut avocat : Bayle a, depuis longtemps, réfuté cette affirmation fondée sur une confusion entre les controverses qu'Ovide, étudiant,

1. *Fastes*, IV, v. 383-385. — Cf. v. 384 : *Inter bis quinos usus honore viros.*
2. C. Iddekinge, *De insigni Ovidii peritia juris Romani*, Amsterdam, 1811.
3. *Amours*, I, xv, v. 5 : *Nec me verbosas leges ediscere...*

plaida à l'école de déclamation et les causes véritables qu'Ovide, avocat, aurait soutenues au tribunal[1]. Le poète déclare, d'ailleurs, qu'il n'a jamais consenti à prostituer sa voix au Forum[2].

Ce n'est donc pas pour se faire une position au barreau, mais c'est pour se donner tout entier à la poésie que le *decemvir*, après avoir passé quelques années dans les *magistratus minores*, renonçait à poursuivre son *cursus honorum*.

Avant même d'entrer dans le *vigintisexviral*, Ovide avait été marié deux fois :

J'étais presque un enfant, quand on me donna une épouse qui n'était pas digne de moi et qui ne m'était bonne à rien. Elle fut ma femme très peu de temps. Une seconde épouse lui succéda. Contre celle-là, je n'ai aucun grief : cependant, elle ne devait pas rester d'une manière durable dans mon lit[3].

Nous ne savons rien de cette *nec digna, nec utilis uxor*, que la famille d'Ovide lui avait fait épouser alors qu'il était encore tout jeune. On cherche, dit Horace[4], une dot, une femme riche, pour en avoir des enfants. Les parents d'Ovide lui avaient, sans doute, trouvé une épouse riche et bien dotée ; mais le brillant élève des rhéteurs, habitué à l'admiration de ses maîtres et de ses camarades, la jugeait indigne de lui ; de plus, la compagne d'Ovide, qui était presque un enfant, devait être elle-même une

---

1. Bayle, *Dictionnaire historique et critique*, article *Ovide*, note E.
2. *Amours*, I, xv, v. 5 : *...nec me Ingrato vocem prostituisse Foro*.
3. *Tristes*, IV, x, v. 69-72.
4. Horace, *Epîtres*, I, ii, v. 44 : *Quaeritur argentum puerisque beata creandis Uxor*.

enfant encore stérile, *nec utilis*. Un édit de l'Empereur permettait le mariage aux filles déclarées nubiles dès leur douzième année[1]. Les *Métamorphoses*, qui conforment les coutumes et les lois de l'époque mythologique à celles du siècle d'Auguste[2], fixent entre douze et quatorze ans l'âge où se mariaient les héroïnes légendaires :

Chioné, très favorisée du côté de la beauté, était recherchée par mille amants ; elle était nubile ; elle avait quatorze ans[3].

On fiance à une enfant de treize ans Iphis, qui est une fille, mais qui passe pour un garçon et qui a été élevée comme un garçon ; le mariage est imminent :

Cependant, tu étais parvenue à la treizième année, Iphis, lorsque ton père te fiança la blonde Ianthé, la vierge de Phæstos, à qui les mérites de la beauté attiraient le plus d'éloges. Fille de Téleste, originaire du Mont-Dicté, elle avait le même âge qu'Iphis, la même beauté ; elle avait appris des mêmes maîtres qu'Iphis les premiers éléments de l'instruction que l'on donne à l'enfance... Ianthé attend avec impatience le jour où, allumant ses flambeaux, l'hyménée qui lui est promis l'unira à celle qu'elle croit être un jeune homme[4].

Nous ignorons si la première femme du poète était une vierge de Sulmone, qui avait été élevée avec Ovide, comme Ianthé avec Iphis. Nous ignorons si ce mariage, qui dura peu de temps, fut

1. Dion Cassius, LIV, xvi.
2. Voir p. 52.
3. *Mét.*, XI, v. 301-302.
4. *Mét.*, IX, v. 714-719 ; v. 721-722.

rompu par la mort ; il est vraisemblable que le divorce sépara les deux époux enfants. Sous le consulat de D. Junius Silanus et de Q. Haterius, Néron, qui était dans sa seizième année, épousa Octavie, qui avait douze ans [1] ; quelques années plus tard, il la répudia, sous prétexte qu'elle était stérile [2]. C'est probablement pour le même motif que la jeune femme d'Ovide fut répudiée avant le temps où elle aurait pu être féconde.

Le poète ne fournit aucun renseignement précis sur sa seconde femme. C'était une campagnarde du pays des Falisques, en Étrurie, « contre laquelle il n'avait aucun grief, mais qui ne devait pas rester d'une manière durable dans son lit ». A propos de la description qu'il donne des fêtes célébrées en l'honneur de Junon à Faléries, fêtes auxquelles il a assisté, il dit, dans les *Amours* :

Comme ma femme était originaire du pays des Falisques, abondant en vergers, nous eûmes l'occasion de voir les murailles de Faléries, ces murailles qui furent jadis vaincues par toi, ô Camille [3] !

Ce n'est pas sa première femme — si indigne de lui — qu'il aurait accompagnée en voyage ; c'est plutôt dans la famille de sa seconde femme, à qui il n'avait rien à reprocher, qu'il consentit à passer quelques jours loin de Rome. D'ailleurs il devait se séparer de la seconde aussi facilement et aussi vite qu'il avait fait de la première.

1. Tacite, *Annales*, XII, LVIII.
2. Tacite, *Annales*, XIV, LX et suiv.
3. *Amours*, III, XIII, v. 1-2.

On peut supposer que la jeunesse inexpérimentée d'Ovide et l'imprévoyance de ses parents ne s'étaient pas inquiétées de laisser célébrer en quelque jour néfaste ces deux mariages qui devaient être si courts et si peu heureux. En effet, les six premiers livres des *Fastes*, qui seuls nous ont été conservés et qui ne s'occupent que du premier semestre de l'année, enregistrent avec un soin méticuleux toutes les dates qui sont de mauvais augure pour le mariage. Il faut éviter la période des *Feralia*, fêtes des Mânes, qui commence le 19 février :

Pendant ces cérémonies, attendez, ô jeunes veuves, pour former de nouvelles unions ; que l'on attende des jours purs pour allumer la torche de sapin. Et toi, jeune fille, qui semblais nubile à ta mère impatiente, que, dans ces jours, la pointe de la lance recourbée ne sépare pas ta chevelure virginale. O Hyménée, cache ton flambeau [1]

En mars, il faut s'abstenir pendant toute la durée des fêtes des Saliens :

Si tu veux te marier, jeune fille, malgré votre impatience à tous les deux, il faut différer : d'un peu de retard naîtront de grands avantages. Car les armes appellent les batailles et les batailles sont fatales aux époux. Quand les armes sacrées auront été cachées dans le sanctuaire, le présage sera plus favorable [2].

En mai, il faut s'abstenir pendant les *Lemuria*, fêtes que l'on célébrait pour apaiser les âmes des morts :

Ces jours ne doivent être choisis ni par les veuves, ni par

1. *Fastes*, II, v. 557-561.
2. *Fastes*, III, v. 393-396.

les vierges, pour allumer les flambeaux d'hyménée. Celle qui se marie à cette date n'est pas mariée pour longtemps. De là vient, si tu t'intéresses aux proverbes, ce que le vulgaire répète : « Les méchantes se marient au mois de mai[1]. »

Quand il s'agit de marier sa propre fille, le poète des *Fastes* se montre plein de prudence dans le choix d'un jour favorable à la célébration de la cérémonie nuptiale :

J'ai — et je prie les dieux que sa vie se prolonge plus que la mienne — j'ai une fille : tant qu'elle vivra bien portante, je serai heureux ! Cette fille, alors que je voulais la donner à un gendre, je cherchai un temps propice pour allumer les flambeaux de l'hyménée, je m'inquiétai des temps où il convenait de s'en abstenir. Alors on m'indique comme favorable aux épousées et aux maris le mois de juin après les ides sacrées. Car on s'est rendu compte que la première partie du mois est funeste aux couches nuptiales[2].

Cette fille chérie était née d'un troisième mariage[3], qui avait été contracté par Ovide sous des auspices plus heureux que les deux premiers et qui devait être définitif :

La dernière de mes femmes est restée ma compagne jusque dans mes vieux jours ; elle a eu le courage d'être l'épouse d'un exilé[4].

Cette épouse courageuse était une veuve, mère

1. *Fastes*, V, v. 487-490.
2. *Fastes*, VI, v. 219-225.
3. Ovide ne le dit pas d'une manière précise ; mais, dans son autobiographie, il mentionne sa fille, après avoir parlé de sa troisième femme (*Trist.*, IV, x, v. 75-76). La première femme du poète était stérile ; si la seconde lui avait donné une fille, il est probable qu'elle n'aurait pas été répudiée si vite.
4. *Tristes*, IV, x, v. 73-74.

d'une fille née d'un premier mariage. L'exilé écrivait, pour lui demander sa protection, à P. Suillius Rufus qui était le gendre de sa femme :

Les liens de parenté par alliance qui nous unissent me donnent quelque droit [à ton amitié, à ton appui]; ces liens, je supplie les dieux qu'ils demeurent toujours entre nous sans se relâcher. Car celle qui est ta femme est presque ma fille ; et celle qui te nomme son gendre me nomme son mari[1].

La troisième femme qui nomma Ovide son mari était d'illustre origine. Issue de la *gens Fabia*, elle était parente de Paulus Fabius Maximus, personnage important qui fut consul l'an 744-10 et proconsul de Cypre et d'Asie[2]. Fille de l'orateur bien connu Marcius Philippus, qui prétendait descendre du roi de Rome Ancus Marcius[3], et d'Attia *Minor*, sœur d'Attia *Major*, mère d'Octave, la femme de Fabius, Marcia avait été liée dès sa première enfance avec la femme d'Ovide qui elle-même vivait dans l'intimité de la tante, Attia *Minor*[4] et de l'épouse d'Auguste, Livie[5]. La fille des Fabius avait pour oncle maternel, aussi dévoué à sa nièce que Castor fut dévoué à Hermione et Hector à Iule[6], un personnage qui était la gloire de la ville de Fundi, en Campanie, et qu'Ovide ne désigne

---

1. *Pont.*, IV, VIII, v. 9-12.
2. *Pont.*, I, II, v. 138-140. — Pour Paulus Fabius Maximus, voir B. Lorentz, *De amicorum in Ovidii Tristibus personis*, p. 19-31.
3. *Fastes*, VI, v. 801-810.
4. *Pont.*, I, II, v. 141 : ... *matertera Caesaris*.
5. *Tristes*, I, VI, v. 25 : *Femina... princeps*.
6. *Pont.*, II, XI, v. 15 :

> *Namque quod Hermiones Castor fuit, Hector Iuli.*
> *Hoc ego te laetor conjugis esse meae.*

que par son *cognomen* de Rufus, commun à beaucoup de familles, ce qui nous empêche de l'identifier avec un des nombreux Rufus connus au
temps d'Auguste [1]. Elle était également parente,
nous ne savons à quel degré, de Pompeius Macer.
En effet, Ovide exilé écrit à l'ami de jeunesse qui
avait été son compagnon de voyage en Asie et en
Sicile :

Tu me dois un bon souvenir, soit à cause de notre vie qui
fut si longtemps unie, soit à cause de ma femme, qui n'est
pas étrangère à ta famille [2].

Hennig [3], après Woelffel, auteur d'une traduction allemande des *Pontiques* publiée à Stuttgard
en 1858, suppose que la femme d'Ovide et celle de
Macer étaient sœurs et que c'est à cause de cette
alliance que les deux jeunes gens devinrent amis et
compagnons de voyage. Rien ne confirme la première
de ces deux hypothèses ; la seconde est insoutenable.
Ovide ne pouvait être marié pour la troisième fois
quand, aux environs de la vingtième année, il visita
l'Asie Mineure et la Sicile avec Macer. Il a déjà
été dit que la troisième femme du poète avait eu
d'une première union une fille qui épousa P. Suillius
Rufus, parent peut-être du Rufus, l'oncle excellent
de sa belle-mère. Or, on sait que P. Suillius

1. *Pont.*, II, xi, v. 28 : *Maxima Fundani gloria, Rufe, soli.* —
Pour Rufus, voir M. Koch, *Prosopographiae Ovidianae elementa*,
p. 23 ; G. Graeber, *Quaestionum Ovidianarum pars prior*, Elberfeld,
1881, p. 10.
2. *Pont.*, II, x, v. 10 : *Vel mea quod conjux non aliena tibi.*
3. Hennig, *De P. Ovidii Nasonis sodalibus*, p. 22. — Voir la
note 2 de la page 158.

Rufus [1] fut questeur en l'an 13 de l'ère chrétienne.
Le questeur de l'an 13, âgé de vingt-cinq à trente ans,
était né entre 737-17 et 742-12. Graeber admet, non
sans vraisemblance, que la lettre qui lui est adressée
par Ovide, postérieurement à la mort d'Auguste,
est une lettre de félicitation que P. Suillius Rufus
reçoit à l'occasion de son mariage récent [2]. Mariée
après 768, date de la mort d'Auguste, la belle-fille
d'Ovide n'était pas vraisemblablement plus âgée que
son mari ; qu'on admette qu'elle eût déjà trente ans,
ce qui est peu probable étant donné l'âge où se
mariaient les jeunes Romaines, elle était née
en 737-17. C'est donc seulement après l'an 737
qu'Ovide, né en 711, aurait épousé la veuve, mère de
l'enfant qui devait devenir la femme de P. Suillius
Rufus.

Il est probable que la fille de la troisième femme
d'Ovide n'a pas eu à attendre la trentième année
pour trouver un mari de son âge ou même plus
jeune, qu'elle naquit et que le poète contracta lui-
même son mariage plusieurs années après 737-17.
Son ami de jeunesse, Pompeius Macer, s'entremit
pour lui faire épouser une parente, qui était la
cousine de l'Empereur. Ce n'est pas au temps de
son adolescence, alors qu'il sortait de l'école des
rhéteurs, que le fils d'un obscur chevalier de Sulmone pouvait aspirer à devenir le mari d'une jeune
femme de la *gens Fabia*. C'est seulement à l'âge de

---

1. Voir M. Koch, *Prosopographiae Ovidianae elementa*, p. 27-28. —
B. Dinter, *De P. Ovidii Nasonis ex Ponto libris commentatio altera*,
Grimma, 1865, p. 7.
2. G. Graeber, *Quaestionum Ovidianarum pars prior*, p. 10.

trente ans que le descendant des chevaliers d'Arpinum, M. Tullius Cicero, put faire un brillant mariage en épousant Terentia, qui appartenait à une
famille riche et aristocratique. Mais Cicéron s'était
déjà rendu populaire par ses plaidoyers dirigés
contre les partisans de Sylla; il allait, par la questure, entrer dans la carrière des honneurs. C'est
seulement après s'être placé au premier rang des
poètes à la mode qu'Ovide put, grâce à l'intervention de son ami Pompeius Macer, entrer par le
mariage dans l'illustre *gens Fabia*.

Toute la période des débuts littéraires et des
premiers et éclatants succès du poète est comprise
entre les deux premiers mariages, aussi inutiles
pour son bonheur d'homme privé que pour son
ambition avide d'une haute fortune poétique consacrée par l'amitié de l'Empereur, et cette dernière
union qui lui assurait une situation dans la plus
aristocratique société de la Rome impériale, et qui
permettait au parent par alliance d'Auguste de
prendre auprès de lui cette place que la mort de
Virgile et d'Horace laissait vide et à laquelle il semblait désigné par l'estime des lettrés et par les applaudissements des gens du monde.

CHAPITRE IX

Les premiers essais poétiques d'Ovide remontent
évidemment aux années de jeunesse où il était
l'élève applaudi de l'école de déclamation[1], où tout
ce qu'il tentait d'écrire était écrit en vers[2]. Comme
Bossuet, qui devait, alors qu'il était encore élève
au collège de Navarre, étonner l'Hôtel de Ram-
bouillet par sa précoce habileté à improviser un
sermon, Ovide, alors qu'il suivait encore les leçons
des rhéteurs, charma par sa facilité poétique
d'enfant prodige un cénacle littéraire où il fut
présenté. Il dit lui-même comment il fut protégé
par Messalla et comment il acquitta sa dette de
reconnaissance en composant un poème funèbre

1. Voir p. 98.
2. Voir p. 127

à la mémoire de son protecteur, mort l'an 8 de l'ère chrétienne. Ovide exilé écrivait au fils de Messalla :

Ton père n'a pas désavoué mon amitié ; ton père, qui encouragea mes études, qui les dirigea et les éclaira ; ton père à qui j'ai donné mes larmes, et, suprême hommage au jour de ses funérailles, un poème composé pour être chanté au milieu du Forum [1].

M. Valerius Messalla Corvinus, grand seigneur ami des lettres, présidait un cénacle qui était aussi influent au temps de la jeunesse d'Ovide que pouvait l'être la chambre bleue de la belle Arthénice au temps de la jeunesse de Bossuet.

Né en 690-64, Messalla, dont Cicéron appréciait l'éloquence, avait occupé une place importante dans le parti de Brutus et de Cassius. Après la défaite de Philippe (712-42), il s'était tourné du côté d'Antoine ; réconcilié avec Octave, qui le nomma consul en 723-31, il alla battre les Aquitains sur les bords de l'Atax. Puis, il se désintéressa de la politique pour s'occuper de recherches archéologiques et d'études grammaticales, de poésie et d'histoire. Nommé *praefectus Urbis*, en 729-25, il se démit bien vite de ses fonctions et n'accepta plus que la charge de *curator aquarum*, en 743-11. Il avait formé un cercle de lettrés où se groupaient autour de Tibulle, qui en était le membre le plus distingué, Aemilius Macer, Valgius Rufus, le poète connu sous le pseudonyme de Lygdamus, les auteurs de la *Ciris*

____

1. *Pont.*, I, VII, v. 27-30. — Voir mes *Études sur l'ancienne poésie latine*, Paris, A. Fontemoing, 1903 ; *la Nenia*, p. 366.

et de diverses pièces consacrées au panégyrique de leur patron[1].

Tibulle, qui était déjà dans tout l'éclat de sa gloire au moment où Octave fut pour la première fois nommé *princeps Senatus*, en 726-28[2], exerça une notable influence sur Ovide qui devait souvent l'imiter. Ovide se plaint que la mort prématurée du poète n'ait donné que trop peu de temps à l'amitié qu'il lui portait[3] ; Tibulle mourut en 735-19. Nous ignorons la date de l'*Élégie* des *Amours* dédiée à la mémoire de l'amant de Nemesis et de Delia[4] ; son ami lui fait une place d'honneur parmi les élégiaques latins, entre Gallus et Properce[5] ; il nomme toujours à côté de ces deux poètes Tibulle, cet esprit si délicat et si élégant[6].

La mort prématurée, elle aussi, de Properce ne permit à Ovide de jouir de l'amitié du poète avec lequel il était, nous dit-il, intimement lié que jusqu'à l'année 739-15. A peu près contemporain d'Ovide, peut-être son aîné de quelques années[7],

1. Voir J. Valeton, *M. Valerius Messalla Corvinus*, Groningue, 1874, p. 107 et suiv.
2. *Tristes*, II, v. 464 : ... *jam te principe* [Tibullus] *notus erat*.
3. *Tristes*, IV, x. v. 51 : ... *nec amara Tibullo Tempus amicitiae fata dedere meae.* — Je ne peux admettre l'interprétation de Plessis (*Études sur Properce*, p. 204) : « La mort amère, en enlevant Tibulle, ne m'a point permis son amitié. » Cette interprétation est fondée sur une erreur de date. Ovide n'a pu connaître Tibulle, car, affirme Plessis, « il n'avait que quatorze ou quinze ans, quand Tibulle est mort ». Né en 43, Ovide avait vingt-quatre ans, en 19, l'année de la mort de Tibulle.
4. *Amours*, III, ix.
5. *Art d'aimer*, III, v. 333-334 ; *Amours*, I, xv, v. 28-30 ; — *Remède d'amour*, v. 763 ; — *Tristes*, II, v. 447-468 ; V, i, v. 17-18.
6. *Amours*, I, xv, v. 28 ; III, ix, v. 66 : ... *culte Tibulle ;* — *Tristes*, V, i, v. 18 : ... *ingenium come, Tibullus.*
7. On fixe la date de la naissance de Properce entre les années 700-54 et 711-43. — Voir Plessis, *Études sur Properce*, p. 237.

Properce avait les mêmes goûts et les mêmes
haines que le fils du chevalier de Sulmone. Plé-
béien, il n'était pas question pour lui d'aborder la
carrière des honneurs réservée aux jeunes gens de
l'ordre équestre ; mais, après avoir quitté l'école
des rhéteurs, il aurait pu devenir avocat : il
s'éloigne avec horreur du *Forum insensé*[1] et se plaît
à composer des vers d'amour qu'il récite à Ovide,
plein d'admiration pour le poète aux accents
tendres et charmants[2] :

> Properce avait coutume de me réciter ses vers brûlants de
> passion ; Properce m'était uni par une liaison intime (*jure
> sodalicio junctus*)[3].

Ovide et Properce avaient les mêmes amis :

> Parmi les membres de la réunion où nous vivions ensemble
> (*convictus membra*), les plus chers étaient Ponticus, célèbre
> par ses poèmes héroïques, Bassus, célèbre par ses vers iam-
> biques[4].

Properce fait allusion à une *Thébaïde* que son
ami Ponticus avait composée, sans doute à l'imitation de l'épopée d'Antimaque[5]. Il adresse à l'émule
latin d'Homère, qui célèbre la Thèbes de Cadmus,
ses tristes guerres, ses luttes fratricides, et qui

---

1. Properce, IV, 1 (édit. Mueller, V, I), v. 133 : ... *insano verba
tonare Foro.*
2. *Art d'aimer*, III, v. 333 : ... *teneri... carmen Properti ;* —
Tristes, II, v. 465 : ... *blandi praecepta Properti ;* V, I, v. 17 : ...
blandique Propertius oris.
3. *Tristes*, IV, x, v. 45-46.
4. *Tristes*, IV, x, v. 47-48.
5. Voir Patin, *Etudes sur la poésie latine*, t. I, *Les Ecoles littéraires au siècle d'Auguste*, p. 147-148.

regarde de haut les élégies érotiques où sont chan-
tées les amours de simples mortels, une pièce dont
la malicieuse ironie, en affectant les dehors d'une
respectueuse déférence, remet à sa place l'ambitieux auteur d'épopée[1] ; et quand celui-ci, à son
tour, est vaincu par l'amour, il l'engage à abandonner Homère pour Mimnerme et à composer au
lieu de lugubres poèmes, quelques chants légers,
dignes de plaire aux jeunes filles[2]. Les iambes de
Bassus avaient, sans doute, attaqué Cynthia : Properce lui adresse tout un poème, où il lui reproche
d'avoir essayé de le détacher de sa maîtresse en la
comparant à son désavantage aux héroïnes légendaires célèbres par leur beauté[3]. Nous ne savons
rien du poète épique Ponticus ; il est probable que
le poète iambique Bassus est un ancien condisciple
d'Ovide, le rhéteur Julius Bassus à qui Sénèque le
Père reproche d'avoir recherché les traits mor-
dants[4].

Le poète didactique Aemilius Macer de Vérone
était le doyen de cette réunion intime[5] ; il lisait à
ses jeunes confrères ses poèmes sur les oiseaux,
sur les serpents qui donnent la mort et sur les
remèdes qu'offrent les herbes salutaires[6]. Déjà
avancé en âge (*grandior aevo*), Macer mourut la
même année que Properce en 739-15. Ami de Virgile, il fréquentait apparemment, comme lui, le

1. Properce, I, vii.
2. Properce, I, ix.
3. Properce, I, iv.
4. Voir p. 94. — Cf. Sénèque le Rhéteur, *Controv.*, X, *Prooem.*, 12 : ... *quam consectabatur amaritudinem.*
5. Pour Macer, voir p. 55.
6. *Tristes*, IV, x, v. 43-44.

cercle de Mécène. Properce y fut admis, après la publication de son premier livre, dont quelques pièces étaient adressées au protecteur des lettres. Mais, beaucoup plus jeune qu'Horace qui ne le mentionne nulle part, il ne fut jamais dans l'intimité de Mécène ; Ovide ne semble pas avoir été présenté dans le palais du Mont-Esquilin. Il ne prononce jamais le nom de Mécène ; il a vu à peine Virgile[1], mort comme Tibulle en 735-19 ; il n'a jamais été en relations avec Horace dont il ne parle qu'une seule fois. L'ami de Mécène ne lui a pas lu ses *Odes* et ses *Satires*, comme Macer lui lisait ses *Theriaca* ou son *Ornithogonia* : il n'y a entre Horace et Ovide aucun *jus sodalicium*, semblable à celui qui unissait le jeune poëte à Properce, aucune intimité dans le genre de celle qui faisait commune la vie de Ponticus, de Bassus et d'Ovide. Le poëte des *Tristes* dit simplement :

L'harmonieux Horace captivait mes oreilles par la pureté des chants qu'il faisait retentir sur la lyre ausonienne[2].

Évidemment, Ovide a lu les *Odes* d'Horace ; peut-être a-t-il entendu leur auteur les déclamer dans quelque séance des *recitationes publicae* que C. Asinius Pollio avait mises à la mode[3] et où l'empereur Auguste daignait souvent faire acte de présence, que l'on déclamât des poèmes ou des

1. *Tristes*, IV, x, v. 51 : *Vergilium vidi tantum.*
2. *Tristes*, IV, x, v. 49-50.
3. Sénèque le Rhéteur, *Controv.*, IV, *Prooem.*, 2.

morceaux d'histoire, que la forme de l'œuvre récitée fût celle du discours ou celle du dialogue[1].

Horace aimait peu à lire ses œuvres en public ;
la *recitatio* l'intimidait[2] ; il ne consentait à dire
ses vers que devant un auditoire d'amis — Ovide
y était peut-être reçu — et quand on l'y contraignait[3]. Il laissait les poètes avides de ces applaudissements si facilement prodigués, de ces témoignages enthousiastes d'une approbation factice[4],
louer une salle où ils entendaient les auditeurs
s'exclamer : « Beau ! Très bien ! Parfait ! » — où ils
les voyaient se pâmer, verser des larmes comme
les pleureurs de profession aux funérailles, bondir,
trépigner, se livrer à toutes sortes de simagrées. Il
laissait les poètes, trop pauvres pour pouvoir s'assurer une salle payée, déclamer en plein air, au
Forum, ou dans les dépendances des bains publics
où l'on voulait bien les accueillir gratuitement[5]. Il
ne recherchait pas les suffrages d'un auditoire
capricieux ; il évitait de prendre parti dans les coteries littéraires, ce qui l'aurait forcé à écouter les
vers de gens qui se réclamaient de lui, à les
défendre contre les attaques d'une école ennemie,
à courtiser les juges qui s'installaient au tribunal
de la critique[6].

---

1. Suétone, *Auguste*, LXXXIX.
2. Horace, *Satires*, I, IV, v. 23 : ... *vulgo recitare timentis*.
3. Horace, *Satires*, I, IV, v. 73 :
> *Nec recito cuiquam nisi amicis, idque coactus,*
> *Non ubivis coramve quibuslibet.*
4. Horace, *Art Poétique*, v. 428 et suiv.
5. Horace, *Satires*, I, IV, v. 75 et suiv.
6. Horace, *Épîtres*, I, XIX, v. 37 et suiv.

Horace, cependant, devait parfois déclamer ses vers à quelque séance intime, peut-être même les laisser dire au théâtre et recevoir, comme Virgile[1], les acclamations respectueuses des spectateurs.

La haute situation de Virgile et d'Horace, favoris de Mécène et d'Auguste, appréciés par les lettrés, admirés de confiance par la foule, leur permettait de se soustraire à l'ennuyeuse obligation des *recitationes publicae*. Mais les débutants dans la carrière avaient tout intérêt à profiter de ce moyen que Pollion leur donnait de commencer à se faire connaître par un public plus nombreux que celui de leur *sodalicium* ou de leur *convictus*, et d'attirer à eux les suffrages d'un auditoire capricieux.

Avant d'être, à la fin de sa carrière, honoré par ses cadets, Ovide avait dû, dans sa jeunesse, commencer par honorer ses aînés[2]; il s'était affilié à quelqu'une de ces coteries de poètes dont se défiait l'indépendance d'Horace; il avait prodigué à ses confrères tous les témoignages de la déférence la plus admirative, et il s'était ainsi assuré des protecteurs pour ses premiers essais de *recitationes publicae*.

Héritières indirectes et indignes de ce *Collegium Poetarum*, qui avait été jadis établi dans le temple de Minerve du Mont-Aventin, sous la présidence de Livius Andronicus, le doyen des acteurs (*histriones*) et des poètes (*scribae*) contemporains de la deuxième Guerre Punique[3], les *scholae poetarum* étaient deve-

1. *Dialogue des Orateurs*, XIII.
2. *Tristes*, IV, x, v. 55 : *Utque ego majores, sic me coluere minores.*
3. Voir mes *Études sur l'ancienne poésie latine ; Livius Andronicus*, p. 81.

nues au commencement de l'Empire, alors que la pacification de l'éloquence politique dirigeait toute l'activité intellectuelle des Romains vers la poésie, des coteries où l'on s'occupait beaucoup plus des querelles littéraires que des intérêts professionnels qui étaient la raison d'être des *collegia* de marchands et d'artisans. Horace soutenait, sans vouloir prendre parti pour elle dans les *recitationes*, l'école des modernes contre l'école des anciens.

Ovide, conscient de sa supériorité sur tous les confrères parmi lesquels il devait prendre bientôt la première place, supportait impatiemment les observations que l'on se permettait de lui faire dans les séances de la *schola*. C'est probablement dans une de ces réunions de poètes qu'eut lieu la scène rapportée par Sénèque le Père, qui nous montre Ovide refusant de faire disparaître des *Amours* et de l'*Art d'aimer* des vers dont ses amis réclamaient la suppression[1].

Nous ignorons si la querelle des anciens et des modernes amena une scission dans le *Collegium Poetarum*. Mais, d'une part, les *Fastes* nous disent que, respectueux de Minerve qui avait jadis accueilli dans son temple du Mont-Aventin les *scribae* et les *histriones*, présidés par Livius Andronicus, les poètes prenaient place, le premier jour des *Grandes Quinquatries*, dans le cortège composé de tous les collèges d'ouvriers d'art qui allaient faire leurs dévotions à la déesse[2]. D'autre part, nous voyons qu'à la fin du principat d'Auguste le *chorus*

1. Voir p. 112.
2. Voir p. 20.

poetarum[1], dont Ovide était devenu le personnage important, respecté par les confrères plus jeunes[2], avait fait choix d'une autre divinité protectrice. Apollon, qui, en Grèce, inspirait et soutenait les poètes, était devenu le protecteur personnel de l'Empereur, qui aimait à se faire représenter avec le costume du dieu dont il laissait les flatteurs répéter qu'il était le fils[3]. C'est le dieu Bacchus que la société des poètes avait pris pour patron. Comme les autres associations légalement autorisées (*soda-litates quibus coire licebat*), le *chorus poetarum* se réunissait, chaque année, pour célébrer des cérémonies sacrées; ces cérémonies se faisaient, en l'honneur de Bacchus, le 17 mars, date de la fête du dieu, les *Liberatia*, deux jours avant les *Grandes Quinquatries*.

Le troisième jour après les ides de mars est rendu célèbre par Bacchus. Bacchus, sois favorable au poète! C'est la fête que je chante[4].

Au milieu des tristesses de l'exil, Ovide se rappelle ce jour de fête, dit ses regrets de ne pouvoir prendre sa part des cérémonies que l'on célèbre en l'honneur du dieu, supplie Bacchus d'intercéder en sa faveur auprès d'Auguste et demande à ses confrères en poésie de conserver sa mémoire :

Voici le jour — si je ne me trompe de date — voici le jour,

1. *Tristes*, V, III, v. 52 : ... *nostri... chori*; — *Pont.*, III, IV, v. 68 ... *vestro... choro*.
2. *Tristes*, IV, x, v. 55 : ... *me coluere minores*.
3. Voir ma thèse, *La Mythologie et les Dieux dans les Argonautiques et dans l'Enéide*, Paris, Hachette, 1894. *Apollon dans l'Enéide*, p. 492 et suiv.
4. *Fastes*, III, v. 713-714.

ô Bacchus, où les poètes ont coutume de te rendre un culte. C'est jour de fête. Le front entouré de guirlandes parfumées, ils disent tes louanges en buvant le vin que tu as créé. Parmi eux, il m'en souvient, alors que ma destinée me le permettait, j'étais assidu et ma présence t'était agréable... En jetant les yeux sur les poètes réunis pour te fêter, tu peux dire : « Ne manque-t-il pas un de mes fidèles ? » O bienfaisant Bacchus, sois-moi secourable !... O toi, le plus beau des dieux, sois-moi propice, soulage ma misère, songe que je suis au nombre de tes fidèles ! Les dieux sont liés entre eux par un commerce perpétuel : que ta divinité, ô Bacchus, essaie de fléchir la divinité d'Auguste ! Et vous, compagnons de mes travaux, réunion pieuse, que chacun de vous, après avoir bu le vin, fasse la même prière que moi ! Que l'un de vous, ayant prononcé le nom d'Ovide, dépose sa coupe, mouillée de ses larmes, et, se souvenant de moi, dise, après avoir promené son regard sur toute l'assemblée : « Où est Ovide, qui faisait naguère partie de notre chœur ? » Si, par la loyauté de mon caractère, je me suis rendu digne de votre estime, si jamais critique injuste de ma part n'a porté atteinte à aucune œuvre littéraire, si, tout en rendant aux poèmes de nos anciens un juste hommage de respect, j'estime que les œuvres des jeunes en sont voisines par le mérite, je souhaite que vous puissiez composer vos vers avec la faveur d'Apollon, que vous puissiez — seul bonheur qui me soit permis — conserver parmi vous le souvenir de mon nom[1] !

Relégué sous la constellation de la Petite-Ourse, dans la Sarmatie, voisine des Gètes féroces[2], le vieux poète cherche toutes les occasions de rappeler qu'il a fait partie du Collège. Quand il envoie à Rome les vers composés en l'honneur du triomphe décerné à Tibère, l'an 13 de l'ère chrétienne, il écrit à un ami :

Poètes, nous sommes unis par la communauté des céré-

1. *Tristes*, V, III, v. 1-6, 33-35, 43-56.
2. *Tristes*, V, III, v. 7-8.

monies sacrées, si toutefois dans votre cœur il y a place pour les malheureux. Amis, vous êtes la plus grande partie de ma vie : nous avons longtemps vécu ensemble. Loin de vous, je ne cesse pas d'être fidèle à votre association. Qu'ils soient donc recommandés à votre faveur ces vers pour lesquels je ne peux plaider moi-même [1].

L'association des poètes a été pour Ovide ce que le Musée était pour les érudits et les lettrés d'Alexandrie ; elle a remplacé pour lui la maison paternelle, elle a été sa vraie patrie ; admis parmi les poètes dès sa première jeunesse, comme novice — comme stagiaire, dirait-on aujourd'hui — c'est dans le cénacle qu'il a parcouru le seul *cursus honorum* qui tentât son ambition. Loin de s'en tenir aux *magistratus minores*, il s'était progressivement, à la suite du succès de chacun de ses ouvrages, élevé jusqu'aux plus hautes dignités du *collegium;* au moment de l'exil, il était le maître du chœur, le prince de ce sénat littéraire. Trente ans auparavant, c'est sous ses auspices qu'il avait débuté aux *recitationes publicae.*

Les hommages que j'ai offerts à mes aînés, mes cadets me les ont rendus; ma muse, Thalie, n'a pas tardé à se faire connaître. Quand je lus pour la première fois, en public, mes poèmes de jeunesse, ma barbe n'avait encore été rasée qu'une fois ou deux. Mon génie poétique avait été éveillé par une femme que, grâce à moi, Rome entière a célébrée, une femme que j'ai chantée sous le nom de Corinne, qui n'était pas le sien [2].

Ce passage des *Tristes* est très important pour

1. *Pont.,* III, iv, v. 67-72.
2. *Tristes,* IV, x, v. 55-60.

fixer la date des débuts littéraires d'Ovide en présence du grand public et pour établir par quel genre de poésie il commença à attirer sur lui l'attention des lettrés et des gens du monde.

Quand il commença à lire dans les *recitationes* ses poèmes de jeunesse, sa barbe n'avait encore été rasée qu'une fois ou deux : depuis que Scipion, le second Africain, avait pris l'habitude, vers la quarantième année, de se faire raser chaque jour[1], la mode de ne plus porter la barbe s'était introduite à Rome. Un duvet naissant estompait les joues et le menton de l'adolescent ; l'homme d'un certain âge était imberbe. Bien plutôt que le jour où on lui faisait prendre la toge virile, celui où l'on coupait la barbe de l'adolescent était le jour où il entrait dans la vie sérieuse. La *depositio barbae* était une occasion de fêtes pour la famille et les amis de celui qui, en devenant un homme, consacrait solennellement la barbe qu'il abandonnait à quelque grand dieu ou aux Lares de sa maison.

C'est entre la vingtième et la vingt-cinquième année que le jeune Romain accomplissait cette cérémonie. Caligula se fit couper la barbe pour la première fois à vingt ans, Néron à vingt et un, Auguste à vingt-cinq[2]. Ovide « déposa sa barbe » entre 731-23 et 736-18, plutôt vers 18, alors qu'il allait avoir vingt-cinq ans, et qu'il se préparait à commencer la vie sérieuse, qui était pour lui, non l'entrée au Sénat par la questure qu'il renonçait à

1. Pline, *N. H.*, VII, LIX.
2. Voir Juste Lipse, *Excursus* au chapitre xv du livre XIV des *Annales* de Tacite.

briguer, mais bien la carrière littéraire où l'appui de l'association des poètes lui permettait de se produire dans les séances des *recitationes publicae*.

Quels étaient les sujets que le jeune poète allait offrir aux suffrages du public lettré? La Muse qui l'inspire, Thalie — *mea Thalia*, dit-il — est généralement regardée par la critique moderne comme « la Muse de la comédie, qui avait son origine dans les Dionysies champêtres. Du temps des Romains, elle n'a pas d'autre signification[1]. » Et l'on se rappelle les Épigrammes de l'*Anthologie* : « Thalie a révélé la vie comique, les mœurs et les caractères... Je préside, moi Thalie, à la poésie comique; et, sur la scène applaudie, je représente les actions des mortels peu vertueux[2]. »

Mais Ovide, qui, dans ses poésies légères, a composé la « comédie humaine » de son temps et « représenté les actions des mortels peu vertueux », qui, dans des œuvres que l'on aurait pu espérer plus sérieuses, s'est laissé aller à écrire des scènes comiques, souvent trop voisines de la bouffonnerie, — Ovide n'est pas, à proprement parler, un auteur comique; il n'est le poète d'aucune *palliata*, d'aucune *togata*.

Avec Virgile, Thalie était la Muse agreste et printanière de la pastorale, qui ne dédaignait pas de fréquenter les forêts[3]. Comme le printemps est la

---

1. P. Decharme, *Mythologie de la Grèce antique*, Paris, Garnier, 2ᵉ édit., 1886, p. 232.
2. *Anthologie grecque* (traduction de Dehèque), Paris, Hachette, 1863, t. I, p. 328. *Épigrammes descriptives*, nᵒˢ 504 et 505.
3. *Eglogues*, VI, v. 1 :
> *Prima Syracosio dignata est ludere versu*
> *Nostra nec erubuit silvas habitare Thalia.*

jeunesse de l'année, Thalie (θάλλω, *fleurir, verdoyer;* θάλεια, *végétation des jeunes pousses*) est la Muse qui inspire les *juvenalia carmina* d'Ovide, ses poèmes de jeunesse où il n'est question que d'amour. C'est Thalie qui dicte au poète de l'*Art d'aimer* les préceptes qu'il rédige dans les vers inégaux du mètre élégiaque[1]. Thalie sait manier la lyre recourbée dont les accents accompagnent les chants d'amour[2]. Thalie reste toujours la Muse de l'exilé, alors même qu'elle est liée et condamnée au silence par une loi impérieuse[3].

Mais il semble — les confidences mêmes d'Ovide permettent de le penser — que Thalie n'est pas la seule Muse qui ait inspiré le poète à ses débuts, et que tous les *juvenalia carmina* n'étaient pas des poèmes érotiques.

1. *Art d'aimer*, 1, v. 264 : *Praecipit imparibus vecta Thalia rotis.*
2. *Fastes*, V, v. 54 : *... curvae scita Thalia lyrae.*
3. *Tristes*, V, IX, v. 31 : *Sic mea lege data vincta atque inclusa Thalia.*

CHAPITRE X

Ovide, poète tragique à ses débuts. — La *Médée*. — Composées à la même date que les *Amours*, les tragédies d'Ovide n'ont pas été représentées. — Ovide, poète épique. — L'épopée au siècle d'Auguste. Les diverses écoles. L'épopée nationale ; l'épopée mythologique ; le cycle troyen et le cycle thébain ; les légendes des héros. — La *Gigantomachie* d'Ovide. — Pourquoi les poètes épiques du siècle d'Auguste se sont abstenus de chanter la guerre des Olympiens et des Géants. — L'apothéose d'Auguste. — Renseignements donnés par Ovide sur sa *Gigantomachie* ; conjectures que l'on peut faire sur ce poème ; allusions qui se trouvent dans les *Tristes*, dans les *Fastes*, dans les *Métamorphoses*. — Pourquoi Ovide a dû renoncer à sa *Gigantomachie*.

Nous savons qu'Ovide a été poète tragique. Les auteurs anciens mentionnent et admirent une de ses tragédies, *Médée*. Gallio, dit Sénèque le Rhéteur [1], remarquait que l'expression virgilienne « pleine du Dieu » (*plena Deo*) avait tellement plu à Ovide qu'il se l'était appropriée et qu'il l'avait introduite dans sa tragédie, où on trouve ce vers : « Je suis portée çà et là, comme pleine de l'esprit du dieu. » (*Feror huc illuc, ut plena deo.*) Quintilien [2] cite un vers de la tragédie où Médée s'écrie avec véhé-

---

1. Sénèque le Rhéteur, *Suasor.*, III, vii. — Pour le rhéteur Junius Gallio, voir 92-93 et 114.
2. Quintilien, *Instit. Orat.*, VIII, v. 6.

mence : « J'ai pu te [ou *le*] sauver ; tu demandes si je peux te [ou *le*] perdre ! » (*Servare potui ; perdere an possim rogas?*) L'auteur de l'*Institution-Oratoire* fait un grand éloge de la *Médée* d'Ovide qu'il place au même rang que le *Thyeste* de Varius :

> Le *Thyeste* de Varius soutient la comparaison avec celle que l'on voudra des tragédies grecques. La *Médée* d'Ovide me semble fournir une preuve de ce que ce poète aurait pu faire, s'il eût mieux aimé commander à son esprit que de s'y abandonner [1].

Le *Dialogue des Orateurs* rapproche aussi les deux tragédies :

> Vous rencontrerez aujourd'hui plus de détracteurs de la gloire de Cicéron que de celle de Virgile ; et aucun ouvrage de Pollion ou de Messalla n'est aussi illustre que la *Médée* d'Ovide ou le *Thyeste* de Varius [2].

On sait par une didascalie, conservée dans un manuscrit de la Bibliothèque nationale [3], que le *Thyeste* fut représenté en 725-29, aux jeux célébrés en l'honneur de la victoire d'Actium. Ami d'Horace et de Virgile, L. Varius Rufus appartient à la génération qui précède celle d'Ovide ; l'auteur de la *Médée* avait quatorze ans, quand le *Thyeste* fut donné au théâtre ; et la date de la tragédie de Varius ne sert en rien à établir celle de la tragédie d'Ovide.

1. Quintilien, *Instit. Orat.*, X, I, 98.
2. *Dialogue des Orateurs*, XII.
3. J. Quicherat, *Bibliothèque de l'Ecole des Chartes*, Paris, 1839, p. 52 ; — O. Ribbeck, *Tragicorum Latinorum Reliquiae*, Leipzig, 1852, p. 347 ; *Tragicorum Romanorum Fragmenta*, 1897, p. 265.

Les *Tristes* ne nous fournissent aucun renseignement sur la *Médée*. Mais plusieurs passages des
Amours prouvent que, dans sa jeunesse, Ovide a
composé, ou tout au moins commencé, une ou plusieurs tragédies. L'amie du poète prétendait lui
interdire tout autre poème que des chants d'amour:

Cependant — dit-il — j'ai pris le sceptre; à force de soins,
notre tragédie a grandi [1] ; j'avais de grandes aptitudes pour ce
genre de poème. Mais le dieu Amour s'est mis à rire à la vue
de mon long manteau, de mes cothurnes peints, du sceptre
si vite pris par ma main de simple poète. La divinité d'une
jalouse maîtresse m'a, elle aussi, détourné de mon œuvre, et
l'Amour triomphe du poète qui avait chaussé les cothurnes
tragiques [2].

Ailleurs, Ovide se met en scène dans le décor
d'une antique forêt, sanctuaire de la divinité, entre
la Muse de l'Élégie érotique et la Muse de la Tragédie. Comme jadis la Volupté et la Vertu se dispu-
taient Hercule, chacune des deux Muses veut que le
poète se consacre au genre de poésie qu'elle protège.
Il prie la Tragédie de lui laisser terminer ses chansons d'amour.

« Muse de la Tragédie, accorde quelque délai à ton poète.
Ton œuvre est éternelle : ce que me demande la Muse de
l'Élégie ne me coûtera que peu de temps. » La Tragédie émue
condescendit à ma requête. Que mes tendres *Amours* soient
hâtés, tant que j'ai le loisir de les composer ! Derrière moi
une œuvre plus grande me presse [3].

Après avoir terminé ses poèmes de jeunesse,

1. *Tragoedia nostra crevit* peut signifier « j'avançai ma tragédie », ou « la tragédie romaine a fait des progrès ».
2. *Amours*, II, xviii, v. 13-18.
3. *Amours*, III, i, v. 67-70.

Ovide est-il revenu à ce *grandius opus*? Il ne nous le dit pas et c'est peu vraisemblable. Mais il ne désavoue pas ses essais tragiques; et, dans la longue apologie qu'il adresse à Auguste, il les place à côté de ses œuvres les plus sérieuses, les *Métamorphoses* et les *Fastes* :

Nous avons donné au cothurne tragique l'œuvre qui met les rois en scène. Et le style de cette œuvre avait la gravité qui convient au cothurne[1].

La *Médée* n'a jamais été représentée au théâtre où l'on applaudissait, pendant l'exil du poète, des œuvres qui n'étaient pas faites pour la scène. Nous l'apprenons par les *Tristes* :

Mes poèmes sont déclamés au théâtre avec accompagnement de danses et font salle comble[2]; mes vers sont applaudis, m'écris-tu, ô mon ami. Je n'ai rien composé, tu le sais toi-même, pour le théâtre; ma Muse n'est pas ambitieuse d'applaudissements. Mais je suis reconnaissant de tout ce qui fait prononcer à des bouches romaines le nom du poète relégué[3].

Dans son apologie à Auguste, Ovide se vantait de n'avoir jamais composé de mimes obscènes; mais il rappelait avec complaisance ses poèmes déclamés sur le théâtre avec accompagnement de danses, qui fixaient et retenaient les regards de l'Empereur[4]

---

1. *Tristes*, II, v. 553-554.
2. *Carmina* (ce mot ne peut désigner des tragédies) *quod pleno saltari nostra theatro*.
3. *Tristes*, V, VII, v. 25-30.
4. *Tristes*, II, v. 519 :

> *Et mea sunt populo, saltata poemata saepe,*
> *Saepe oculos etiam detinuere tuos.*

C'étaient, sans doute, les élégies des *Amours* ou les *Héroïdes* que l'on déclamait sur la scène, pendant que les danseurs exprimaient par un ballet, accompagné de musique, les situations dont le poème fournissait le livret. La tragédie romaine avait été peu à peu chassée du théâtre par les progrès incessants de la danse, de la partie musicale, des décors, de la mise en scène et de la figuration, qui transformaient le drame primitif en une sorte de pièce à grand spectacle ou de ballet d'action. En l'an 699-55, Cicéron se plaignait déjà des défilés interminables de figurants qu'on avait introduits dans la *Clytemnestre* d'Accius et dans *Le Cheval de Troie* de Naevius[1]. En 744-13, l'*Épître* d'Horace à Auguste constatait que tout, dans une pièce de théâtre, était sacrifié au plaisir des yeux, que les poètes dramatiques renonçaient à faire représenter une tragédie devant un public aussi attentif que pourrait l'être un âne sourd[2].

Le *Thyeste* de Varius avait été joué en 725-29; quand Ovide avait vingt-cinq ans, en 736-18, sa *Médée* n'aurait pu se produire au théâtre. Une tragédie est une pièce trop longue pour pouvoir être déclamée aux *recitationes publicae*; le jeune poète, avide d'une gloire rapide et populaire, ne pouvait se contenter des suffrages restreints d'un cercle de confrères et de lettrés amateurs. Il renonça donc à la tragédie; il transforma ses vers iambiques en élégiaques, et réduisit sa pièce de théâtre aux dimen-

1. *Epist. ad Famil.*, VII, 1, 2.
2. *Épîtres*, II, 1, v. 182-200.

sions d'une *Héroïde* de 106 distiques dont l'un rappelle le vers de tragédie cité par Quintilien et indique quel devait en être le contexte :

Pouvoir me perdre, c'est assez pour qui se plaît à posséder une telle puissance. Mais, sauvé par toi, je serai pour toi une gloire plus grande[1].

Médée, tragédie d'Ovide, n'a pas été représentée ; *Médée*, héroïde, a pu servir de livret à une sorte d'opéra-ballet, déclamé sur le théâtre avec accompagnement de musique et de danse.

Nageotte se fonde sur une comparaison peu exacte entre l'état de la littérature au temps d'Auguste et au xviiie siècle français, pour admettre que la tragédie d'Ovide fût son œuvre de début :

En France, au xviiie siècle, où il y eut tant de littérature et si peu de poésie, on débutait généralement dans le monde par une tragédie. C'était une manière de redoubler sa rhétorique... Il semble qu'il en fût à peu près de même chez les Romains, au temps d'Auguste, et qu'on n'eût osé se donner pour lettré, si l'on n'avait pas immolé un héros ou deux sur la scène tragique[2].

C'est justement parce que la tragédie n'était plus à la mode après 725-29 qu'Ovide, ébloui par le succès du *Thyeste*, a dû, dans son inexpérience d'adolescent, encore étranger aux cercles littéraires, supposer qu'une pièce tragique le classerait d'emblée parmi les poètes célèbres. Il n'a pu composer

1. *Héroïdes*, XII, v. 75-76. — Pour l'hypothèse de la réduction de la tragédie en héroïde, voir J. Tolkiehn, *Quaestionum ad Heroides Ovidianas spectantium Capita* VII, Leipzig, 1888, p. 107.
2. Nageotte, *Ovide*, etc., p. 92.

sa *Médée*, peut-être d'autres œuvres du même genre,
qu'avant d'avoir pris contact avec la société lettrée ;
il s'y rendit compte bien vite du discrédit où le
genre tragique était tombé. Cette décadence ne fit
que continuer pendant tout le principat d'Auguste :
Ovide lui-même, dans son catalogue des poètes contemporains de l'Empereur, ne pourra mentionner
à côté de Varius que deux auteurs tragiques, Gracchus, qui écrivit, lui aussi, un *Thyeste* et deux tragédies sur *Atalante* et *Les filles de Pélias*, et Turra-
nius, qui est complètement inconnu[1].

A peine entré dans l'intimité des poètes ses
aînés, le nouvel associé du *chorus poetarum* voyait
avec quel empressement les lettrés se consacraient
à un genre de poésie qui n'était pas le genre tragique.

Depuis que Properce, à qui le plan général de
l'*Énéide* était connu, avait annoncé, vers 728-26,
qu'une épopée supérieure à l'*Iliade*[2] allait paraître,
beaucoup de poètes, surtout parmi les débutants
qui ne doutent de rien, se hâtaient de produire une
épopée qui fît oublier les poèmes homériques.

Après les premiers essais de Livius Andronicus,
qui, par sa traduction de l'*Odyssée*, avait fondé l'épopée latine, les poètes de Rome, Naevius et Ennius,

---

1. *Pont.*, IV, XVI, v. 29-31 :

> *Musaque Turrani tragicis innixa cothurnis...*
> *Cum Varus Gracchusque darent fera dicta tyrannis.*

O. Korn (édition critique des *Pontiques*, Leipzig, 1868) a corrigé
avec raison la leçon des manuscrits *Varus* en *Varius*.

2. Properce, II, XXXIV (édit. Mueller, III, XXXII), v. 68 : *Nesci oquid
majus nascitur Iliade.*

avaient composé des poèmes épiques sur l'histoire romaine. L'un des premiers alexandrins latins, Varron de l'Atax, donnait à la fois une imitation de l'épopée mythologique d'Apollonios de Rhodes, *Les Argonautiques*, et une épopée originale sur l'histoire contemporaine, le *Bellum Sequanicum*, où il célébrait en vers hexamètres les victoires de César sur les Gaulois. A partir des œuvres de Varron, l'épopée romaine se consacre, soit aux sujets historiques, soit aux sujets mythologiques.

Ovide, dans de nombreuses pièces écrites pendant l'exil et surtout dans une *Epistula ad invidum*[1], qui est ce que l'on appellerait aujourd'hui une « lettre ouverte », où il est question de la poésie au temps d'Auguste ; — après Ovide, divers auteurs des générations postérieures, Sénèque le Rhéteur dans ses *Controverses*, Velleius Paterculus dans ses *Histoires*, Sénèque le Philosophe dans ses traités dogmatiques et dans ses *Lettres à Lucilius*, Quintilien dans son *Institution Oratoire*, Martial dans ses *Épigrammes*, nous renseignent sur les poètes épiques romains, qui écrivaient au temps de Virgile, ou un peu après lui. « Savants ou ignorants — disait Horace[2] — tous indistinctement nous écrivons des poèmes. » C'est vers la composition des poèmes épiques surtout que se dirigeait le *scribendi* κακόηθες des contemporains d'Horace[3].

Les uns, en des épopées nationales, racontent les

1. *Pont.*, IV, XVI.
2. *Epîtres*, II, 1, v. 117.
3. Voir O. Haube, *De Carminibus epicis saeculi Augusti*, Breslau, 1870.

événements auxquels ils ont assisté, ou font le panégyrique des grands personnages dont ils sont les
amis ou les obligés. Cornelius Severus chante, sous
le titre de *Bellum Siculum*, la guerre navale qui
avait eu lieu, l'an 716-38, entre les flottes de Séx-
tus Pompée et d'Octave. C'est, dit Ovide, un poème
digne des plus grands rois[1]; un poème qui, d'après
Quintilien, si tous les livres valaient le premier,
placerait le poète immédiatement après Virgile[2].
Sénèque le Rhéteur cite avec éloges 25 hexamètres
éloquents et harmonieux où l'auteur d'une épopée
consacrée à la louange d'Octave avait le courage
de déplorer la mort de Cicéron[3]. Sénèque le Philosophe rappelle la belle description du Mont-Etna qui
se trouvait dans le *Bellum Siculum*[4]. — Rabirius,
doué d'une grande éloquence[5], compose une épopée,
Bellum Actiacum, dont un manuscrit d'Herculanum
nous a transmis quelques fragments mutilés[6].
Cette épopée, citée par Sénèque le Philosophe[7] et
par Quintilien[8], est placée par Velleius Paterculus
à côté de l'Énéide[9]. — Sénèque le Rhéteur parle
d'un de ses compatriotes de Cordoue, Sextilius
Ena, *inaequalis poeta*, qui avait donné lecture, chez
Messalla Corvinus, d'une épopée où, à l'exemple de

1. *Pont.*, IV, II, v. 1 :
    ... *O vates magnorum maxime regum.*
Pont., IV, XVI, v. 9 :
    Quique dedit Latio carmen regale Severus.
2. *Instit. Oral.*, X, I, 89
3. *Suasor.*, VI, XXVI.
4. *Lettres à Lucilius*, LXXIX, 5.
5. Ovide, *Pont.*, IV, XVI, v. 5 : ... *magnique Rabirius oris.*
6. Baehrens, *Poetae Latini Minores*, vol. I, p. 212-220.
7. *De Beneficiis*, VI, III.
8. *Instit. Oral.*, X, I, 90.
9. Velleius Paterculus, II, XXXVI, 3.

Cornelius Severus, il ne craignait pas de faire l'éloge de Cicéron[1]. — Ovide cite enfin, sans dire leurs noms, deux poètes épiques, dont l'un racontait la guerre de César en Afrique contre les Pompéiens et leur allié Juba, roi de Mauritanie, et l'autre, en un poème qui semblait l'œuvre des dieux eux-mêmes de la mer, la guerre maritime de Sicile ou la campagne d'Actium[2]

D'autres, admettant les traditions mythologiques dans leurs épopées nationales, remontent, comme Naevius, Ennius et Virgile, jusqu'aux souvenirs de la guerre de Troie. Parmi ceux-ci, Ovide cite un poète qui dut son *cognomen* de *Largus* à la *largeur* de son génie et qui chanta l'établissement du vieillard de Phrygie dans les plaines de la Gaule[3]. Il s'agit probablement de Valerius Largus, l'ami qui trahit Cornelius Gallus dont il se fit l'accusateur[4]. L'épopée de Largus racontait l'émigration d'Antenor, le vieillard troyen et de ses compagnons, dans la Gaule Cisalpine, aux environs de Padoue[5]. Cette vieille légende, déjà rapportée par Caton l'Ancien[6], mentionnée plus tard par Tite-Live, originaire de Padoue, qui rappelle la fondation de sa

1. *Suasor*, VI, xxvii.
2. *Pont.*, IV, xvi, v. 21 :

> *Velivolique maris nomen, cui credere possis*
> *Carmina caeruleos composuisse deos,*
> *Quique acies Libycas Romanaque proelia dixit.*

3. *Pont.*, IV, xvi, v. 17 :

> *Ingeniique sui dictus cognomine Largus,*
> *Gallica qui Phrygium duxit in arva senem.*

4. Dion Cassius, LIII, xxiii.
5. *Enéide*, I, v. 240 et suiv.
6. Pline, *N. H.*, III, xix.

ville natale par Antenor[1], pouvait être le thème d'une épopée dans le genre de l'*Énéide*. — Ovide ne dit rien du poème en douze chants de Jullus Antonius à qui Horace dédiait l'*Ode* II du livre IV. Ce poème, mentionné par Acron, le scoliaste d'Horace[2], racontait la légende d'après laquelle le Grec Diomède se serait établi en Apulie[3], comme le Troyen Antenor s'établissait sur le rivage de la mer Adriatique, dans les environs du Pô. Né, en 710-44, du triumvir Marc Antoine et de Fulvie, élevé par Octavie, qui lui fit épouser sa fille Marcella, sœur du jeune Marcellus, Jullus Antonius fut consul en 744-10. Huit ans après, ses relations adultères avec la fameuse Julie, fille de l'Empereur, causèrent sa mort. Ovide exilé, qui tâchait par tous les moyens de rentrer en grâce, se gardait bien de vanter, dans les *Tristes* ou dans les *Pontiques*, l'œuvre d'un poète dont le nom rappelait les scandales de la maison impériale.

Certaines épopées se rapportaient au cycle troyen. On sait de quelle faveur jouissait le culte des souvenirs d'Ilion auprès de l'Empereur, qui prétendait descendre du fils d'Enée, Iule[4]. L'ami d'Ovide, Macer — *Iliacus Macer* — composait une vaste épopée anté-homérique, qui racontait les événements de la guerre de Troie antérieurs au sujet de l'*Iliade*[5]. — Sénèque le Rhéteur cite deux vers d'un poème imité de l'*Iliade* par Arbronius Silo, auditeur des

1. Tite-Live, I, I.
2. Acro, *ad Horat. Carm.*, IV, II, v. 33: *Heroico metro* Διομηδείας XII *libros scripsit egregios.*
3. Cf. *Énéide*, VIII, v. 9.
4. Voir p. 154.
5. Voir p. 157.

déclamations de Porcius Latro[1]. — Ovide rappelle que Camerinus — probablement Q. Sulpicius Camerinus, qui fut consul en 762 — avait donné une suite à l'*Iliade* dans une épopée qui racontait la guerre de Troie à partir du moment où Hector fut vaincu et tué par Achille[2].

Quelques lettrés s'inspiraient de l'*Odyssée* ou reprenaient les sujets traités dans les Νόστοι par les poètes cycliques qui avaient raconté le retour dans leur patrie des héros Grecs après la prise de Troie. Ovide cite avec éloges la *Phéacide*, poème où son ami Tuticanus a imité en vers dignes d'Homère les chants de l'*Odyssée* qui racontent le séjour d'Ulysse chez les Phéaciens[3] ; il mentionne l'épopée où Lupus — probablement le rhéteur Rutilius Lupus, dont un traité de rhétorique nous a été conservé — chantait le retour à Sparte de Ménélas, descendant de Tantale, et d'Hélène, fille de Léda, la femme de Tyndare[4].

Le cycle thébain avait fourni la matière d'une épopée à ce Ponticus, ami intime d'Ovide, qui l'admire, et de Properce, qui se moque de ses hautes ambitions poétiques[5].

1. *Suasor.*, II, xix.
2. *Pont.*, IV, xvi, v. 19 : *Quique canit domitam Camerinus ab Hectore Trojam.* — O. Korn a rétabli la leçon *ab Hectore*, qui est celle des meilleurs manuscrits. D'après la leçon vulgaire *ab Hercule*, conservée encore par Merkel, il serait question d'un poème sur la conquête de Troie par Hercule.
3. *Pont.*, IV, xii, v. 27 :

> *Dignam Maeoniis Phaeacida condere chartis*
> *Cum te Pierides perdocuere tuae.*

Pont., IV, xvi, v. 28 :

> *Et qui Maeoniam Phaeacida vertit.*

4. *Pont.*, IV, xvi, v. 25 : ... *auctor Tantalidae reducis Tyndaridosque Lupus.*
5. Voir p. 215.

Les légendes des héros étaient l'occasion de nombreux poèmes. Tuscus — probablement le grammairien Clodius Tuscus, auteur d'un calendrier astronomique dont Ovide a usé pour ses *Fastes* — devait son nom à une épopée sur la fille d'un roi de Thrace, Phyllis, fiancée à Démophoon, fils de Thésée et de Phèdre, qui, se croyant abandonnée par son amant, se tua et fut métamorphosée en arbre[1].

La légende d'Hercule avait été traitée avec succès par Carus, un ami *cher* d'Ovide, qui répète trop souvent le facile jeu de mots dont le nom du poète lui donne la matière[2]. Carus était précepteur des fils de Germanicus, alors que dans la sixième année de son séjour à Tomes, l'auteur des *Pontiques* lui écrivait que ses vers avaient une vigueur digne du héros qu'il chantait[3]. Ailleurs, Ovide accordait à l'*Héracléide* de son ami des louanges dont l'expression est aussi affectée qu'ingénieuse : Carus, dit-il, a si bien chanté Hercule que Junon s'irriterait contre le poète si elle n'était pas maintenant réconciliée avec le héros à qui elle a donné sa fille Hébé en mariage[4].

Un autre membre du cercle d'Ovide, celui-là même dont il supportait impatiemment les critiques

---

1. *Pont.*, IV, XVI, v. 20 : *Quique sua nomen Phyllide Tuscus habet.* — L'*Héroïde II* d'Ovide, *Phyllis*, est peut-être imitée de l'épopée de Tuscus.

2. *Pont.*, IV, XIII, v. 1 :

> *O mihi, non dubios inter memorande sodales,*
> *Quique quod es vere, Care, vocaris, ave.*

Cf. *Tristes*, III, IV, v. 1 ; V, v. 17.

3. *Pont.*, IV, XIII, v. 11-12.

4. *Pont.*, IV, XVI, v. 7 :

> *Et qui Junonem laesisset in Hercule, Carus,*
> *Junonis si non jam gener ille foret.*

littéraires[1], Pedo Albinovanus, qui est appelé dans les *Pontiques* un ami très cher et un poète divin[2], avait composé une *Théséide*. Dans une lettre datée du sixième été de son exil, Ovide lui demande de rester fidèle à son ami malheureux, comme Thésée, le héros de son poème, est demeuré fidèle à Pirithoüs[3].

Domitius Marsus, placé par Ovide au nombre des poètes épiques de son temps[4], était l'auteur d'une *Amazonide* que cite Martial[5]. La xvie *Élégie* du livre IV des *Pontiques* rappelle encore une épopée sur le héros Persée, une *Perséide*, œuvre d'un poète dont le nom ou le surnom était Trinacrius[6] ; elle nomme plusieurs poètes épiques : Montanus, les deux Priscus, Numa, sans indiquer les titres de leurs poèmes[7] ; Sabinus, ami d'Ovide[8], avait com-

1. Voir p. 112.
2. *Pont.*, IV, x, v. 3 : ... *Carissime... Albinovane* ; xvi, v. 6 : ... *Sidereusque Pedo*.
3. *Pont.*, IV, x. — Sénèque le Rhéteur (*Suasor.*, I, xv) donne un fragment d'un poème où Albinovanus décrivait les voyages de Germanicus, fils de Drusus dans les mers du Nord (*in Germanico navigante*). Le voyage qui fut l'occasion du poème eut lieu la troisième année du principat de Tibère (cf. Tacite, *Annales*, II, xxiv), l'an 17 où mourut Ovide. — H. Bornecque (Sénèque le Rhéteur, *Controv. et Suas.*, t. II, p. 390) admet qu' « il s'agit de Germanicus le père, dont le voyage se place en l'an 12 avant Jésus-Christ ». Il serait également étrange que Sénèque désignât par le *cognomen* de *Germanicus*, sous lequel il est peu connu, D. Claudius Nero Drusus, père de Claudius Drusus dont le *cognomen* de *Germauicus* est devenu le nom ordinaire, et qu'Ovide ne dît rien du poème historique de son ami Albinovanus. Si l'épopée *de Germanico navigante* avait été composée de son vivant, s'il l'avait connue, Ovide lui aurait donné autant de louanges qu'il en accorde à la *Théséide*.
4. *Pont.*, IV, xvi, v. 5.
5. Martial, *Epigramm.*, IV, xxix, v. 8.
6. *Pont.*, IV, xvi, v. 25 : *Trinacrius que suae Perseidos auctor.*
7. *Pont.*, IV, xvi, v. 10-11.
8. *Amours*, II, xviii, v. 27 : ... *meus... Sabinus.*

posé une épopée dont les manuscrits des *Pontiques*[1] ne donnent pas le nom d'une manière intelligible.

On voit combien furent nombreuses, au siècle d'Auguste, les épopées historiques et mythologiques. Depuis la guerre de Sicile de l'an 716-38 et la bataille d'Actium, en 723-31, jusqu'aux voyages de Germanicus dans les mers du Nord, en l'an 770-17 après Jésus-Christ, tous les événements qui intéressent la famille impériale sont des matières à poèmes épiques. Du moment où l'*Énéide* est annoncée jusqu'à la fin du principat d'Auguste, toutes les légendes héroïques trouvent des poètes empressés à en tirer des sujets d'épopée. Il semblerait extraordinaire qu'Ovide à ses débuts n'eût pas eu l'ambition de s'illustrer dans un genre poétique où une telle foule de lettrés essayaient leur talent. Ovide, en effet, voulut composer une épopée ; mais il y renonça, comme il avait renoncé à la tragédie, pour revenir à ses vers légers. Il le déclare lui-même dans l'*Élégie* I du livre II des *Amours* :

Mon audace, il m'en souvient, avait entrepris de dire les guerres du ciel, de chanter Gygés aux cent bras, et — ma voix était assez forte — la terrible vengeance de la Terre, et l'Ossa élevé qui, pour se dresser vers l'Olympe, supporta le poids du Pélion placé sur lui. Je tenais en mains les nuages orageux ; avec Jupiter, je tenais la foudre qu'il pouvait efficacement lancer du haut du ciel pour le défendre. Mais mon amie me ferma sa porte et je laissai Jupiter avec sa foudre[2].

L'épopée mythologique qu'Ovide avait entrepris

1. *Pont.*, IV, XVI, v. 15.
2. *Amours*, II, I, v. 11-17.

d'écrire était donc une *Gigantomachie*. On sait que la lutte des dieux de l'Olympe et des Géants avait été chantée en Grèce par de nombreux poètes, dont les œuvres ne nous ont pas été conservées, et que les principaux épisodes de cette guerre fantastique avaient été reproduits dans les monuments de l'art hellénique[1]. Mais, à Rome, il faut descendre jusqu'à l'un des derniers poètes de la décadence, Claudien, pour trouver un poème sur la *Gigantomachie* : dans la longue liste des poètes épiques du siècle d'Auguste, il n'en est pas mentionné un seul qui se soit occupé de la guerre des Dieux et des Géants.

Peu de temps après la victoire d'Actium, en 724-30 ou en 725-29, Horace donnait, dans une de ses *Odes*[2], le plan d'une *Gigantomachie* : il y faisait le tableau grandiose de la victoire de Jupiter et des dieux sur les forces de la nature, du triomphe de l'esprit sur la matière. C'était, évidemment, une flatteuse allusion à la bataille d'Actium, où les monstres d'Égypte furent domptés par la sagesse romaine ; mais le poète avait le tact de se borner à une simple allusion. Depuis que l'Orient avait été vaincu par Alexandre et que les pratiques de l'apothéose orientale avaient envahi le monde hellénique, la *Gigantomachie* avait pris un caractère politique. Ptolémée Philadelphe, vainqueur des Galates dans les plaines voisines du Nil, était divi-

---

1. Voir F. Koepp, *De Gigantomachiae in poeseos artisque monumentis usu*, Bonn, 1883. — Toutes les indications sur la guerre des Dieux et des Géants et toutes les conjectures sur l'épopée d'Ovide, données ici, sont développées et complétées dans mon travail, *La Gigantomachie d'Ovide* (Revue de Philologie, livraison d'avril 1904).
2. Horace, *Odes*, III, iv, v. 42-79.

nisé par la poésie alexandrine qui l'égalait à Zeus, vainqueur des Géants dans les plaines de Phlégra. Cette *adulatio* ne tarda pas à passer d'Alexandrie à Rome. Horace avait un sentiment trop délicat des convenances pour se permettre d'identifier le vainqueur de l'Égypte à Jupiter, comme Callimaque avait identifié à Zeus le vainqueur des Galates; mais, dans ses *Odes*, il se montre souvent préoccupé par le souvenir de la *Gigantomachie*.

Ici, il célèbre la gloire conquise dans la lutte contre les Géants par Bacchus qui prit la forme d'un lion pour mettre Rhoetus en lambeaux[1]. Ailleurs, passant en revue tous les dieux et tous les héros dignes d'être chantés, il associe l'éloge d'Auguste à celui de Jupiter : l'Empereur est parmi les hommes ce que le maître des dieux est dans le ciel. Auguste réduira les Parthes et les peuples de l'Extrême-Orient, comme Jupiter a vaincu les Géants, alors qu'il lançait contre eux les traits de sa foudre vengeresse[2].

Mais le poète ne songe pas à tirer de la légende des Géants une épopée en l'honneur d'Auguste. Il se défend modestement de pouvoir atteindre aux hauteurs du poème épique ; il s'excuse auprès de M. Vipsanius Agrippa, gendre d'Auguste : la faiblesse de son inspiration serait funeste à la gloire de l'illustre soldat d'Actium et de l'Empereur, son beau-père, s'il prétendait la célébrer[3]. Il s'excuse auprès de Mécène, qui lui demandait de chanter les

1. *Odes*, II, XIX, v. 21-24.
2. *Odes*, I, XII, v. 53-60.
3. *Odes*, I, VI.

exploits d'Auguste : il est également incapable de dire les victoires de César-Auguste et la défaite des Géants, fils de la Terre, domptés par le bras d'Hercule[1]. Cette épopée où les récits des victoires des Olympiens sur les ennemis du ciel et de l'Empereur sur les ennemis de Rome pourraient être combinés, Horace évite de l'essayer. Il se contente de comparer Auguste, le vainqueur d'Actium, à Jupiter, le vainqueur de Phlégra, et de montrer la future apothéose de l'Empereur, buvant le nectar au banquet des dieux[2], à côté du *vagus Hercules* et du *pater Bacchus*, qui doivent, l'un et l'autre, leur admission définitive parmi les Olympiens, à leur intervention victorieuse dans la lutte contre les Géants.

Comme Horace et pour les mêmes raisons de modestie que le célèbre poète lyrique, l'élégiaque Properce se montre rebelle aux sollicitations de Mécène. Il place parmi les plus nobles sujets d'épopée la *Gigantomachie*, au même rang que l'*Iliade* et la *Thébaïde*. Mais ce ne serait pas sur de tels sujets qu'il composerait un poème s'il avait l'inspiration épique :

O Mécène, si la destinée m'eût donné la puissance de conduire aux batailles des armées de héros, ce ne sont pas les Titans que je chanterais et l'Ossa entassé sur l'Olympe, pour que le Pélion servît de route vers le ciel[3], ce n'est pas l'antique Thèbes et Pergame, gloire d'Homère[4].

1. *Odes*, II, XII, v. 5-8.
2. *Odes*, III, III, v. 11-12.
3. Comme Properce, la plupart des auteurs latins confondent la lutte des Olympiens contre les Titans et leur lutte contre les Géants. — Voir mon travail sur *La Gigantomachie d'Ovide*.
4. Properce, II, I, v. 17-21.

Il laisserait aussi de côté les légendes nationales de Rémus et de Romulus, les Guerres Puniques, les menaces des Cimbres et les exploits de Marius, pour ne dire que les victoires d'Auguste à Modène, à Philippes, en Sicile, à Actium, en Égypte. C'est un poème purement historique, sans allusions à la guerre des Géants, qu'il aurait l'ambition, mais qu'il n'a pas la force d'entreprendre. Properce aime à se comparer à Callimaque; il se donne le nom de *Romanus Callimachus*[1], et il s'autorise de l'exemple du poète alexandrin pour répéter qu'il n'est pas capable de chanter la lutte des Olympiens et des Géants :

La faible voix de Callimaque peut-elle tonner assez fort pour célébrer la lutte tumultueuse de Jupiter et d'Encelade dans les champs de Phlégra[2]?

Le Callimaque romain n'ignore pas que l'*Hymne à Délos* assimile le succès de Ptolémée Philadelphe sur les Gaulois à la victoire de Zeus sur les Géants; mais, comme Horace, Properce évite de comparer les victoires d'Auguste à celles de Jupiter. Pour lui, comme pour tous les poètes romains de son temps, la composition heureuse d'une *Gigantoma-chie* semble donner la mesure de la puissance épique.

Quand il veut entendre faire qu'il n'abordera pas la grande épopée, l'auteur du *Culex* — sa mo-

1. Properce, IV, 1 (édit. Mueller, V, 1), v. 64.
2. Properce, II, 1, v. 39-40:

deste ambition se borne à chanter un moucheron —
explique qu'il ne va pas raconter la lutte de Jupiter
et de Rhoetus et montrer la plaine de Phlégra
inondée du sang des Géants[1]. Les poèmes de Virgile ne font que de simples allusions à la *Gigantomachie*[4] : il n'y est pas question d'Auguste. Quand
il s'agit de l'apothéose de l'Empereur, l'auteur de
l'Énéide est aussi discret qu'Horace : c'est un titre
honorifique assez banal que le Tityre des *Églogues*
donne à Octave en le qualifiant de *deus*[3]. Si, dans
les *Géorgiques*[1], on voit le brûlant Scorpion ramener ses bras et laisser à Auguste, divinisé et devenu
un astre nouveau, un espace plus vaste que celui
qui est accordé aux autres constellations, ce catas-
térisme est une simple apothéose poétique du
même ordre que celle d'Horace, qui fait asseoir
l'Empereur au banquet des dieux. C'est après sa
mort qu'Auguste deviendra un dieu ou un astre ;
tant qu'il est vivant, la poésie se garde de l'assi-
miler au souverain des Olympiens et de faire de
lui l'égal de Jupiter vainqueur des Géants.

Aucun poète du siècle d'Auguste n'a osé prendre
le redoutable sujet de la *Gigantomachie* pour
matière d'un poème épique. Dans son *Bellum Siculum*, où il racontait la lutte entre les flottes de Sextus Pompée et d'Octave, Cornelius Severus n'avait
pas craint, dit Sénèque, de faire, après Ovide, une
description de l'Etna, et cette description était fort

1. *Culex*, v. 27-28.
2. *Géorg.*, I, v. 280-283 ; — *Énéide*, VI, v. 579-583.
3. *Eglogues*, I, v. 6.
4. *Géorg.*, I, v. 24-39.

belle[1]. Il se peut que le poète ait utilisé la tradition
d'après laquelle les Géants Typhoeus et Briarée,
foudroyés par Jupiter, sont enfermés sous la masse
du Mont-Etna, pour comparer Octave, vainqueur des
Pompéiens, à Jupiter, vainqueur des Géants.
L'*adulatio* de cette comparaison aurait permis à
Cornelius Severus de placer dans son poème l'éloge
de Cicéron, que Virgile n'a pas osé faire entrer dans
l'*Énéide*[2]. Il se peut que le *Bellum Actiacum* de
Rabirius ait comparé la victoire d'Auguste sur les
barbares d'Égypte à celle de Jupiter sur les Géants.
Il se peut que l'*Héracléide* de Carus ait fait allusion
à la guerre des Olympiens et des Géants, puisqu'Hercule fut le plus puissant auxiliaire des dieux
dans la bataille des champs de Phlégra. Mais nous
ne savons qu'une seule épopée qui ait eu pour sujet
spécial cet épisode grandiose de l'antique mythologie : c'est la *Gigantomachie* entreprise par Ovide.

Il est permis de supposer que, dès son retour de
Sicile, Ovide avait commencé à s'occuper d'une
épopée sur la guerre des Olympiens et des Géants :
c'est en Sicile qu'il avait pu s'instruire de toutes
les traditions locales relatives au géant Typhoeus,
foudroyé par Jupiter et enseveli dans le sous-sol
de l'île que sa masse occupe tout entier[3]. On est en
droit de s'étonner que, pour obéir aux caprices de
son amie, le poète ait renoncé à un sujet d'épopée
si séduisant, si nouveau dans la littérature romaine
et que son séjour dans le pays du Mont-Etna lui

1. Sénèque, *Lettres à Lucilius*, LXXIX, 5,
2. *Énéide*, VI, v. 849 : *Orabunt causas melius*.
3. Voir p. 183.

donnait le moyen de traiter d'une manière originale.

Certains aveux qui se trouvent dans d'autres
recueils que les *Amours* donnent lieu de penser que
ce n'est pas un caprice de femme, mais un ordre de
l'Empereur, qui a fait interrompre la *Gigantomachie* commencée dès le retour de Sicile. Une des
pièces suppliantes qu'Ovide, relégué à Tomes,
adressait à Auguste pour essayer de le fléchir conjure l'Empereur de jeter les yeux sur les éloges de
la famille impériale qui sont, dans les *Métamorphoses*, une preuve de la fidèle loyauté du poète :

Examine mon ouvrage le plus important, cet ouvrage que
j'ai laissé encore inachevé, où l'on voit les incroyables métamorphoses des êtres. Là tu trouveras des panégyriques du
nom des Césars, des gages nombreux de mon dévouement[1].
Les poèmes ne sauraient grandir ta gloire; elle est parvenue
à un degré où elle ne peut plus s'accroître. Elle aussi, la
renommée de Jupiter est au-dessus de tout; et, cependant, il se plaît à entendre rapporter ses exploits, à se voir
le sujet d'une épopée. Et, lorsqu'on célèbre les combats de
la guerre des Géants, il est à croire qu'il se réjouit des
louanges qui lui sont données. D'autres te chantent avec le
ton qui convient; d'autres, avec une inspiration plus féconde
que la mienne, disent ta gloire[2].

Plus loin, dans la même élégie, Ovide dit
combien il se repent des œuvres légères qui ont
été la cause de son exil, combien il regrette de ne

---

1. Allusion à l'apothéose de l'Empereur (*Mét.*, XV, v. 850-860).
Le ton de ce développement, qui place Auguste encore vivant à
côté de Jupiter et de César, ne dépasse pas les formes de flatterie
dont la poésie des *Odes* ou des *Géorgiques* se servait pour célébrer
le maître du monde.
2. *Tristes*, II, v. 63-74.

pas avoir chanté en quelque épopée les guerres de
Troie et de Thèbes ou les grands sujets nationaux
de l'histoire romaine ; il aurait dû, avant tout, célébrer les exploits d'Auguste ; mais il n'a pas osé :

Parce qu'elle ne craint pas de se jouer dans un lac de
faible étendue, une barque ne doit pas pour cela se confier
à l'Océan. Peut-être même, j'ai des doutes, je ne suis pas
assez apte à la poésie légère, je ne suffis pas à des chants
d'inspiration modeste. Que si tu m'ordonnes de dire les
Géants domptés par la foudre de Jupiter, à un tel essai je
ruinerai en vain mes forces. Pour que l'œuvre ne soit pas
au-dessous du sujet, il faut un génie fécond à celui qui chante
les actes immenses de César. Et, cependant, j'avais eu cette
audace : mais je craignais de commettre un sacrilège, de
compromettre ta majesté. Aussi, je suis revenu à mes œuvres
légères, à mes poèmes de jeunesse et j'ai ému en mon cœur
des passions factices[1].

Il est intéressant de rapprocher ces deux passages
des *Tristes* de celui des *Amours* où le poète prétendait que son amie lui avait fait interrompre sa
Gigantomachie pour revenir aux petits vers érotiques. Ici, en même temps qu'il affirme que
Jupiter se réjouit de voir consacrer à la guerre des
Géants des épopées dont il est le héros, il donne à
entendre qu'Auguste n'aime pas à être mis en scène
dans de semblables épopées. S'il a renoncé à terminer sa *Gigantomachie*, c'est parce qu'il craignait
de commettre un sacrilège, de compromettre la
majesté de l'Empereur. En somme, Auguste ne
tolère pas ce que Jupiter permet ; un poème où se
trouverait développée tout au long la comparaison

1. *Tristes*, II, v. 329-340.

entre Jupiter et Auguste, indiquée à la fin des *Métamorphoses*, plairait sans doute au maître de l'Olympe, mais déplairait au César du Palatin qui ferait entendre ses plaintes impérieuses.

Il semble très probable que cette épopée, cette *Gigantomachie*, où, suivant les procédés de l'apothéose alexandrine, Auguste, vainqueur de ses ennemis, était représenté sous les traits de Jupiter, vainqueur des Géants, a été, sinon terminée, du moins entreprise par Ovide, et qu'un ordre de l'Empereur a forcé le poète maladroit à détruire une œuvre qui ne plaisait pas.

On a remarqué à bon droit[1] les comparaisons entre Auguste et Jupiter qui sont établies dans le livre II des *Tristes*.

L'épopée sur Jupiter vainqueur des Géants (v. 333 :... *domitos Jovis igne Gigantas Dicere*) est identifiée avec l'épopée sur Auguste vainqueur de ses ennemis (v. 335 :... *immania Caesaris acta Condere*). Dans la plupart des poèmes écrits pendant l'exil, Auguste n'est pas seulement comparé à Jupiter ; Auguste est Jupiter lui-même. Ovide a été banni : c'est la foudre de Jupiter qui l'a frappé ; depuis qu'il en a senti le poids, il se croit menacé du feu du ciel, chaque fois qu'il entend gronder le tonnerre[2]. Plus malheureux qu'Ulysse, accablé par la colère de Neptune, il est lui-même accablé par la colère du tout-puissant Jupiter[3]. Sa disgrâce est terrible : qui s'en étonnerait ? Elles ne sont

1. F. Koepp, *De Gigantomachiae*, etc., p. 17-18.
2. *Tristes*, I, i, v. 81-82.
3. *Tristes*, I, v, v. 77-78.

pas légères, les blessures de celui qui a été foudroyé
par Jupiter [1]. On l'abandonne dans son malheur :
c'est tout naturel, car on s'éloigne d'une maison
frappée par la foudre [2]. S'il se trouve un ami courageux qui lui prête son aide, ce sont de chaleureux
remerciements à celui qui ne craint pas d'ouvrir
un port fidèle où puisse se réfugier la barque
frappée par la foudre [3]. Quand le poète adresse ses
supplications à l'Empereur, il ne s'exprime pas
autrement que ne ferait un Géant foudroyé et
repentant, qui implorerait la clémence de Jupiter, maître du tonnerre :

> Grâce, je t'en conjure ; dépose ta foudre et tes traits. Ces
> traits de foudre, hélas! malheureux que je suis, je ne les
> connais que trop!... Pitié, je t'en conjure, épargne-moi
> quelques traits de ta foudre [4].

En faisant sans cesse de l'Empereur le Jupiter
qui lance la foudre, l'auteur des *Tristes* et des *Pontiques* ne réussit pas mieux à désarmer la colère
d'Auguste qu'il n'avait réussi à conquérir sa faveur
en le choisissant pour héros d'une *Gigantomachie*.
Toutes ces identifications avec le dieu du tonnerre,
qui se trouvent presque à chaque page des poèmes
de l'exil, permettent de conjecturer ce qu'avaient
dû être les parties achevées de cette épopée de
jeunesse, déclamées sans doute dans les lectures

1. *Pontiques*, I, VII, v. 49-50.
2. *Tristes*, I, IX, v. 21-22.
3. *Tristes*, IV, V, v. 5-6.
4. *Tristes*, II, v. 179-180 ; V, II, v. 53-54. — On trouve dans les
Adnotationes de la dissertation de F. Koepp (p. 57-58) la liste de
tous les passages où Ovide identifie Auguste avec Jupiter tonnant.

publiques, dont l'ordre de l'Empereur, plutôt que les prières d'une amie, avait interrompu la composition. Ovide aurait dû comprendre qu'Auguste détestait cet abus de l'apothéose alexandrine. On l'a fait observer avec raison, « il semble que l'Empereur se soit efforcé de ne prendre de divinité que l'indispensable, si l'on peut parler ainsi [1] ». Il était bien forcé de laisser répéter qu'il était fils d'Apollon ; il ne pouvait empêcher qu'on plaçât dans la bibliothèque du Palatin une statue qui le représentait sous les traits d'*Actius Apollo* ; mais il ne permit jamais aux Romains de l'appeler *Dieu* et de lui dédier des temples [2]. « L'Italie eut plus de liberté que Rome. Aussi voyons-nous, surtout dans l'Italie du Sud, les traces d'un culte adressé à Auguste, de son vivant même [3]. » Quant à Rome, la ville frondeuse dont l'Empereur redoutait les railleuses inscriptions et les chansons mordantes, il ne consentit jamais à s'y laisser diviniser. Libre à la province de lui décerner les honneurs de l'apothéose [4] : c'était article d'exportation que les fonctionnaires pouvaient tirer de leurs bagages, une fois le *pomerium* franchi.

Les poètes, qui étaient admis dans l'intimité de l'Empereur, savaient les ménagements qu'il convenait de garder. Les *Géorgiques* et l'*Énéide*, les *Odes* d'Horace et les *Élégies* de Properce ne présentaient que de délicates allusions, que des

<hr>

1. Beurlier, *Essai sur le culte rendu aux empereurs romains*, Paris, 1890, p. 16.
2. Suétone, *Auguste*, LII, LXX : — Dion Cassius, LII, xx.
3. Beurlier, *ouvrage cité*, p. 17.
4. Duruy, *Histoire des Romains*, édition de 1877, vol. III, p. 315.

formules littéraires d'apothéose, dont la vanité d'Auguste, amie de la louange, pouvait être satisfaite, mais dont sa susceptibilité, craintive du ridicule, n'avait pas lieu de s'inquiéter. Le jeune Ovide, qui succédait dans la faveur des lettrés à Properce, à Horace et à Virgile, aurait bien voulu leur succéder aussi dans l'amitié d'Auguste. Sa candeur maladroite et sa prétentieuse inexpérience espéraient charmer le maître par une *Gigantomachie* qui ferait du héros d'Actium l'égal du dieu vainqueur des Géants.

Il ne se rappelait pas cet apologue d'Ésope, que Phèdre devait négliger de mettre en iambiques latins, et dont La Fontaine fera la fable de l'âne et du petit chien :

> Peu de gens que le ciel chérit et gratifie
> Ont le don d'agréer infus avec la vie.

Ovide n'était pas au nombre de ces *pauci quos aequus amavit Jupiter*. Si Apollon, dieu du Cynthos, avertit amicalement l'auteur des *Bucoliques*, en lui tirant l'oreille, que ce n'est pas son affaire de chanter les rois et les combats, Auguste doit donner sévèrement à entendre au jeune poète mondain, enivré par les applaudissements que lui prodiguent les auditeurs de ces lectures publiques auxquelles l'Empereur assistait parfois [1], et où il a peut-être entendu avec indignation quelque morceau de la *Gigantomachie*, qu'il n'est pas permis à un « lourdaud » de mettre en scène, malgré lui,

---

1. Suétone, *Auguste*, LXXXIX

à côté de Jupiter, le prince divinisé du Palatin.
Ovide se le tint pour dit. L'avertissement ne fut
pas perdu pour les poètes épiques contemporains,
dont aucun n'eut la témérité d'essayer un poème
sur le sujet qui avait porté malheur au trop ingénieux auteur des *Amours*.

En l'an 42, pendant la guerre contre les tyrannicides Brutus et Cassius, entreprise *pro ultione
paterna*, Octave avait promis au dieu Mars pour
qui César manifestait une dévotion particulière et
à qui il voulait élever un sanctuaire plus beau que
tous ceux qui existaient[1], la construction d'un
temple qui devait être le temple de *Mars Ultor*.
Après que les Parthes eurent restitué, en l'an 20,
les armes jadis conquises sur Crassus, l'Empereur,
pour célébrer ce succès, fit élever au Capitole un
temple de *Mars Ultor* destiné à servir de pendant
au temple restauré de *Jupiter Feretrius*. C'est
seulement en l'an 2, quarante ans après avoir été
voué, que le grand temple de *Mars Ultor*, édifié sur
le *Forum Augustum*, fut dédié. Ce temple devait-
être le lieu de réunion du Sénat, convoqué pour
délibérer sur les guerres à entreprendre et sur les
triomphes à décerner; de ce temple devait partir
le cortège des gouverneurs se rendant avec l'*im-
perium* dans leurs provinces; dans ce temple, enfin,
les chefs d'armées, revenus vainqueurs, devaient
déposer les insignes de leurs triomphes[2].

Ovide consacre un long développement des *Fastes*[3]

---

1. Suétone, *Jules César*, XLIV.
2. Suétone, *Auguste*, XXIX;— Velleius Paterculus, *Hist.*, II, c, 2.
3. *Fastes*, V, v. 545-598.

au récit des fêtes de *Mars Ultor*, célébrées le 12 mai
de l'an 2 en l'honneur de Mars et de la dédicace du
temple au dieu qui avait doublement vengé (*deo...
bis ulto*) Rome et du meurtre de César, et de la
défaite de Crassus : les enseignes romaines, recon-
quises sur les Parthes, étaient transférées du temple
du Capitole, où elles avaient été placées provisoire-
ment, dans le grand temple du *Forum Augustum*,
où elles devaient être conservées éternellement. Le
poète décrit les monuments artistiques qui ornent
le temple dont le fronton porte le nom d'Auguste
qui l'a voué et dédié. Ce sont, sur le faîte, les statues des dieux invaincus ; à l'intérieur, les statues
des illustres ancêtres de la famille des Jules, à commencer par Énée.

Mars ne devait pas avoir une autre demeure dans la ville.
de son fils. C'est un sanctuaire digne de trophées remportés
sur les Géants [1].

On a souvent admis, d'après le dernier vers (*digna
giganteis haec sunt delubra tropaeis*), qu'il y avait
une représentation de la *Gigantomachie* sur les
anaglyphes du temple [2]. Auguste lui-même rappelle
qu'il a consacré dans le temple de *Mars Ultor* des
dons provenant du butin fait sur l'ennemi [3]. Pline
l'Ancien a vu dans ce temple des statues qui avaient
appartenu à Alexandre le Grand et des coupes de fer

1. *Fastes*, V, v. 553-555.
2. Cette hypothèse se trouve encore mentionnée dans l'édition
d'Horace de Plessis et Lejay (Paris, Hachette, 1903, p. 132, note 4
de l'*Ode* iv du livre III).
3. *Monument d'Ancyre*, xxi ; — Duruy, *Histoire des Romains*,
vol. III, p. 563.

consacrées[1]. Mais est-il croyable que, parmi le butin fait sur l'ennemi, Auguste ait choisi une *Giganto-machie* semblable à celle qui était figurée sur le bas-relief de l'autel de Zeus à Pergame, — c'est-à-dire l'apothéose de quelque roi d'origine hellénique, — pour la consacrer dans le temple qu'il faisait édifier en l'honneur de Mars? Est-il vraisemblable qu'Auguste, qui évitait toute apothéose à Rome et qui interdisait tout poème où il eût été assimilé à Jupiter, vainqueur des Géants, ait fait sculpter lui-même, parmi les œuvres originales dont il ornait le temple de Mars, une *Gigantomachie* où la malveillance se serait empressée de reconnaître des tendances du même ordre que celles qui avaient inspiré le monument de Pergame?

Je crois que le poète des *Fastes*, toujours hanté par les souvenirs de son épopée sur la guerre des Géants, dit simplement que le temple est digne du dieu qui a remporté un illustre trophée en tuant de sa main le Géant Mimas sur le champ de bataille de Phlégra. Peut-être aussi exprime-t-il discrètement le regret que *Mars Ultor* ne possède pas, en même temps que ce temple magnifique construit par Auguste, le poème dont il était digne, cette épopée où les héros de Phlégra et d'Actium auraient été associés dans une même *adulatio*.

Cette *Gigantomachie* à laquelle il tenait tellement, Ovide l'a-t-il laissé périr tout entière? Le cadre très vaste des *Métamorphoses* pouvait admettre facilement un tableau de la lutte des Olympiens et des Géants.

1. Pline, *N. H.*, XXXIV, XVIII, 8; XL, 1.

Le poète se borne à des indications sommaires, qui
nous permettent cependant de nous faire une idée
de quelques parties de son poème inachevé. Il rappelle l'assaut de l'Olympe tenté par les Géants, qui
entassent Pélion sur Ossa et qui sont foudroyés par
Jupiter[1]. Les *Fastes* ajoutent certains détails :

La Terre mit au jour des enfants féroces, les Géants,
monstres énormes, qui devaient oser attaquer la demeure
même de Jupiter. Elle leur donna mille bras, des serpents
en place de jambes. Puis, elle leur dit : « Faites la guerre
aux grands dieux. » Les Géants se disposaient à entasser des
montagnes jusqu'aux astres du ciel et à provoquer au combat
le grand Jupiter, quand Jupiter, lançant la foudre du haut
de la citadelle céleste, renversa les masses immenses des
montagnes sur ceux-là mêmes qui les avaient accumulées[2].

Jupiter se serait armé pour la première fois de
la foudre, quand il s'en servit contre les Géants[3] :
d'après la tradition orthodoxe, les Titans furent
foudroyés avant les Géants ; mais, comme Horace
et Virgile, Ovide confond la Titanomachie et la Gigantomachie. Dans le livre I des *Métamorphoses*, il
s'écarte aussi de la légende reçue : après avoir rap-
pelé la défaite des Géants, il dit que de leur sang
naquit une race d'hommes impies qui méprisaient
les dieux et qui se plaisaient au meurtre[4]. C'est
une imagination personnelle, en désaccord avec les
traditions ordinaires sur l'origine de l'humanité,
qui ont d'ailleurs été exposées, avec quelque confusion, au commencement du même livre des *Méta-*

1. *Mét.*, I, v. 152-156.
2. *Fastes*, V, v. 35-42.
3. *Fastes*, III, v. 439-442.
4. *Mét.*, I, v. 160-162.

morphoses[1]. — Peut-être Ovide oublie-t-il ce qu'il vient de dire et se laisse-t-il entraîner par le souvenir d'une légende qui lui appartient et qui avait son utilité dans l'économie de sa *Gigantomachie*.

Le livre V des *Métamorphoses* donne une parodie de la guerre des Olympiens et des Géants qui doit être dans le goût de cette « poésie moqueuse » dont Hégémon suivait sans doute les traditions, lorsqu'il racontait à sa manière la vieille épopée mythologique[2]. Les Muses apprennent à Minerve, qui est venue leur rendre visite, la lutte qu'elles ont soutenue contre les Piérides, ces filles orgueilleuses de Piéros, roi d'Émathie, qui osaient disputer le prix aux filles du maître des dieux. Le conflit soulevé par les Piérides et le châtiment des mortelles qui ne craignent pas de lutter avec les déesses font l'objet d'un des récits de Nicandre[3]. Ovide emprunte aussi à l'auteur des Ἑτεροιούμενα le thème du chant injurieux pour les divinités de l'Olympe que les Piérides ont choisi comme morceau de concours[4] : c'est l'histoire de la fuite de Jupiter et des autres grands dieux, qui, effrayés par le Géant Typhoeus, se réfugient en Égypte, cachés sous de grotesques déguisements d'animaux. Jupiter est un bélier qui conduit le troupeau des fuyards; Apollon, un corbeau ; Bacchus, un bouc ; Diane, une chatte ; Junon, une vache ; Mercure, un ibis[5].

---

1. *Mét.*, I, v. 76-86.

2. Pour Hégémon et la « poésie moqueuse », voir M. Croiset, *Histoire de la littérature grecque*, t. III, chap. xiv, p. 656.

3. Antoninus Libéralis, ix, p. 80 (*Mythographi Graeci*, vol. II, fascic. i, édit. Martini, *Bibliotheca Teubneriana*, 1896).

4. *Mét.*, V, v. 320 : *... extenuat magnorum facta deorum.* — Voir Antoninus Liberalis, xxviii, édit. Martini, p. 107.

5. *Mét.*, V, v. 327-331.

On reconnaît facilement dans ces quelques vers des *Métamorphoses* une *contaminatio* de mythologie égyptienne et de traditions grecques sur les animaux consacrés aux diverses divinités. Le corbeau est l'oiseau d'Apollon, et l'on offre le bouc en sacrifice à Dionysos. D'autre part, on assimile Zeus au dieu local de Thèbes en Égypte, Ammon, représenté avec des cornes de bélier ; Héra, à la déesse égyptienne Isis, honorée sous la forme d'une vache ; Artémis et Hermès, à deux divinités d'Égypte, Bastit et Thoth, auxquelles le chat et l'ibis étaient consacrés. L'Aphrodite syrienne — il ne s'agit plus de divinités d'Égypte — Dercéto-Astarté est représentée par les monuments sous l'aspects de la figure monstrueuse dont parle Horace : *Desinit in piscem mulier formosa superne.* Enfin, le mauvais génie des Égyptiens, Typhon ou Sit, a été identifié avec le Géant de la mythologie grecque, Typhoeus ou Typhaon.

Ovide, il faut le remarquer, ne suit pas absolument le récit de Nicandre. D'après l'auteur grec, Zeus et Athéné n'avaient pas pris part à la fuite des Dieux en Égypte ; et, dans les *Métamorphoses*, Minerve ne peut pas avoir été au nombre des divinités ridiculement déguisées, puisque c'est à elle-même que les Muses font le résumé du chant des Piérides. Mais l'introduction du maître des dieux travesti en bélier dans la « poésie moqueuse » des filles de Piéros est une nouvelle preuve de l'irrévérence impie avec laquelle elles traitent les Olympiens. Les Ἑτεροιούμενα faisaient d'Apollon un faucon (ἵερα) ; d'Hermès, un ibis ; d'Arès, un λεπιδωτὸς ἰχθύς, un poisson couvert d'écailles[1] ; d'Artémis, une chatte, de Dionysos, un bouc; d'Héraclès, un faon (ἐλλός) ; d'Héphaistos, un bœuf ; de Létô, une musaraigne (μυγαλῆ). Il n'y était pas question d'Héra et d'Aphrodite : « Chacune des autres divinités — dit le résumé d'Antoninus Liberalis — se métamorphosa suivant l'occasion. » Le poète latin indique les métamorphoses de Junon et de Vénus en vache et en poisson, parce que la diffusion des cultes orientaux a rendu populaire chez ses contemporains l'assimilation de ces deux déesses avec Isis et Astarté. Par contre, il ne parle pas des métamorphoses de Mars, d'Hercule, de Vulcain et de Latone, qui semblent ne correspondre à aucune tradition romaine ; et il admet qu'Apollon se déguise sous la forme du corbeau, l'oiseau prophétique consacré dans la mythologie gréco-romaine au dieu des oracles. On reconnaît, en somme, dans l'adaptation du récit grec, l'ingénieuse habileté d'un poète mondain du siècle d'Auguste qui tient à se mettre à la portée de son public ordinaire.

Le chant des Muses venge, comme il convient, la gloire des Olympiens que les Piérides s'étaient évertuées à rabaisser, en même temps qu'elles exaltaient les exploits des Géants et de Typhoeus ; Calliope célèbre la victoire définitive de Jupiter et la défaite honteuse de Typhoeus, qui se débat sous la masse énorme de l'île de Trinacrie, dont les souterrains le retiennent prisonnier; il ne peut, dans sa vaine colère, que vomir des torrents de flammes par le

---

1. Hérodote (II, LXXII) donne le nom de λεπιδωτός à un gros poisson du Nil considéré par les Égyptiens comme un animal sacré.

cratère de l'Etna, montagne qui pèse sur sa tête[1].

Au livre X des *Métamorphoses*, avant de célébrer la passion de Jupiter pour Ganymède, Orphée commence son chant en ces termes :

Souvent autrefois j'ai dit la puissance de Jupiter. Sur un ton plus grave j'ai chanté les Géants et la foudre victorieuse qui s'abattait par toute la plaine de Phlégra. Il faut maintenant que je chante sur une lyre plus légère[2].

Il y a grande apparence qu'Ovide, contraint de renoncer à sa *Gigantomachie* et de revenir à la poésie érotique, se désigne lui-même dans ces vers sous le nom d'Orphée.

A côté des divers passages des poèmes antérieurs au temps de l'exil où l'auteur des *Métamorphoses* et des *Fastes* donne sur la guerre des Géants et des Olympiens quelques indications conformes à la légende traditionnelle, il semble que ce qu'il raconte de la lutte poétique des Muses et des Piérides mérite une attention particulière. Je ne serais pas éloigné de voir dans le sommaire du chant des filles de Piéros un souvenir précis de la *Gigantomachie* inachevée ou détruite par ordre, le résumé d'un développement qui avait été applaudi dans quelque *recitatio*, et que le poète n'a pas eu le courage de sacrifier tout à fait. Souvent érudite, la Muse d'Ovide n'est jamais sérieuse ; la même inspiration d'où procèdent les *Amours* et l'*Art d'aimer* se retrouve dans les *Métamorphoses* et dans les *Fastes*. C'est partout la même incli-

1. *Mét.*, V, v. 346-355.
2. *Mét.*, X, v. 149-152.

nation vers la parodie dans les sujets les plus graves, vers le détail plaisant au milieu des conceptions les plus austères. La *Gigantomachie* devait admettre, en même temps que la légende traditionnelle indiquée dans le livre I des *Métamorphoses* et dans les *Fastes*, le récit de la fuite grotesque en Égypte que chantent les Piérides ; et les allusions des *Tristes* et des *Pontiques* permettent de supposer qu'Auguste était, toujours et partout, identifié, à la manière alexandrine, avec Jupiter vainqueur des Géants.

Le roi des Olympiens est souvent traité sans le moindre respect dans les poèmes d'Ovide. Il en était sans doute de même dans quelques endroits de la *Gigantomachie*. Auguste devait être fort peu satisfait de se voir à la fois adoré et tourné en ridicule, comme Jupiter, dans l'épopée mêlée de traditions mythologiques, d'adulations et de parodies dont on le faisait le héros. On sait que l'auteur de l'*Art d'aimer*, malgré tous ses efforts, n'a jamais pu prendre place dans l'intimité de l'Empereur. M. Boissier a nettement indiqué les raisons de « cette sorte d'éloignement systématique d'un prince ami des lettres pour un si grand poète[1] ». En se faisant, avec beaucoup de charme et d'esprit, le panégyriste amusé des mauvaises mœurs et l'historien, au moins léger, des traditions mythologiques et des cultes romains, le poète allait à l'encontre des projets de l'Empereur qui voulait ranimer le goût des vertus d'autrefois et le respect de

1. Boissier, *L'Opposition sous les Césars*, Paris, 4ᵉ édition (1900), p. 129.

l'antique religion. « Les poésies d'Ovide ont été la cause véritable de son exil, et le reste n'en fut que l'occasion[1]. » On a prétendu démontrer qu'il fut banni, parce qu'il n'avait pas voulu être le poète officiel de l'Empereur, parce qu'il n'avait pas consenti à lui donner assez d'éloges[2]. Il semble, au contraire, que l'abus des louanges maladroites a fortement indisposé le protecteur d'Horace et de Virgile contre le bel esprit qui détruisait dans l'*Art d'aimer* et dans les *Métamorphoses* l'œuvre des *Odes* et de l'*Énéide*. On peut supposer que la publication de la *Gigantomachie*, déjà lue en partie dans les *recitationes*, fut interdite à cause d'un mélange d'adulations alexandrines et de parodies, plus ou moins involontaires, qui déplaisaient également à l'Empereur ; et il ne serait pas invraisemblable de conclure que la première origine de l'éloignement systématique du prince ami des lettres pour le grand poète Ovide remonte à cette œuvre de jeunesse du littérateur débutant, à cette malencontreuse *Gigantomachie*, à propos de laquelle les rares indications fournies par les *Métamorphoses* et les *Fastes* et les quelques allusions faites par les poèmes écrits pendant l'exil ne nous permettent que de présenter des conjectures.

1. Boissier, *ouvrage cité*, p. 144.
2. M. Heitler, *Ovids Verbannung*. — Voir, sur la thèse soutenue par Heitler, l'article de R. Ehwald, dans les *Jahresberichte* d'Iwan Müller (1901).

CHAPITRE XI

La *Gigantomachie* ne pouvait être qu'un poème épique mort-né. Le discrédit où le genre tragique était tombé ne permettait pas à l'auteur de la *Médée* d'arriver à la gloire littéraire dont il était avide. L'idée de débuter par une tragédie et le choix malencontreux d'une matière d'épopée condamnée à ne pas réussir étaient deux erreurs de jeunesse, dues à l'inexpérience d'un adolescent, encore étranger aux goûts et aux exigences de la société lettrée et mondaine où il voulait se faire une place.

Ovide adapta bien vite son adroite facilité de versificateur à un autre genre de poésie. Tibulle, qui a exercé une notable influence sur le brillant élève de l'école de déclamation admis dans le cercle de

Messalla, et Properce, qui fut plus tard l'intime ami
du jeune poète à ses débuts, ont évidemment dirigé son talent flexible vers le poème élégiaque dont
ils étaient les maîtres incontestés. Le siècle d'Auguste avait le même enthousiasme pour l'élégie que
pour l'épopée. Mais, si l'activité romaine s'attaquait à tous les genres d'épopées, nationale ou
mythologique, historique ou légendaire, elle s'atta-
chait scrupuleusement à un genre spécial d'élégie,
celle dont les chants érotiques plaisaient à une
société encore rude, qui prétendait se faire élégante
et polie.

Horace reconnaît que l'élégie a d'abord été un
chant de deuil[1]. Il ignore quel fut le premier créateur du distique élégiaque[2] ; il ne mentionne pas le
plus ancien auteur d'élégies dont il reste encore des
fragments, Callinos d'Éphèse, qui, vers l'an 730
avant l'ère chrétienne, composait en distiques des
poèmes où il faisait appel au patriotisme belliqueux
des Grecs d'Asie ; il ne parle pas des élégies natio-
tionales de Tyrtée, il ne fait allusion qu'à ses
ἐμβατήρια, ses anapestes guerriers que l'on chantait au moment de charger l'ennemi[3]. D'Archiloque,
il ne cite ni les élégies funèbres où le poète de
Paros pleurait son beau-frère mort dans un naufrage, ni les élégies patriotiques où il excitait ses

---

1. Horace, *Art Poétique*, v. 75 : ... *querimonia primum*. C'est l'étymologie ordinairement admise du mot ἔλεγος = ἒ λέγω, *dire hélas*.
La philologie moderne rattache le grec ἔλεγος à la même racine que
les mots arméniens *elégn, elegneay* (roseau, flûte de roseau) et
voit dans l'élégie primitive un *air de flûte, un chant exécuté sur
la flûte*. Cf. A. Croiset, *Hist. litt. grecque*, t. II, chap. III, § 1.
2. *Art Poétique*, v. 77.
3. *Art Poétique*, v. 402.

concitoyens aux combats, ni les élégies amoureuses où il chantait les charmes de la belle Néobulé. Pour Horace[1], comme plus tard pour Ovide[2], Archiloque est simplement le créateur du mètre iambique, arme redoutable dont il usa impitoyablement pour composer des satires qui contraignirent au suicide Néobulé, qui avait dédaigné son amour, et Lycambès, père de Néobulé.

Pas plus qu'Horace et Ovide, aucun des auteurs latins du siècle d'Auguste ne mentionne le plus ancien des écrivains attiques, Solon, qui, vers l'an 600 avant l'ère chrétienne, composait des élégies politiques et morales, ni le poète Phocylide de Milet, contemporain de Solon, auteur d'élégies gnomiques, ni le poète Théognis de Mégare qui, vers l'an 540, composait des élégies politiques et didactiques[3]. Parmi les anciens élégiaques grecs, on ne cite et on n'admire que ceux qui ont écrit des élégies amoureuses : un contemporain de Solon, Mimnerme de Colophon, qui chantait sa passion pour Nannô, la joueuse de flûte, et Antimaque, qui, vers l'an 400, consacrait des élégies à la mémoire de Lydé, qu'il avait tendrement aimée.

1. *Art Poétique*, v. 79 ; cf. *Epodes*, vi, v. 13 ; *Satires*, II, iii, v. 12 ; *Epîtres*, I, xix, v. 23 et suiv.
2. Ovide, *Ibis*, v. 519 : ... *repertori pugnacis iambi*.
3. Cicéron ne connaît que les vers méchants d'Archiloque (*De Nat. Deor.*, III, xxxviii, 91 ; *Epist. ad Attic.*, XVI, xi, 2) dont il fait un contemporain de Romulus (*Tuscul.*, I, i, 3) et qu'il place au même rang que les grands poètes, Homère, Sophocle, Pindare (*Orator*, i, 4 ; *De Finibus*, II, xxxiv, 116 ; *De Nat. Deor.*, I, xxxviii, 107). Il cite et traduit des vers élégiaques de Solon (*De Senectute*, xx, 73 ; *Tuscul.*, I, xlix, 117). Il fait allusion à la formule qui se trouvait en tête de chacune des sentences de Phocylide : *Voici encore ce que dit Phocylide*, καὶ τόδε Φωκυλίδου... (*Epist. ad Attic.*, IV, ix, 1).

Dans une lettre où il donne à son jeune ami Numicius des préceptes de morale mondaine, Horace s'appuie sur les théories de Mimnerme :

Si, comme le pense Mimnerme, rien dans la vie n'est agréable sans l'amour et les plaisirs, vis au milieu de l'amour et des plaisirs [1].

Une autre *Épître* montre bien en quelle haute estime Mimnerme était tenu par certaines écoles littéraires du siècle d'Auguste. Horace se met en scène. Il vient d'échanger des compliments exagérés avec un poète élégiaque ; au moment de se séparer, on fait assaut de politesses :

Quand je le quitte, je suis, à son compte, un Alcée. Et lui qui est-il au mien ? Qui, sinon un Callimaque ? S'il paraît désirer davantage, il devient un Mimnerme, et le voilà grandi par un surnom qu'il souhaitait [2].

Pour rendre à son interlocuteur qui l'a salué du nom d'Alcée, le grand poète lyrique, des éloges dignes de ceux qu'il a reçus lui-même, « Horace le traite de Callimaque et *même* de Mimnerme [3] ». Le chef de l'école des modernes est forcé, pour faire plaisir à cet élégiaque archaïsant qui estime les Grecs d'après leur ancienneté, de placer le vieux poète Mimnerme au-dessus de l'alexandrin Callimaque. Il est évident que Mimnerme est le maître de Callimaque, puisqu'il est l'un des plus anciens prédécesseurs de l'alexandrinisme ; et Properce,

---

1. *Épîtres*, I, VI, v. 65-66.
2. *Épîtres*, II, II, v. 99-101.
3. Plessis, *Études sur Properce*, p. 255.

qui voit en lui le créateur de la poésie amoureuse,
le place à côté d'Homère en qui il voit le créateur de
la poésie épique :

En amour, les vers de Mimnerme ont plus de valeur que
ceux d'Homère[1].

C'est aussi à côté d'Homère que Properce place
Antimaque de Colophon[2], ce véritable précurseur de
l'élégie alexandrine, dont Catulle constatait avec
dépit que la lourde enflure charmait le vulgaire[3]. Au
temps d'Ovide, les poètes latins appréciaient Antimaque; Proculus, qui est cité par les *Pontiques*
comme un de ceux qui marchent sur les traces de
Callimaque[4], consacrait à l'imitation de la *Lydé*
d'Antimaque 140 livres d'élégies[5]. Un poème
adressé par Ovide exilé à sa femme comprend dans
une même allusion l'œuvre d'Antimaque et celle de
Philétas :

Lydé fut moins aimée d'Antimaque, le poète de Claros[6],
Bittis fut moins aimée du poète de Cos, Philétas, que tu ne

1. Properce, I, ix, v. 11.
2. Properce, II, xxxiv (éd. M., III, xxxii), v. 45.
3. Catulle, *Carmen XCV*, v. 10 : *At populus tumido gaudeat
Antimacho*.
4. *Pontiques*, IV, xvi, v. 32 : *Callimachi Proculus molle teneret
iter*.
5. A. Couat (*Poésie Alexandrine*, p. 67) donne ce renseignement
sur les cent quarante livres d'élégies de Proculus d'après le *De
Orthographia*, traité qui a longtemps été attribué à Apulée et qui
semble digne de très peu de confiance.
6. On admet, d'ordinaire, qu'Antimaque est de Colophon.
M. Croiset (*Hist. litt. grecque*, t. III, p. 663) suppose qu'il était né
à Claros et qu'il devint ensuite citoyen de Colophon; mais il a le
tort d'appuyer cette hypothèse sur un passage de Cicéron, *Anti-
machum, Clarium poetam* (*Brutus*, LI, 191), où la leçon des manuscrits est *clarum*. Dans les *Tristes*, *Clario* n'est qu'un équivalent
poétique de *Colophonio*. Voir le *Brutus* de J. Martha (éditions
savantes, Hachette, 1892), notes critiques de la page 137.

l'es de moi, ô ma chère épouse, ô toi dont le souvenir reste
gravé au fond de mon cœur[1].

Le poète inconnu, dont Horace se moque par
l'exagération des louanges qu'il lui accorde, avait
peut-être tort de placer Mimnerme, qui est le véritable père de l'élégie amoureuse, au-dessus de l'érudit Callimaque, dont l'art raffiné perfectionne la
création de ses devanciers. Mais Ovide a parfaitement raison d'unir dans le même éloge Antimaque,
le poète de Lydé, et Philétas, le poète de Bittis, qui
est un des plus habiles imitateurs alexandrins de
l'élégiaque de Colophon.

Callimaque et Philétas sont, à l'époque alexandrine, les maîtres de l'élégie où s'exerçaient tous
leurs contemporains célèbres, entre autres Aratos,
Théocrite et Euphorion. Le genre élégiaque convenait bien aux talents et aux défauts des poètes
du Musée : l'élégie, en effet, est, à la fois, une
œuvre facile où le travail peut aisément suppléer
aux dons naturels, où le fini de la forme dissimule
l'insuffisance des idées, et une œuvre personnelle
où peut s'étaler le *moi*, si cher aux alexandrins
qui ont, dans tous leurs ouvrages, définitivement
renoncé à l'impersonnel anonymat de l'ancienne
poésie grecque.

Élève de Philétas et imitateur d'Antimaque,
Hermésianax donnait le nom de son amie Léontion
comme titre à un recueil de trois livres d'élégies
où — telle la Nymphe Clymène, qui, dans la grotte

____
1. *Tristes*, I, VI, v. 1-3.

de Cyrène, racontait les amours des Dieux depuis l'origine du monde[1] — il faisait l'histoire amoureuse des humains, depuis les époques mythologiques des bergers légendaires jusqu'au temps des personnages historiques, des philosophes, Pythagore et Socrate, des maîtres de la tragédie, Sophocle et Euripide. Ovide devait s'inspirer du recueil d'Hermésianax pour développer le roman d'Iphis et d'Anaxarète[2].

Hermésianax avait chanté les amoureux des jeunes filles; Phanoclès chantait les amoureux des jeunes garçons : l'auteur des *Métamorphoses* devait s'inspirer aussi du recueil de Phanoclès intitulé *Les Amours ou les beaux Ephèbes* (Ἔρωτες ἢ Καλοί), pour raconter la passion contre nature d'Orphée[3]. « Ovide reproduisit, d'après Phanoclès, cette tradition qu'Orphée avait le premier appris aux Thraces l'amour des jeunes éphèbes[4]. »

Euphorion de Chalcis, ce poète peu intelligible[5], admiré, à la grande indignation de Cicéron, par les jeunes poètes qui méprisaient Ennius[6], avait, entre autres œuvres qui toutes ont disparu, composé des élégies que Gallus devait imiter[7].

Beaucoup d'autres poètes alexandrins dont les œuvres ont péri, dont les noms même sont incon-

---

1. Virgile, *Géorgiques*, IV, v. 347 et suiv.

2. *Mét.*, XIV, v. 698-758. — Voir Couat, *Poésie Alexandrine*, p. 84.

3. *Mét.*, X, v. 79 et suiv.; XI, v. 1 et suiv.

4. Couat, *Poésie Alexandrine*, p. 101.

5. Cicéron, *De Divinat.*, II, LXIV, 132 : *... nimis etiam obscurus Euphorion.*

6. *Tuscul.*, III, XIX, 45 : [Ennius, poeta egregius] *ab his cantoribus Euphorionis contemnitur.*

7. Virgile, *Eglogues*, X, v. 50.

nus, ont été, sans doute, appréciés et imités par les poètes latins. Mais il en est deux de qui il reste des fragments assez longs, sur qui on possède des renseignements assez précis, pour comprendre quelle influence spéciale ils ont exercée sur les élégiaques de Rome. « Philétas et Callimaque sont restés pour les Grecs aussi bien que pour les Latins les deux plus grands noms de la poésie alexandrine. Partout ils sont cités côte à côte et associés à la même gloire, comme si toute la poésie de leur temps se résumait en eux[1]. »

Properce célèbre à la fois les *Jeux d'amour* de Philétas et les *Songes* de Callimaque[2], les deux poètes dont il se proclame le disciple et dont il indique en même temps deux des ouvrages principaux, les Παίγνια, titre du recueil d'élégies du premier, et les Αἴτια, recueil de pièces élégiaques du second, dont le poète imagine que les Muses lui ont donné la matière en lui révélant dans un songe les *Causes*, les origines mythologiques des principaux cultes de l'Hellade :

Mânes de Callimaque, ombre sacrée de Philétas, le poète de Cos, permettez, je vous en conjure, que je pénètre dans votre bocage. Je suis le premier prêtre romain qui, abreuvé à une source pure, se présente au milieu de vous pour transporter au milieu des chœurs de la Grèce les chants inspirés de l'Italie[3].

Properce se dit le créateur romain de l'élégie

---

1. Couat, *Poésie Alexandrine*, p. 63. — Cf. Quintilien, *Instit. Orat.*, X, 1, 58 ; Stace, *Silves*, I, II, v. 252 et suiv., etc.
2. Properce, II, xxxiv (III, xxxii, éd. M.), v. 31-32.
3. Properce, III, i (IV, i, éd. M.), v. 1-4.

amoureuse. Horace s'attribue de même la gloire d'avoir su le premier adapter les chants d'Éolie au lyrisme latin [1]. Lucrèce prétendait parcourir un des domaines des Muses où il n'y a pas de routes frayées, un domaine qui n'avait été foulé par aucun pied avant le sien [2]; et Virgile, après Lucrèce, affirme être le premier à Rome qui ait initié ses compatriotes à la poésie didactique d'Hésiode, le vieillard d'Ascra [3]. C'est un trait particulier de la vanité des poètes latins : habiles imitateurs des Grecs plutôt qu'inventeurs originaux, chacun se vante d'avoir, sinon créé, du moins importé à Rome le genre poétique où il a la persuasion d'avoir excellé.

Parmi les élégiaques latins dont les œuvres nous ont été conservées, aucun avant Properce ne se réclame de Philétas, qui doit cependant avoir inspiré Catulle et Tibulle. Properce raconte — à la manière de Callimaque — un songe où il se voit auprès de la source d'Hélicon; la Muse Calliope lui apparaît; elle lui annonce qu'elle le destine aux chants d'amour; et, ayant puisé à la source, elle lui arrose la tête de cette eau où s'est abreuvé Philétas [4]. Ce baptême mystique fait passer l'inspiration de Philétas dans l'âme du poète latin qui se consacrera aux élégies érotiques : sollicité par Mécène d'aborder la grande poésie épique, il répondra qu'il suffit à sa gloire d'écrire des vers qui soient appréciés à côté de ceux de Callimaque et de chanter

1. Horace, *Odes*, III, xxx, v. 13.
2. Lucrèce, *De Rerum Natura*, I, v. 925.
3. *Géorgiques*, II, v. 175.
4. Properce, III, III (IV, II, éd. M.), v. 51-52.

suivant les rythmes de Philétas[1]. Pour célébrer
le temple d'Apollon Palatin, élevé en mémoire de
la bataille d'Actium, il demande à la Muse l'inspiration de Philétas et de Callimaque :

Que les guirlandes romaines le disputent aux guirlandes
de lierre de Philétas; que l'urne où puise Callimaque, le
poète de Cyrène, me fournisse l'onde sacrée[2].

Ovide ne sépare pas Philétas de Callimaque.
Dans le *Remède d'Amour* — cette longue fantaisie
de plus de huit cents vers où il affecte de rechercher des remèdes aux peines causées par l'amour
qu'il a, dans l'*Art d'aimer*, enseigné le moyen de
faire naître et grandir — il place les deux poètes
au premier rang de ceux qui ont donné des préceptes érotiques :

C'est malgré moi que je vous le dis : ne touchez pas aux
poètes d'amour ! Ce sont mes propres qualités poétiques que
je proscris. Evitez Callimaque, car il n'est point ennemi des
passions amoureuses; et toi aussi, Philétas, poète de Cos, autant que Callimaque, tu es nuisible[3].

Pour Ovide, Philétas, qui naquit dans l'île de Cos
vers 340 et qui mourut à Alexandrie en 285, qui
fut grammairien, philosophe, poète épique[4], est,
avant tout, l'amant de Bittis[5], qui a chanté sa pas-

1. Properce, III, ix (IV, viii, éd. M.), v. 43-44.
2. Properce, IV, vi (V, vi, éd. M.), v. 3-4.
3. *Remède d'amour*, v. 757-760.
4. Voir Couat, *Poésie Alexandrine*, p. 68-80.
5. *Tristes*, I, vi, v. 2 : *Nec tantum Coo Bittis amata suo est.*
Pontiques, III, i, v. 57 : ... *Qua non Inferius Coa Bittide nomen
habes.*
Les deux pièces des *Pontiques* et des *Tristes* sont adressées par
Ovide à sa femme.

sion dans des élégies dont les fragments qui nous sont parvenus sont empreints d'une mélancolie toute moderne, qui fait penser à certains vers d'André Chénier et d'Alfred de Musset.

Si la tendresse attristée du poète de Cos se retrouve chez son disciple romain Properce, Ovide a emprunté à l'érudition aimable et à la mythologie gracieuse du maître du Musée qu'il semble avoir beaucoup pratiqué la jolie légende d'Hippomène et d'Atalante, qui donne aux *Métamorphoses* le sujet d'un de leurs épisodes les plus agréables[1], après avoir été la matière d'une des élégies que Philétas réunissait sous le titre de Παίγνια.

L'autre maître de la poésie élégiaque à Alexandrie, celui que nous connaissons le mieux, car nous possédons de lui un nombre assez notable de fragments, Callimaque, né à Cyrène vers 310, mort à Alexandrie vers 235, est souvent cité, soit seul, soit en même temps que Philétas, dans les œuvres des élégiaques latins, à commencer par celles de Catulle.

Catulle ne juge pas Callimaque; il l'imite et le traduit. Un de ses petits poèmes annonce à Hortalus l'envoi de l'élégie sur *La Chevelure de Bérénice* qui est une traduction de Callimaque[2]. Dans une autre pièce, il rappelle à Gellius qu'il lui a adressé tout ce qu'il a traduit ou imité du poète de Cyrène[3]. De

---

1. *Mét.*, X, v. 560-680. Cf. *Amours*, III, ii, v. 29. — A. Couat (*Poésie Alexandrine*, p. 72) conjecture qu'Ovide a imité l'élégie de Philétas intitulée *Déméter*, quand il a raconté l'histoire des amours de la déesse avec le chasseur Iason (*Amours*, III, x, v. 25 et suiv.).
2. Catulle, *Carmen LXV*, v. 15-16.
3. Catulle, *Carmen CXVI*.

ces traductions et de ces imitations, nous ne connaissons que *La Chevelure de Bérénice*, qui reproduit à peu près littéralement l'élégie alexandrine[1].

Properce, qui a hérité de l'inspiration de Philétas, se déclare le Callimaque romain[2]; son génie,
étroit comme celui du poëte de Cyrène[3], lui interdit
les vastes épopées dont Mécène voudrait lui voir
entreprendre la composition.

Si Tibulle ne dit rien du grand élégiaque alexandrin, Ovide le mentionne et l'apprécie dans de
nombreux passages de ses œuvres. Il rappelle que,
dans ses vers, Callimaque a souvent confessé ses
plaisirs amoureux[4]. Comme Properce, il fait des
réserves sur son génie, mais il rend hommage à
l'art qui rend sa gloire éternelle[5] :

Ce n'est pas avec les rythmes de Callimaque qu'il faut
chanter Achille; l'histoire de Cydippe ne convient pas à l'inspiration d'Homère[6].

C'est aux Ἄιτια qu'Ovide emprunte l'histoire
des amours de Cydippé et d'Acontios, qui font l'objet de ses deux dernières *Héroïdes*[7]. Il donne même
à entendre que son art est plus délicat que celui de

1. Couat, *Poésie Alexandrine*, p. 113, note 4.
2. Properce, IV, i (V, i, éd. M.), v. 63-64.
3. Properce, II, i, v. 40 : ...*angusto pectore Callimachus.*
4. *Tristes*, II, v. 367-368.
5. *Amours*, I, xv, v. 13 :

> *Battiades semper toto cantabitur orbe :*
> *Quamvis ingenio non valet, arte valet.*

On sait que les poëtes latins désignent d'ordinaire Callimaque
par le surnom de *Battiades*, soit parce que son père se nommait
Battos, soit parce qu'il était originaire de Cyrène, colonie que
fonda le Lacédémonien Battos.
6. *Remède d'amour*, v. 381-382.
7. Voir Couat, *Poésie Alexandrine*, p. 143 et suiv.

son modèle ; il fait dire par une lectrice des *Amours*
que, comparés aux vers du poète latin, ceux du poète
alexandrin semblent de simples vers de paysan [1]. La
description des bains de Diane, que les *Métamorphoses* [2] donnent d'après l'élégie sur *Les Bains de
Pallas*, montre combien la grâce maniérée d'Ovide
l'emporte sur la sécheresse scrupuleuse de Callimaque.

C'est par Callimaque qu'Ovide connaît la légende
qui veut que, dans un sacrifice commun fait sur
le même autel en l'honneur d'Étéocle et de Polynice,
la flamme noire se soit partagée en deux, comme
si elle avait obéi aux ordres des frères ennemis [3].
Quand il écrit en exil son *Ibis*, dirigé contre un
ennemi qui l'avait diffamé, il s'approprie le titre
et probablement le cadre du poème où Callimaque
accablait Apollonios de malédictions [4]. Il constate,
enfin, que, parmi les élégiaques de son temps,
certains, comme Proculus, suivaient les routes
faciles ouvertes par le poète de Cyrène [5].

C'est à l'exemple des élégiaques du Musée que
les Latins ont admiré et imité Mimnerme et Antimaque. Mais ils se sont principalement inspirés
des maîtres alexandrins, de Philétas et de Callimaque, avant tous. Les poètes élégiaques de Rome
dont les œuvres nous sont connues se vantent
d'avoir traduit ou imité Philétas ou Callimaque,

---

1. *Amours*, II, iv, v. 19 :
     Est quae Callimachi prae nostris rustica dicat Carmina
2. *Mét.*, III, v. 143 et suiv.
3. *Tristes*, V, v, v. 33-38.
4. *Ibis*, v. 55-56.
5. *Pontiques*, IV, xvi, v. 32.

d'avoir hérité de l'inspiration du premier, ou d'avoir acquis l'art érudit du second. Nous ignorons si Callimaque a célébré quelque amie dans des élégies où il se mettait en scène : c'est à lui que Catulle a emprunté ses récits mythologiques et romanesques ; et Ovide lui doit la partie légendaire et érudite des *Amours*, beaucoup d'épisodes des *Héroïdes*, les histoires d'amour insérées dans les *Métamorphoses*. Nous savons que Philétas a consacré des élégies d'un charme mélancolique à son amie Bittis : c'est de Philétas que Tibulle, Properce et Ovide s'inspirent pour la partie personnelle de leurs élégies érotiques.

Beaucoup d'autres que Catulle, Properce, Tibulle et Ovide ont dû être, à Rome, les disciples plus ou moins heureux des maîtres érudits du Musée. Alexandrie avait porté le genre de l'élégie à sa perfection technique. Ce genre, définitivement constitué par Callimaque et Philétas, se prêtait fort bien à l'imitation industrieuse des Romains dont le talent, peu inventif, mais original quand il suit un modèle, sait s'adapter d'une manière personnelle ce qu'il emprunte aux créations du génie grec. L'élégie alexandrine donnait au tempérament poétique des Romains, un peu lourd et maladroit, le cadre où leur pensée originale, assez monotone, pouvait se développer au moyen de lieux communs d'amour, exposés selon la méthode d'amplification enseignée à l'école de rhétorique ; — les modèles dont la forme artistique, amenée à la perfection, permettait à l'imitateur de dissimuler la banalité des idées, grâce à l'harmonie et au charme de vers

construits d'après les procédés éprouvés des maîtres
du Musée[1].

A la fin du premier siècle de l'ère chrétienne,
Quintilien constatait avec orgueil le succès de
l'élégie romaine et donnait par ordre de mérite la
liste des quatre grands poètes élégiaques du siècle
d'Auguste :

> Pour l'élégie, nous défions les Grecs. Le plus pur et le
> plus élégant des élégiaques me semble être Tibulle. Cer-
> tains critiques lui préfèrent Properce. Plus que Tibulle et
> que Properce, Ovide se complaît aux badinages, et Gallus
> manque de douceur[2].

Longtemps avant Quintilien, l'un des poètes cités
par l'*Institution Oratoire*, Properce, énumérait les
élégiaques romains les plus illustres qui l'avaient
précédé et parmi lesquels il espérait que ses chants
d'amour lui feraient une place honorable :

> C'est à de tels sujets amoureux qu'après avoir terminé ses
> *Argonautiques* Varron se jouait, Varron pour qui Leucadia
> brûla d'une telle flamme. Tels sont aussi les sujets que
> chantèrent les poèmes du voluptueux Catulle, ces poèmes
> qui ont rendu Lesbie plus connue qu'Hélène. Ces peines
> d'amour, elles sont aussi confessées par le docte Calvus,
> dans les pages où il célèbre la mort de la malheureuse Quin-
> tilia. Et, récemment encore, combien la beauté de Lycoris
> n'a-t-elle pas forcé Gallus, une fois mort, à baigner de bles-
> sures dans les ondes infernales ! Et l'on connaîtra aussi Cyn-
> thia, célébrée par les vers de Properce, si la Renommée con-
> sent à me placer au nombre de ces poètes[3].

---

1. Voir, dans les *Etudes sur Properce*, de F. Plessis, le chapitre
sur *L'Elégie romaine*, p. 275 et suiv.
2. *Instit. Oral.*, X, 1, 93.
3. Properce, II, xxxiv (III, xxxii, éd. M.), v. 85-94.

Ailleurs, l'amant de Cynthia mentionne ensemble Calvus et Catulle, comme étant ses aînés et ses maîtres; il s'excuse auprès d'eux d'avoir osé, à leur exemple, chanter son amie et d'avoir essayé de la rendre plus célèbre que Quintilia, aimée par Calvus, et que Lesbie, aimée par Catulle :

Grâce à mes poèmes, il n'y aura pas de beauté plus connue que celle de Cynthia. Calvus, excuse ces paroles! Catulle, ne t'en irrite pas[1].

Catulle, qui, dans plusieurs de ses pièces, s'exprime de la manière la plus affectueuse sur le compte de son ami C. Licinius Calvus[2], lui adresse, à propos de la mort de Quintilia, une petite élégie où il lui dit combien son amie doit se réjouir dans la tombe de la constante affection de celui qui l'a aimée et chantée :

O Calvus, si notre douleur peut faire parvenir jusqu'aux sépulcres muets quelque adoucissement, quelque consolation; s'ils trouvent quelque charme à nos regrets qui renouvellent nos amours anciennes, qui pleurent nos amitiés dès longtemps perdues, certes, ta Quintilia doit moins s'affliger de sa mort prématurée que se réjouir de ton amour[3].

Tibulle ne fait aucune allusion à ses prédécesseurs. Mais Ovide, dans le poème qu'il consacre à la mémoire du maître dont il déplore la perte, dit quels sont les élégiaques déjà morts qui feront accueil à l'amant de Delia et de Nemesis :

1. Properce, II, xxv (III, xx, éd. M.), v. 3-4.
2. Catulle, *Carmina XIV, L, LIII*.
3. Catulle, *Carmen XCVI*.

Si pourtant il reste de nous autre chose qu'un nom et une ombre, Tibulle habitera dans les vallons de l'Elysée. Tu viendras à sa rencontre, ton jeune front couronné de lierre, ô docte Catulle, accompagné de ton ami Calvus. Et toi aussi, Gallus, si c'est à tort que l'on t'accuse d'avoir offensé ton ami, tu viendras, ô Gallus, toi qui a été prodigue de ton sang et de ta vie. Voilà les ombres dont l'âme de Tibulle sera la compagne, si l'ombre est quelque chose. Car, ô élégant Tibulle, tu as uni tes chants à ceux de ces poètes. Ossements de mon ami, je prie les dieux que vous reposiez en paix et en sûreté dans l'urne; que la terrre soit légère à ta cendre [1]!

Dans ses pièces de jeunesse où il affirme son ambition d'illustrer la race des Péligniens d'où il est sorti, comme Catulle illustre Vérone, sa ville natale [2], Ovide célèbre, parmi les élégiaques dont les œuvres passeront à la postérité, Tibulle, Gallus, l'amant de Lycoris, Properce, l'amant de Cynthia; c'est l'immortalité de ces poètes qu'il espère partager :

Tant que l'arc et les feux seront les armes du dieu de l'amour, on apprendra tes chants, ô élégant Tibulle. Gallus sera connu des peuples de l'Occident ; Gallus sera connu des peuples de l'Orient, et, en même temps que Gallus, on connaîtra sa Lycoris [3].

Vous pourrez lire aussi les élégies du tendre Properce, où celles de Gallus, ou les tiennes, mon cher Tibulle... Peut-être mon nom sera-t-il uni à ces grands noms; peut-être mes poèmes ne seront-ils pas plongés dans les eaux du Léthé [4].

Qui a pu lire sans danger les vers de Tibulle, ou les tiens

---

1. *Amours*, III, ix, v. 59-68.
2. *Amours*, III, xv, v. 7-8.
3. *Amours*, I, xv, v. 27-30.
4. *Art d'aimer*, III, v. 333-334; v. 339-340.

ô Properce, toi qui as consacré toute ton œuvre à la seule
Cynthia? Qui a pu sortir insensible d'une lecture de Gallus?
Et je ne sais quels accents semblables aux chants de ces
poètes ont mes propres chants [1].

Dans cette longue pièce d'apologie personnelle,
qui compose à elle seule le livre II des *Tristes*,
Ovide cite pour sa défense tous les poètes latins
que leurs chants d'amour ont fait connaître :

C'est ainsi que Catulle, en ses badinages, a souvent chanté
cette femme qu'il désignait sous le pseudonyme de Lesbie.
Et il ne se contentait pas de Lesbie, puisqu'il a dévoilé de
nombreuses amours où il confesse lui-même ses fréquents
adultères. Pareille, aussi grande fut la licence de Calvus, ce
petit homme [2], qui dans des poèmes de rythmes divers, a
célébré ses larcins amoureux. Pourquoi rappeler les poésies
de Ticidas, celles de Memmius, où chaque chose est nommée
par son nom, où les noms font rougir? Cinna est le digne
compagnon de ces poètes, Anser est plus éhonté que Cinna.
Les ouvrages de Cornificius et de Caton sont également
légers. Et ces œuvres aussi, Metellus, où l'on voit nommée
du nom de ta famille cette femme que dissimulait d'abord le
pseudonyme de Perilla? Il n'a pas su, lui non plus, taire le
secret de ses passions, ce poète qui a conduit le navire Argo
jusqu'aux rives du Phase [3]. Ils ne sont pas moins criminels
les vers de Servius et ceux d'Hortensius. Qui n'oserait se
mettre à la suite de tels poètes? Sisenna a traduit les œuvres
d'Aristide; et il n'a pas nui à sa gloire d'avoir mêlé à son
œuvre historique des amusements trop libres. Cela n'a pas
été une honte pour Gallus [4] d'avoir célébré Lycoris : ce qui

---

1. *Remède d'amour*, v. 763-766.
2. *Tristes*, II, v. 431 : ... *exigui... Calvi*. — Cf. Sénèque le Rhéteur, *Controv.*, VII, iv, 7 : *Calvus erat parvulus statura*.
3. Varron de l'Atax, qui a imité les *Argonautiques* d'Apollonios
de Rhodes.
4. Dans une autre pièce des *Tristes* (V, i, v. 17), Gallus est placé
à côté de Properce parmi les maîtres de l'élégie, *Gallus, blandique
Propertius oris*.

l'a déshonoré c'est de s'être laissé aller à des indiscrétions sous l'influence de l'ivresse.

Il paraît difficile à Tibulle de croire aux serments de sa maîtresse, puisque c'est aussi sous la foi du serment qu'elle nie à son époux toute infidélité. Tibulle déclare qu'il lui a enseigné à tromper son gardien et qu'il est maintenant la victime de ses propres leçons. Bien des fois, sous prétexte d'admirer le cachet ou les pierres précieuses d'une bague, il nous dit qu'il a serré la main de son amie ; bien des fois, il l'avoue, les mouvements de ses doigts, les signes de sa tête ont eu leur langage ; et, sur la table arrondie, il a tracé des caractères secrets ; il indique au moyen de quelles substances on peut raviver la couleur du corps flétri par des baisers trop ardents. Enfin, il conjure le mari trop confiant de le conserver lui, l'amant, pour mettre un frein aux infidélités de l'épouse. Il sait contre qui le chien aboie, pourquoi, lui-même, il rôde solitaire autour de la maison, pourquoi il doit si souvent se répandre en malédictions devant les portes closes. Il donne bien des préceptes pour enseigner ces ruses d'amour ; il apprend aux jeunes femmes l'art de tromper leurs maris. De tout cela, on ne lui fait pas un crime. Tibulle est lu ; il plaît, il était déjà célèbre quand tu es arrivé à l'Empire. Tu trouveras les mêmes préceptes dans l'œuvre du tendre Properce : et, cependant, la censure n'a jamais noté Properce d'infamie.

J'ai succédé à tous ces poètes : je n'en cite pas d'autres, puisque la bienséance m'ordonne de taire les noms de ceux qui sont encore vivants. Je n'ai pas craint, je l'avoue, que dans les eaux où ont vogué tant de barques déjà, la mienne seule dût être victime d'un naufrage auquel toutes les autres ont échappé[1].

A voir cette longue liste où les noms peu connus de Memmius, de Cornificius, d'Anser et de Servius se trouvent dans le voisinage de ceux de Catulle, de Calvus, de Gallus, de Tibulle et de Properce, il semble qu'Ovide *puise jusqu'à la lie*, comme Cicé-

1. *Tristes*, II, v. 427-470.

ron, au dire d'Atticus, faisait, quand il établissait ses interminables catalogues d'orateurs [1]. Mais des renseignements fournis par Pline le Jeune [2], par Martial [3], par Aulu-Gelle [4], prouvent qu'Ovide est plutôt discret dans l'énumération des poètes érotiques, ses prédécesseurs et ses contemporains.

Dès l'époque de Sylla, les hommes les plus illustres dans la politique, la jurisprudence, l'éloquence ou l'histoire, ont trouvé une distraction à leurs graves travaux dans des essais de poésie érotique, élégies développées ou simples épigrammes en distiques, mises à la mode par l'influence des alexandrins.

Le dictateur Sylla lui-même et Q. Mucius Scaevola, le juriste stoïcien, qui fut consul en 117, écrivirent des épigrammes légères. Deux petites pièces de Q. Lutatius Catulus, le consul de l'an 102, vainqueur des Cimbres avec Marius, sont citées par Cicéron [5], qui, malgré son dédain pour les *cantores Euphorionis*, composa lui-même des vers d'amour dout il ne nous est rien resté. L'historien L. Cornelius Sisenna (119-67) s'amusait à traduire les contes licencieux qui étaient la matière des quinze livres de Μιλησιακά publiés par Aristide.

On mentionne comme auteurs de poésies très libres le célèbre orateur Hortensius [6]; — les deux

---

1. Cicéron, *Brutus*, LXIX, 244 : *Tum Atticus : « Tu quidem de faece, inquit, hauris. »*
2. Pline le Jeune, *Lettres*, V, III.
3. Martial, *Préface* des *Epigrammes*.
4. Aulu-Gelle, *Noct. Attic.*, XIX, IX.
5. *De Deorum Natura*, I, XXVIII, 79.
6. Catulle (*Carmen XCV*, v. 3) raille son abondance poétique.

L. Manlius Torquatus, le père, consul en 65, ami et ancien condisciple de Cicéron et d'Atticus, le fils, préteur en 49, philosophe épicurien, l'un des interlocuteurs du *De Finibus;* — le jurisconsulte Servius Sulpicius Rufus, consul en 51, ami de Cicéron; — C. Memmius, préteur en 58, bien connu par sa liaison avec Catulle et Lucrèce; — — César et son meurtrier Brutus; puis, l'empereur Auguste et deux des hommes qui ont le plus protégé les poètes, C. Asinius Pollio et M. Valerius Messalla, dont le cercle littéraire, où Tibulle occupait la première place, accueillit le jeune Ovide à ses débuts.

Les poètes de profession, qui s'adonnaient à la composition d'élégies ou d'épigrammes érotiques, étaient fort nombreux. Nous ne savons rien des poésies légères de l'ami de Catulle, Cinna, auteur d'une épopée mythologique intitulée *Zmyrna;* du questeur de César, Cornificius, un autre ami de Catulle [1]; d'Anser, l'ami du triumvir Marc Antoine; de Pedo Albinovanus, l'ami d'Ovide [2].

Si nous possédons les poésies consacrées par Catulle à Lesbie, par Tibulle à Nemesis et à Delia, par Properce à Cynthia, enfin par Lygdamus à Neaera [3], nous n'ignorons pas que d'autres poètes, leurs prédécesseurs ou leurs contemporains, dont les œuvres n'existent plus, avaient, eux aussi, chanté leurs maîtresses.

---

1. Catulle, *Carmen XXXVIII.*
2. Pour Pedo Albinovanus, voir p. 240.
3. Voir mon étude sur *Le Poète Lygdamus.* — Ovide ne dit rien de Lygdamus.

On peut supposer, que, dès le temps de Sylla, Laevius, le plus ancien des alexandrins de Rome, qui fréquentait le cercle littéraire de Q. Lutatius Catulus, avait chanté ses amours avec Vatiena dans quelques-unes des pièces de ses *Erotopaegnia* qu'il composait à l'imitation des Παίγνια de Philétas[1]. Le Gaulois Valerius Cato, *Cato grammaticus*, *Latina Siren*, avait peut-être célébré son amie dans un poème très apprécié, intitulé *Lydia*[2]. Le Gaulois P. Terentius Varro Atacinus, grand imitateur des alexandrins dans tous les genres poétiques, avait choisi Leucadia pour héroïne de ses élégies. Quintilia avait été chantée par C. Licinus Macer Calvus. Au temps de Catulle et de Calvus, Ticidas donnait le nom de Perilla à sa maîtresse qui appartenait à la famille des Metellus[3]. L'ami de Virgile, Cornelius Gallus, avait aimé la comédienne Volumnia, affranchie de Volumnius Eutrapelus, connue au théâtre sous le nom de Cytheris; sa passion malheureuse pour Cytheris, qui lui préféra, en 37, un officier de l'armée d'Agrippa qu'elle suivit dans les camps[4], avait fait l'objet des quatre livres de ses *Amours* où il donnait à sa maîtresse le nom de Lycoris. Domitius Marsus, qui avait fréquenté, comme Horace, l'école d'Orbilius[5], et qui était mort longtemps avant l'exil d'Ovide[6], était l'auteur d'élégies éro-

---

1. Voir *Le Poète Laevius*, dans mes *Etudes sur l'ancienne poésie latine*.
2. Suétone, *De illustr. Grammat.*, XI.
3. Apulée, *De Magia*, X : *Accusent... Ticidam... quod quae Metella erat... Perillam scripserit.*
4. Virgile, *Eglogues*, X.
5. Suétone, *De illustr. Grammat.*, IX. — Pour Domitius Marsus, voir p. 240.
6. *Pontiques*, IV, XVI, v. 5.

tiques écrites en l'honneur d'une amie, qu'il nommait Melaenis[1] à cause de son teint basané, et publiées à peu près à la même date que les *Églogues* de Virgile.

C'est à tous ses poètes qu'Ovide succédait[2]. Mais si, au moment de ses débuts dans l'élégie amoureuse, il ne pouvait avoir d'autre ambition que de se faire une place honorable parmi ses rivaux, bientôt les circonstances allaient lui permettre d'espérer le premier rang. En 26, Gallus s'était donné la mort pour échapper au châtiment rigoureux que des abus de pouvoir lui méritaient. Tibulle mourait en l'an 19, et Properce en l'an 15. Dès sa vingt-huitième année, Ovide pouvait être le plus célèbre des élégiaques contemporains. Il le dit dans son autobiographie des *Tristes* :

Tibulle fut ton successeur, ô Gallus ; Properce succéda à Tibulle ; moi, dans l'ordre des temps, je suis le quatrième[3].

Déjà, dans l'*Art d'aimer*, il se plaçait au rang des prédécesseurs dont il recueillait la succession ; il se vantait de donner, comme eux, l'immortalité à l'héroïne de ses chants :

Nous autres, poètes, nous faisons retentir au loin l'éloge de la beauté qui nous a plu. Nemesis et Cynthia ont un nom célèbre ; de l'Orient à l'Occident, le monde entier connaît Lycoris, et bien des gens me demandent quelle est ma Corinne[4].

1. Martial, VII, xxix, v. 7-8.
2. *Tristes*, II, v. 467 : *His ego successi*.
3. *Tristes*, IV, x, v. 53-54.
4. *Art d'aimer*, III, v. 535-538.

Les *Amours* vont faire connaître Corinne et son poète. Corinne sera plus célèbre que la Lesbie de Catulle, la Lycoris de Gallus, la Cynthia de Properce, la Delie et la Nemesis de Tibulle. Le poète de Corinne compte bien surpasser ses prédécesseurs latins et aussi les poètes grecs qui ont autrefois chanté Nannô et Lydé, Bittis et Léontion.

TABLE DES MATIÈRES

TOURS, IMPRIMERIE DESLIS FRÈRES, 6, RUE GAMBETTA.